Timothy Keller

PREDIGEN

Damit Gottes Wort Menschen erreicht

Deutsch von Friedemann Lux

BRUNNEN
Verlag GmbH · Giessen

Für die großzügige Unterstützung der Übersetzung danken wir
Herrn Dr. Friedhelm Loh

Originalausgabe unter dem Titel: Preaching:
Communicating Faith in an Age of Skepticism

Erstmals erschienen bei: VIKING,
einem Imprint von Penguin Random House
LLC, 375 Hudson Street, New York 10014, USA
Penguin.com

MIX
Papier | Fördert gute Waldnutzung
FSC® C014496

4. Auflage 2024

Umschlagfoto: shutterstock
Umschlaggestaltung: Jonathan Maul
Satz: DTP Brunnen
Druck: GGP Media GmbH, Pößneck
ISBN Buch: 978-3-7655-0970-4
ISBN E-Book: 978-3-7655-7467-2
www.brunnen-verlag.de

Manche Prediger erzählen den Bibeltext nach. Andere erzählen nette Geschichten, springen dabei bestenfalls von Bibelstelle zu Bibelstelle, ohne den Predigttext auszulegen. Und dabei erzählen sie mir oft das, was ich ohnehin schon wusste. Timothy Keller versteht es in seinen Predigten, die Auslegung des Bibeltextes und unsere Welt heute zusammenzubringen und den Hörer herauszufordern. Vor allem stellt er immer das Evangelium von Jesus Christus in den Mittelpunkt und bleibt nicht bei bloßen Appellen stehen. Das sind Predigten, die mir helfen und wie ich sie gerne öfter hören würde. In diesem Buch gibt er etwas davon weiter, wie er das macht. Ich freue mich daher sehr, dass es nun auch auf Deutsch erscheint, und unterstütze das gerne.

Dr. Friedhelm Loh, Unternehmer

Biblisch-theologischer Tiefgang, apologetische Finesse, intellektuelle Weite und ein konsequent an Jesus Christus orientierter und auf Herzensveränderung abzielender Fokus – all das fasziniert mich an Timothy Kellers Predigten, seit ich vor Jahren mit ihnen in Berührung kam. Mit Predigen: Damit Gottes Wort Menschen erreicht gibt Keller nun inspirierende Einblicke in das gedankliche Wurzelwerk, aus dem seine Art der Verkündigung erwächst, und präsentiert so die wichtigsten Arbeitsmaterialien seiner Predigtwerkstatt. Allein seine Analyse spätmoderner Glaubenssätze (und wie man ihnen begegnen kann) ist für Prediger im zunehmend säkularen, religiös gleichgültigen Europa Gold wert. Wer den Anspruch hat, mit seinen Predigten auch skeptische Noch-nicht-Glaubende zu erreichen und gleichzeitig seine Gemeinde mit dem Evangelium von Jesus Christus zu sättigen, sollte dieses Buch nicht nur lesen, sondern intensiv durchdenken und seine Inhalte leidenschaftlich anwenden.

Dr. Philipp Bartholomä,
Pastor und Post-Doctoral Researcher in Praktischer Theologie an der Freien Universität (VU) Amsterdam und Professor für Praktische Theologie an der Freien Theologischen Hochschule Gießen

Den Gliedern der West Hopewell Presbyterian Church
(1975–1984), die mich „Prediger“ nannten,
während ich stolpernd und tastend lernte, einer zu werden.

Inhalt

Einleitung

Drei Ebenen der Weitergabe des Wortes Gottes

Der australische Theologe Peter Adam schreibt, dass das, was wir gemeinhin „predigen" nennen (also die öffentliche Ansprache des Pastors oder Gastes vor der zum Gottesdienst versammelten Gemeinde), nur eine Spielart dessen ist, was die Bibel die „Verkündigung von Gottes Botschaft" nennt (Apostelgeschichte 6,2.4; ELB: „Dienst des Wortes").[1]

Am Pfingsttag zitierte der Apostel Petrus die Worte des Propheten Joel, dass Gott seinen Geist über alle Menschen ausgießen werde; „dann werden eure Söhne und eure Töchter prophetisch reden" (Apostelgeschichte 2,17). Gerhard Friedrich listet im *Theologischen Wörterbuch zum Neuen Testament* 33 Begriffe auf, die gewöhnlich mit „predigen" oder „verkündigen" übersetzt werden.[2] Adam merkt an, dass die mit diesen Wörtern beschriebenen Aktivitäten nicht alle als öffentliches Predigen bezeichnet werden können.[3] So heißt es in Apostelgeschichte 8,4-5, dass die aus Jerusalem geflohenen Christen überall, wo sie hinkamen, Jesus als Messias „verkündeten", was unmöglich bedeuten kann, dass jeder einzelne Gläubige Predigten vor versammelter Gemeinde hielt. Priscilla und Aquila zum Beispiel erklärten Apollos das Wort Gottes bei sich zu Hause (Apostelgeschichte 18,26).

Wir finden in der Bibel mindestens drei Arten der Verkündigung des Wortes Gottes. In Kolosser 3,16 sagt Paulus den Christen in Kolossä: „Lasst das Wort Christi reichlich unter euch wohnen: lehrt und ermahnt einander in aller Weisheit" (LUT). Jeder Christ sollte fähig sein, andere Menschen in der biblischen Lehre sowohl zu unterweisen (griech. *didaskalia*) als auch sie zu ermahnen (griech. *noutheo;* das Wort meint ein kräftiges, Leben veränderndes Beraten). Dies geschieht formlos in persönlichen Gesprächen (meist Einzelgesprächen). Dies ist die fundamentalste Art der Wortverkündigung; nennen wir sie die „Ebene 1".

Am formelleren Ende des Spektrums findet sich die Predigt, also die öffentliche Auslegung der Bibel vor der versammelten Gemeinde – die „Ebene 3". Die Apostelgeschichte gibt uns viele Beispiele für Predigten; die Prediger sind meist Petrus oder Paulus, aber es gibt auch eine Predigt des Stephanus, die eine Zusammenfassung seiner Lehre gewesen sein dürfte. Wir finden in der Apostelgeschichte so viele dieser öffentlichen Wortverkündigungen, dass man fast den Schluss ziehen könnte, dass aus der Perspektive des Lukas (des Autors der Apostelgeschichte) die Entwicklung der jungen Kirche und die Entwicklung der Predigt Hand in Hand gingen.

Doch es gibt noch so etwas wie eine Zwischenform der Wortverkündigung, die als „Ebene 2" zwischen dem persönlichen Gespräch im Alltag des Christen und der förmlichen Predigt liegt. In einem weniger bekannten Bibelabschnitt beschreibt der Apostel Petrus die Geistesgabe des „Redens im Auftrag Gottes":

> Jeder soll den anderen mit der Gabe dienen, die er von Gott bekommen hat. Wenn ihr das tut, erweist ihr euch als gute Verwalter der Gnade, die Gott uns in so vielfältiger Weise schenkt. Redet jemand im Auftrag Gottes, dann soll er sich bewusst sein, dass es Gottes Worte sind, die er weitergibt. Übt jemand einen praktischen Dienst aus, soll er die Kraft in Anspruch nehmen, die Gott ihm dafür gibt. Jede einzelne Gabe soll mit der Hilfe von Jesus Christus so eingesetzt werden, dass Gott geehrt wird. (1. Petrus 4,10-11)

Petrus benutzt in diesem Abschnitt über die Geistesgaben zwei sehr allgemeine Ausdrücke.[4] Der erste ist das griechische Wort für „Reden": *lalein.* Im übrigen Neuen Testament bedeutet es mal das alltägliche Gespräch (Matthäus 12,36; Epheser 4,25; Jakobus 1,19), mal ein Predigen, wie bei Jesus (Matthäus 12,46 und 13,10) oder Paulus (2. Korinther 12,19). Was meint Petrus hier?

Wenn wir diesen Abschnitt mit Paulus' Listen der Geistesgaben in Römer 12, Epheser 4 und 1. Korinther 12 und 14 vergleichen, sehen wir, dass es eine ganze Gruppe von Gaben des Dienstes mit dem Wort gibt, die gleichberechtigt neben der öffentlichen Predigt vor der Gemeinde stehen; dazu gehören die persönliche Ermahnung bzw. Beratung, das Evangelisieren und der Unterricht an Einzelnen und ganzen Gruppen. Der Theologe Peter Davids kommt zu dem Schluss, dass Petrus, wenn er von der Geistesgabe des Redens im Auftrag Gottes spricht, nicht „das alltägliche Gespräch unter Christen" meint und auch nicht nur das Auftreten von Pastoren „oder anderen Amtsträgern in der Gemeinde", sondern vielmehr Christen, die „eine dieser Wortgaben" des Ratens, Lehrens, Unterrichtens und Evangelisierens haben. Bei dieser Art des Verkündigungsdiensts halten die betreffenden Personen keine regelrechten Predigten, sondern vorbereitete Vorträge oder Bibelstunden bzw. Gesprächsrunden, in denen sie das Wort Christi darbieten und erklären.[5]

Man beachte, wie Petrus hier *alle*, die das Wort Gottes in irgendeiner Form an andere weitergeben (also nicht nur die Pastoren und Prediger), ermahnt, ihre Aufgabe ernst zu nehmen. Der Christ, der anderen biblischen Unterricht gibt, soll „sich bewusst sein, dass es Gottes Worte sind, die er weitergibt" (1. Petrus 4,11). Davids merkt an, dass in der wörtlichen Formulierung „Redet jemand, dann als Worte Gottes" das „als" „einen gewissen Abstand zwischen den Worten des Redenden und den Worten Gottes" lässt. Kein Christ darf je beanspruchen, dass seiner Lehrtätigkeit dieselbe Autorität zukommt wie der biblischen Offenbarung. Und doch: Petrus macht hier die absolut zentrale Aussage, dass Christen, die die biblische Lehre an andere weitergeben, nicht einfach ihre eigene Meinung weitergeben sollen, sondern „Gottes Worte". Nicht nur der, der öffentlich predigt, sondern jeder Christ, der andere lehrt, soll die in der Bibel geoffenbarte Wahrheit nach bestem Wissen und Gewissen darlegen,[6] und wenn er die Aussagen der Bibel treu erklärt, werden seine Zuhörer in seinen Worten Gott selber reden hören; was sie hören, ist nicht bloß das Produkt menschlicher Genialität, sondern das Wort Gottes selber.

Jeder Christ sollte die Botschaft der Bibel so gut kennen, dass er sie im Rahmen eines persönlichen Gespräches anderen (Christen wie Nichtchristen) erklären kann (Ebene 1). Doch es gibt viele Wege des „Dienstes am Wort" auf der Ebene 2, die Gaben der Vorbereitung und der Präsentation verlangen, ohne dadurch zu Predigten (Ebene 3) zu werden. Moderne Beispiele für die „Ebene 2" sind etwa Briefe und Artikel, Blogs im Internet, Andachten in Sonntagsschule und Kleingruppen, Mentoring, die Moderation von Diskussionsforen über den christlichen Glauben usw.

Dieses Buch möchte all denen eine Hilfe sein, die ihren christlichen Glauben an andere Menschen weitergeben, besonders auf den Ebenen 2 und 3.

Warum die Predigt unersetzlich ist

Man sollte sich also hüten vor der unbiblischen Vorstellung, dass die Wortverkündigung in der Christenheit lediglich aus der Gemeinde- oder Sonntagspredigt besteht. Eine solche Position legt – so Adam – „der Predigt eine Last auf, die sie nicht tragen kann: die Last, all das zu leisten, was die Bibel von der Wortverkündigung in ihrer ganzen Bandbreite erwartet."[7] Keine Gemeinde sollte sich der Erwartung hingeben, dass die Leben verwandelnde Kraft des Wortes Gottes (Johannes 17,17; vgl. Kolosser 3,16-17 und Epheser 5,18-20) immer und nur durch die Predigt wirkt. Die schönste Predigt reicht nicht aus, um mich Jesus Christus ähnlicher zu machen; dazu brauche ich immer auch andere Christen in meiner Umgebung, die mir „die Botschaft der Wahrheit weitergeben" (2. Timotheus 2,15), indem sie mich ermutigen, lehren und beraten. Ich brauche auch die Bücher christlicher Autoren, die mich innerlich aufbauen. Es ist auch ein Fehler, anzunehmen, dass die Menschen „draußen", die das Evangelium brauchen, nur durch Predigten erreicht werden können. Ich selber bin nicht durch Predigten und theologische Vorträge zum Glauben gekommen, sondern durch christliche Bücher. (Überrascht Sie das?) Also: Vorsicht vor dem Klischee, dass die Wortverkündigung in der Gemeinde allein Sache der Sonntagspredigt sei.

Aber so recht Adam auch hat mit seiner Warnung vor der Überbetonung der Predigt – die größte Gefahr für die heutigen Kirchen könnte ganz woanders liegen. Wir leben in einer Zeit, wo viele Menschen gegen jegliche Autoritätsansprüche resistent geworden sind. Unsere Kultur leidet an einer Wahrheitsallergie, deren Überwindung immer größere Anstrengungen erfordert und die die Gefahr für die Kirchen mit sich bringt, die Schlüsselrolle der Predigt für die Verkündigung des Evangeliums aus den Augen zu verlieren.

Edmund Clowney schreibt in seinem Kommentar zu 1. Petrus 4,10:

> Es stimmt, dass jeder Christ das Wort Gottes ehrfürchtig behandeln und die Hilfe des Heiligen Geistes suchen sollte, um es an andere Menschen weiterzugeben. Doch es gibt auch Christen, die besondere Geistesgaben für die Predigt … des Wortes Gottes haben … [und] einen besonderen Auftrag, die Herde Gottes zu hüten und zu weiden ([1. Petrus] 5,2). Die Kirche, die sich gegen den Klerikalismus wehrt, läuft ein Stück weit Gefahr, die Bedeutung des Dienstes am Wort Gottes durch die, die [von Gott] zu Hirten der Herde berufen sind, zu vergessen.[8]

Clowney warnt uns davor, überhaupt keinen qualitativen Unterschied zwischen der Predigt von der Kanzel und der Leitung eines Bibelstudiums in einer Kleingruppe zu sehen. Der Unterschied zwischen diesen beiden Formen der Wortverkündigung hat nicht nur mit Liturgie und Logistik zu tun; es geht nicht nur um die Anzahl der Zuhörer, die Größe des Raumes oder die Akustik. Wer öfters vor einer Gemeinde predigt, der weiß, dass es auch zwischen Predigt und Bibelstunde, ja sogar zwischen einer Predigt und einem Vortrag wesentliche Unterschiede gibt. Man braucht sich nur die Predigten von Petrus, Stephanus und Paulus in der Apostelgeschichte anzusehen, um zu merken, was für eine Kraft in einer Predigt liegt, die „Gottes Worte weitergibt", und was für eine unerhörte Autorität der Geist Gottes in einen Gottesdienst tragen kann.

Wir werden immer ganz verschiedene Arten der Verkündigung des Wortes Gottes brauchen, aber die Institution der öffentlichen

Predigt ist unersetzlich. Adam findet genau die richtige Mitte zwischen den Extremen, wenn er schreibt, dass die Evangeliumsverkündigung einer Gemeinde „kanzelzentriert, aber nicht auf die Kanzel beschränkt“ sein sollte.[9]

Es gibt also drei Arten bzw. Ebenen der Wortverkündigung, und alle sind sie wichtig und ergänzen einander. Die öffentliche Predigt über Christus in den Versammlungen der Christen (Ebene 3) ist ein einzigartiger Kanal Gottes, um die Menschen zu erreichen und aufzubauen, und bildet die Grundlage für die organischeren, alltäglicheren Formen der Wortverkündigung auf den Ebenen 1 und 2. Und umgekehrt bereitet die gekonnte, treue Vermittlung des Wortes Gottes auf den Ebenen 1 und 2 die Zuhörer auf die Predigt vor. Dieses Buch wendet sich an all die, die in einem religiös immer skeptischeren Zeitalter damit ringen, wie sie den Menschen die Leben verändernde Wahrheit der Bibel nahebringen sollen, ob nun auf der Ebene 1, 2 oder 3. Gleichzeitig bietet es auch dem, der von Berufs wegen predigt und lehrt, eine Einleitung und Grundlegung.[10]

Prolog
Was ist eine gute Predigt?

Eine dieser Frauen – sie hieß Lydia –
war eine Purpurhändlerin aus Thyatira,
die an den Gott Israels glaubte. Während sie uns zuhörte,
öffnete ihr der Herr das Herz, so dass sie das,
was Paulus sagte, bereitwillig aufnahm (Apostelgeschichte 16,14).

Das Geheimnis einer vollmächtigen Predigt

Als ich Pastor geworden war, fiel mir schon bald auf, wie merkwürdig unterschiedlich die Reaktionen meiner Zuhörer auf meine Predigten waren. Manchmal bekam ich in der Woche nach einer Predigt begeisterte Zustimmung: „Herr Pastor, Ihre Predigt vom Sonntag hat mein Leben verändert!" – „Ich hatte den Eindruck, Sie sprachen direkt zu mir; ich hab mich gefragt, woher Sie all das über mich wussten." – „Ihre Worte schienen von Gott selber zu kommen, das werde ich nie vergessen!" Und ich dachte: *Mensch, da hast du eine starke, vollmächtige Predigt gehalten.* Was kann es Schöneres geben für einen jungen Pastor?

Aber schon bald dämmerte es mir, dass andere Gemeindeglieder dieselbe Predigt mit einem achselzuckenden „Na ja, es ging" abtaten. Oft kommentierte meine Frau Kathy: „Die Predigt war okay, aber nicht eine von deinen besten" – und am nächsten Tag sagte mir jemand anderes unter Tränen, dass er oder sie durch diese Predigt zu einem anderen Menschen geworden war. Wie passte das alles zusammen? War der Erfolg einer Predigt sozusagen Geschmackssache? Doch diese Erklärung erschien mir doch zu subjektiv. Ich vertraute Kathys Urteil (und meinem eigenen), dass einige meiner Predigten in Aufbau und Darbietung schlicht besser waren als andere. Aber manche der eher mittelmäßigen veränderten Menschenleben, während andere, die ich für sehr gelungen hielt, nicht viel zu bewirken schienen.

Dann las ich eines Tages den Bericht über Paulus' und Silas' Gemeindegründung in Philippi – wie sie das Evangelium einer Gruppe von Frauen erklärten und wie eine von diesen, Lydia, gläubig wurde: „Während sie uns zuhörte, öffnete ihr der Herr das Herz, so dass sie das, was Paulus sagte, bereitwillig aufnahm" (Apostelgeschichte 16,14). Diese Frauen hörten alle dieselbe Predigt, aber nur Lydia scheint von ihr nachhaltig verändert worden zu sein. Wir sollten daraus nicht den voreiligen Schluss ziehen, dass Gott durch eine Predigt nur in dem Augenblick wirken kann, wo sie gehalten wird, oder dass er Paulus damals nicht auch schon beim Formulieren der Predigt geholfen hat. Aber so viel war mir klar: Dass diese Predigt so unterschiedlich auf die Menschen, die sie hörten, wirkte, musste mit dem Wirken des Geistes Gottes zusammenhängen. Vielleicht hat Paulus an Lydia gedacht, als er im 1. Thessalonicherbrief die Wirkung einer Predigt nicht nur in ihren Worten verortete, sondern auch in dem „machtvollen Wirken des Heiligen Geistes" (1. Thessalonicher 1,5).

Und ich kam zu dem Ergebnis, dass der Unterschied zwischen einer guten und einer schlechten Predigt weitgehend in dem Prediger liegt – in seinen Fähigkeiten und Gaben und der Qualität seiner Vorbereitung. Den Bibeltext verstehen, eine klare Gliederung und einen roten Faden herausarbeiten, diesen überzeugend und mit treffenden Vergleichen, Bildern und Beispielen aus dem Alltag entfalten, Herzenseinstellungen, Motive und kulturelle Prämissen analysieren und sich schließlich fragen, was das Ganze mit dem Alltag der Zuhörer zu tun hat – all dies erfordert Arbeit. Es braucht mehrere Stunden, eine Predigt so vorzubereiten, und es braucht Jahre der Praxis und Übung, um sie gut zu formulieren und zu halten.

Es liegt also vor allem am Prediger, ob seine Predigt gut oder schlecht gemacht ist. Aber ob sie nicht nur gut, sondern auch *vollmächtig* ist, darüber entscheidet das Wirken des Heiligen Geistes in den Herzen der Zuhörer wie auch in dem des Predigers selber. Die Botschaft in Philippi kam von Paulus; ihre Wirkung auf die Herzen der Hörer kam vom Heiligen Geist.

Konkret bedeutet dies, dass Gott auch Predigten von nur mittelmäßiger handwerklicher Qualität vollmächtig benutzen kann. Was die Antwort eines älteren Pastors erklärt, der um eine Bewertung der beiden großen Prediger Daniel Rowland und George Whitefield gebeten wurde, die im 18. Jahrhundert wirkten. Er sagte, dass beide Männer vollmächtig predigten, aber dass Rowlands Predigten immer auch gut gemacht waren, was bei Whitefield nicht immer der Fall war.[11] Egal wie die konkrete Predigt handwerklich war, bei Whitefield spürte man irgendwie immer die Nähe und die Kraft Gottes.

Vielleicht hätten Sie gerne so etwas wie eine Anleitung in sieben Schritten, wie man vollmächtig predigt, sodass Sie nur alles „richtig zu machen" brauchen, um eine starke, vollmächtige Predigt zu schreiben bzw. zu halten. So ein „Rezept" kann weder ich noch sonst jemand Ihnen geben, denn das Geheimnis einer vollmächtigen Predigt liegt in den Tiefen der Pläne Gottes und der Kraft seines Geistes verborgen. Was ich hier meine, haben andere mit Ausdrücken wie „Salbung" zu umschreiben versucht. Ich werde die Rolle, die Ihnen als Prediger in dieser geistlichen Dynamik zukommt, im letzten Kapitel dieses Buches behandeln, aber es gibt, wie gesagt, keine Rezepte. Manche suchen – nicht ganz zu Unrecht – das Geheimnis im Gebetsleben des Predigers. Die Antwort ist gleichzeitig Ja und Nein. Ein tiefes und reiches Gebetsleben ist in der Tat eine wichtige Voraussetzung für vollmächtige, ja auch nur gute Predigten; eine Garantie ist es nicht. Letztlich läuft es darauf hinaus, dass wir unser Bestes tun sollten, unsere Weitergabe der Wahrheit Gottes handwerklich gut zu machen – und es dann Gott überlassen, wie und wie oft er unsere Predigten zur vollmächtigen Verkündigung macht. „Und du begehrst für dich große Dinge? Begehre es nicht!" (Jeremia 45,5).

Der „perfekte Prediger“

Diese Unterscheidung könnte zu der Annahme verleiten, dass der Christ, der Gottes Wahrheit weitergibt, nichts weiter zu tun braucht, als den Bibeltext zu erklären, und dass Gott schon für den Rest sorgen wird. Das ist ein gefährliches Missverständnis und eine Beschneidung der Aufgabe des Predigers.

Theodor Beza war ein jüngerer Kollege und später der Nachfolger des Reformators Johannes Calvin. In seiner Calvin-Biografie erinnert Beza sich an die drei großen Prediger im Genf der Reformationszeit – Calvin selber, Guillaume Farel und Pierre Viret. Farel – so Beza – war der leidenschaftlichste und kraftvollste der drei. Viret war der redegewandteste; die Zuhörer sogen seine geschickten, sprachlich schönen Formulierungen förmlich ein und merkten gar nicht, wie die Zeit verging. Calvin war der tiefgründigste; seine Predigten waren voll der „gewichtigsten Einsichten“. Calvin hatte am meisten Substanz, Viret die größte Beredsamkeit, Farel die größte Wucht, und Beza kommt zu dem Schluss: „Ein Prediger, der eine Kombination dieser drei Männer war, wäre der absolut perfekte Prediger gewesen.“[12] Womit Beza zugibt, dass sein großer Mentor, Calvin, kein perfekter Prediger war. Seine Predigten gingen zwar in die Tiefe, aber Viret und Farel konnten die Aufmerksamkeit der Zuhörer besser fesseln, hatten mehr Überzeugungskraft und sprachen mehr zum Herzen der Menschen.

Im ersten „Predigthandbuch“ der Christenheit schreibt der Kirchenvater Augustinus, dass der Prediger nicht nur die Aufgabe hat, zu belehren (lat. *probare*), sondern auch, zu erfreuen (*delectare*) und zu erschüttern und aufzurütteln (*flectere*).[13] Augustinus verurteilt den geistlichen Bankrott der heidnischen Philosophen, findet aber gleichzeitig, dass christliche Prediger von ihren Büchern über die Rhetorik lernen können. Das griechische Wort *rhetorike* erscheint erstmals in Platos Dialog *Gorgias*, wo es „das Werk des Überredens“ meint.[14] Der Altphilologe George Kennedy schreibt, dass die Rhetorik in gewissem Sinne „ein Phänomen aller menschlichen Kulturen“ ist, da die meisten Kommunikationsakte nicht nur das Ziel haben, Informationen weiterzugeben, sondern auch den Glauben, das Handeln oder Fühlen der Empfänger zu beeinflussen.[15] Jeder von uns ist ein Stück weit ein Rhetoriker, und wenn es nur darum geht, durch Veränderungen der Lautstärke, der Tonhöhe oder des Tempos etwas zu betonen. Jeder Redner muss Wörter und Bilder wählen, die das Gemeinte erhellen und die Zuhörer ansprechen, und auf die verschiedensten anderen verbalen und nichtverbalen Arten Aufmerksamkeit wecken und beibehalten und Aussagen betonen und gewichten.

Das sah Calvin nicht anders. In seinem Kommentar zu 1. Korinther 1,17, wo Paulus sagt, dass er bei der Predigt des Evangeliums auf „kluge Worte" verzichtet, fragt Calvin: „Aber steht die Beredsamkeit in unversöhnlichem Widerspruch zum Evangelium? Ist eine Predigt schon verfälscht, wenn sie in schönen Worten gehalten wird?" Und er antwortet: „Damit verdammt Paulus nicht allgemein jede [rhetorische] Wissenschaft und Bildung als christusfeindlich …"[16] Paulus warnt lediglich vor einem Missbrauch der Rhetorik, bei dem diese zum Selbstzweck wird und mit ihrem unterhaltsamen Zierrat die Schlichtheit der biblischen Botschaft mit „Wortglanz und Prunk" überlagert.[17] Lange Geschichten, eine blumige Ausdrucksweise und dramatische Gesten können die Aufmerksamkeit der Zuhörer fesseln, während die Botschaft des Textes untergeht.

Calvin fährt fort, dass wir weder die schlichte noch die rhetorisch gekonnte Darbietung der Wahrheit verachten dürfen, solange beide im Dienste des Bibeltextes stehen. „Damit ist nicht jede Redekunst in der Predigt verworfen; sie ist gut, wenn sie … unter Beweis stellt, dass sie dem Evangelium den ersten Platz einräumt und ohne Selbstgefälligkeit dem Herrn zu dienen bereit ist."[18] Eine Predigt sollte weder eine menschliche Show sein, die bloß unterhaltsam ist, noch ein trockenes Auflisten von Sätzen und Wahrheiten. Echte, geistliche Beredsamkeit hat aus der leidenschaftlichen Liebe des Predigers zur Wahrheit des Evangeliums zu entspringen sowie aus der Liebe zu den Menschen vor ihm, deren ewige Seligkeit davon abhängt, ob sie diese Wahrheit annehmen oder nicht.

Letztlich ist der Prediger immer zwei Hauptinstanzen verantwortlich: dem Wort Gottes und dem menschlichen Hörer. Es genügt nicht, den Weizen zu ernten; wir müssen ihn auch so zubereiten, dass er essbar wird, sonst kann er die Menschen nicht satt machen. Eine gute Predigt entspringt aus einer doppelten Liebe – der Liebe zum Wort Gottes und der Liebe zu den Menschen, die den Wunsch in uns weckt, ihnen Gottes wunderbare Gnade zu zeigen. Und so gilt: Allein Gott kann Herzen öffnen, aber die Menschen, die sein Wort weitergeben, haben die Aufgabe, es treu und genau darzulegen und für die Herzen und das Leben der Zuhörer aufzuschließen.

Christus predigen

Die möglicherweise wichtigste Bibelstelle über die Predigt ist 1. Korinther 1,18–2,5.[19]

> Als ich zu euch kam, Geschwister, um euch das Geheimnis zu verkünden, das Gott uns enthüllt hat, versuchte ich nicht, euch mit geschliffener Rhetorik und scharfsinnigen Argumenten zu beeindrucken. Nein, ich hatte mir vorgenommen, eure Aufmerksamkeit einzig und allein auf Jesus Christus zu lenken – auf Jesus Christus, den Gekreuzigten. Außerdem fühlte ich mich schwach; ich war ängstlich und sehr unsicher, als ich zu euch sprach. Was meine Verkündigung kennzeichnete, waren nicht Überredungskunst und kluge Worte; es war das machtvolle Wirken von Gottes Geist. Denn euer Glaube sollte sich nicht auf Menschenweisheit gründen, sondern auf Gottes Kraft. (1. Korinther 2,1-5)

Der Vers 2 lautet in der Elberfelder Übersetzung: „Denn ich nahm mir vor, nichts anderes unter euch zu wissen als nur Jesus Christus, und *ihn* als gekreuzigt." Als Paulus dies schrieb, bestand die Bibel lediglich aus dem, was wir heute das Alte Testament nennen, doch wenn Paulus über diese Texte predigte, „wusste" er „nichts anderes … als nur Jesus Christus" – der im ganzen Alten Testament nirgends mit Namen erscheint. Wie das? Nun, Paulus hatte begriffen, dass die ganze Heilige Schrift ein einziger Wegweiser hin zu Jesus und der von ihm gebrachten Erlösung ist; jeder Prophet, Priester und König in ihr deutet voraus auf den, der der große, endgültige Prophet, Priester und König ist. Die „ganze Heilige Schrift" zu predigen heißt für Paulus, Christus zu predigen – als das große Hauptthema und den innersten Kern ihrer Botschaft.

Die antike Rhetorik erlaubte dem Redner die *inventio* – die Wahl eines Themas, die Gliederung dieses Themas in seine verschiedenen Teile sowie diverse, ausgeklügelte Methoden der argumentativen Stützung dessen, was er seinen Zuhörern sagen wollte. Doch für Paulus gibt es immer nur *ein* Thema: Jesus. Wo wir auch hingehen in der Bibel, ist Jesus das Hauptthema. Und auch die Untergliederung des Themas ist nicht menschlichem Gutdünken überlassen, sondern wir haben die Unterthemen und Punkte darzustellen, die der Bibeltext selber uns gibt. Wir müssen uns auf Jesus beschränken – aber nach meiner nunmehr über vierzigjährigen Erfahrung als Prediger kann ich Ihnen versichern, dass die Geschichte dieser einen Person niemals langweilig wird, ist in ihr doch die Geschichte des ganzen Universums und der ganzen Menschheit enthalten und sie ist der große und einzige Generalschlüssel zur Geschichte unseres eigenen Lebens.[20]

Für Paulus gilt also, dass er nur dann über einen biblischen Text gepredigt hat, wenn er über Jesus gepredigt hat – und zwar Jesus nicht nur als nachahmenswertes Beispiel, sondern als Erlöser der Welt: „Denn Christus ist unsere Gerechtigkeit, durch Christus gehören wir zu Gottes heiligem Volk, und durch Christus sind wir erlöst" (1. Korinther 1,30).

Paulus sieht Christus als den Schlüssel zum rechten Verständnis jedes biblischen Textes (der erste Aspekt einer guten Predigt) wie auch zum Erreichen und Überzeugen der Herzen der Hörer (der zweite Aspekt). Er schreibt: „Als ich zu euch kam, Geschwister, um euch das Geheimnis zu verkünden, das Gott uns enthüllt hat, versuchte ich nicht, euch mit geschliffener Rhetorik und scharfsinnigen Argumenten zu beeindrucken." Dies sieht auf den ersten Blick wie ein Plädoyer gegen jede Art von Kunstfertigkeit beim Predigen aus, aber (wie Calvin aufzeigt) der Rest des Neuen Testaments zeigt, dass Paulus in seinen Predigten sehr wohl Gebrauch von Argumenten, Logik, Rhetorik, Bildung und Wissen machte. In der Apostelgeschichte etwa benutzt Paulus, wie wir noch sehen werden, für verschiedene Zuhörergruppen gekonnt unterschiedliche Argumentationsweisen, und in 2. Korinther 5,11 sagt er, dass er sich bemüht, die Menschen zu „überzeugen"; es kann also nicht sein, dass er keinerlei Strategien zur Erreichung seiner Zuhörer verfolgte.[21] Der Neutestamentler Anthony Thiselton versucht, anhand neuerer Ergebnisse der Erforschung der antiken Rhetorik zu verdeutlichen, was Paulus in 1. Korinther 2 mit „geschliffener Rhetorik" und „Überredungskunst und klugen Worten" meint. Paulus verwirft jedes verbale Drängeln und Drücken, das den anderen mit der schieren Kraft der eigenen Persönlichkeit und Schlagfertigkeit überfährt und kleinmacht, jedes Haschen nach Beifall, das die Vorurteile, den Stolz und die Ängste der Zuhörer ausnutzt, und jegliches Manipulieren durch gekonnt eingesetzte Geschichten oder Techniken, die den Redner als den großen Sprachvirtuosen und Alleswisser darstellen.[22]

All diesen Formen des rhetorischen Missbrauchs stellt Paulus die Botschaft von „Jesus Christus, dem Gekreuzigten" entgegen, aber man beachte, wie er diese Gegenüberstellung meint. Paulus will durchaus die Herzen seiner Zuhörer von Grund auf verändern; er will erreichen, dass sie etwas anderes zum Ziel ihrer tiefsten Liebe, ihrer tiefsten Hoffnung und ihres tiefsten Glaubens machen. Doch diese Veränderung darf nicht durch menschliche Kunstgriffe kommen, sondern *nur* durch „das machtvolle Wirken von Gottes Geist" (1. Korinther 2,4), also (wie man auch übersetzen könnte) „durch ein einleuchtendes, kräftiges Überführtwerden, das vom Heiligen Geist selber kommt"[23]. Was bedeutet das? Thiselton wirft einen Blick auf die weiteren Ausführungen des Paulus und schreibt: „Wie aus 1. Korinther 2,16–3,4 erhellt, ist ‚Geist' christologisch zu verstehen." In diesem Abschnitt redet Paulus von dem „sich selbst zurücknehmenden Geist, der über sich selbst hinaus auf das Werk Gottes in Christus zeigt"[24]. Paulus vergleicht sich mit dem Heiligen Geist, der die Aufgabe hat, wie ein starker Scheinwerfer nicht auf sich selber zu zeigen, sondern uns die Herrlichkeit und Schönheit Christi hell zu machen (vgl. Johannes 16,12-15).

Hierin also liegt die Kraft des christlichen Predigers. So hält man nicht einen klugen Vortrag, sondern eine Leben verändernde

Predigt. Es geht darum, nicht nur über Christus zu *reden*, sondern ihn den Menschen zu *zeigen*, seine Größe sichtbar zu machen, ihn als den zu zeigen, der allen Lobes und aller Anbetung wert ist. Wenn wir dies tun, wird der Heilige Geist uns helfen, denn dies ist sein großer Auftrag in der Welt.

Das Herz der Kultur erreichen

Wir haben die reiche Theologie der Predigt, die wir am Anfang des 1. Korintherbriefes finden, noch nicht ausgeschöpft. Wenn Paulus von einer lebensverändernden Predigt redet, meint er damit nicht nur die innere Welt seiner Zuhörer; er nimmt auch die äußere Kultur in den Blick, in der sie leben.

> Denn obwohl sich seine Weisheit in der ganzen Schöpfung zeigt, hat ihn die Welt mit *ihrer* Weisheit nicht erkannt. Deshalb hat er beschlossen, eine scheinbar unsinnige Botschaft verkünden zu lassen, um die zu retten, die daran glauben. Die Juden wollen Wunder sehen, die Griechen fordern kluge Argumente. Wir jedoch verkünden Christus, den gekreuzigten Messias. Für die Juden ist diese Botschaft eine Gotteslästerung und für die anderen Völker völliger Unsinn. Für die hingegen, die Gott berufen hat, Juden wie Nichtjuden, erweist sich Christus als Gottes Kraft und Gottes Weisheit. (1. Korinther 1,21-24)

Für den Theologen Don Carson beschreibt Paulus hier die „fundamentalen Götzendienste [seiner] Zeit“[25]. Paulus gibt eine gekonnte Zusammenfassung der Unterschiede zwischen der griechischen und der jüdischen Kultur. Jede Gesellschaft hat ein Weltbild oder eine „Weltgeschichte“ bzw. ein „kulturelles Narrativ“, das die Identität und den Glauben der Menschen in ihr prägt. Die Griechen schätzten im Allgemeinen Philosophie, Kunst und intellektuelle Leistungen, während die Juden sich eher von Macht und praktischen Fertigkeiten beeindrucken ließen. Paulus hält beiden Weltsichten das Kreuz Jesu entgegen. Eine Erlösung, die nicht durch hohe Gedankenflüge und Philosophie kam, sondern durch einen gekreuzigten Erlöser, war für die Griechen das Gegenteil von Weisheit – Unfug und Torheit. Und für die Juden war eine Erlösung, die durch einen gekreuzigten Erlöser kam und nicht durch einen Befreier, der die Römer aus dem Land jagte, das Gegenteil von Macht – Schwäche. Paulus benutzt das Evangelium, um jede dieser Kulturen mit dem letztlich abgöttischen Wesen ihrer Werte und Sicherheiten zu konfrontieren.

Doch nach dieser Konfrontation geht Paulus noch weiter; er benennt und bejaht die Grundsehnsüchte der beiden Kulturen. Den Griechen sagt er: „Ihr wollt Weisheit. Gut, schaut euch das Kreuz an, das es Gott ermöglicht hat, beides zu sein: gerecht und der, der die Glaubenden gerecht spricht. Ist das nicht Weisheit in ihrer höchsten Form?“ Und den Juden sagt er: „Ihr wollt Macht. Gut, schaut euch das Kreuz an und wie es Gott ermöglicht hat, unsere mächtigsten Feinde – die Sünde, die Schuld, ja den Tod – zu besiegen, ohne uns dabei zu vernichten. Ist dies nicht die höchste denkbare Macht?“

Paulus benennt also das Weltbild jeder dieser Kulturen und konfrontiert sodann die jeweils in ihm steckende Abgötterei – die intellektuelle Hybris der Griechen und die Werkgerechtigkeit der Juden – und zeigt auf, dass die Art, wie sie ihrem höchsten Gut nachjagen, ebenso sündig wie aussichtslos ist. Aber dies ist keine bloße intellektuelle Übung oder clevere rhetorische Strategie, sondern ein Akt der Nächstenliebe. Wir sind soziokulturelle Wesen, und das, was wir im Innersten wollen und wünschen, ist zutiefst geprägt von der menschlichen Gesellschaft, zu der wir gehören. Der christliche Prediger, der einen Bibeltext auslegt und erklärt, sollte daher die Botschaft der Bibel immer in Bezug setzen zu den Grundannahmen und Glaubenssätzen der Kultur seiner Hörer (die ihnen selber gewöhnlich nicht bewusst sind), um ihnen zu helfen, sich selber besser zu verstehen. Wenn dies auf die richtige Art geschieht, führt es dazu, dass die Menschen sich sagen: „Ach so, DARUM denke und fühle ich immer wieder so.“ Und das kann einer der befreiendsten und folgenreichsten Schritte auf der Reise eines Menschen hin zu einem lebendigen Glauben an Christus sein.

Um seine Zuhörer wirklich zu erreichen, muss der Prediger die „Geschichte“, die ihr Weltbild prägt, an strategischen Punkten konfrontieren und sie anschließend gleichsam neu erzählen, auf eine Art, die ihnen zeigt, wie ihre tiefsten Sehnsüchte allein in Christus gestillt werden können. Wie Paulus müssen wir die Menschen über die Schlüsselsehnsüchte und -werte ihrer Kultur erreichen und einladen – einladen zu Christus, der wahren Weisheit, Gerechtigkeit, Macht und Schönheit.

Das Wort lieben – die Hörer lieben

Was ist also eine gute Predigt? Lassen Sie mich das bisher Gesagte zu einer Definition zusammenfassen.

Predigen heißt „das Geheimnis zu verkünden, das Gott uns enthüllt hat" (1. Korinther 2,1). Es heißt biblisch predigen, in der Auseinandersetzung mit dem Text des Wortes Gottes. Dies bedeutet, dass ich meinen Zuhörern das Wort Gottes zu bringen habe und nicht meine persönliche Meinung. Der Prediger redet im Auftrag Gottes und gibt Gottes Worte weiter (1. Petrus 4,11). Er muss herausarbeiten, was der Text in seinem Kontext bedeutet – sowohl in seinem historischen Kontext als auch im Gesamtkontext der Bibel. Dieser Teil des Dienstes am Wort Gottes ist die *Auslegung*. Der Prediger erläutert, treu und gewissenhaft, was die Botschaft dieses Textes ist, wobei er stets den Rest der biblischen Lehre mit im Hinterkopf hat; er darf nicht „eine Schriftstelle so erklären, dass sie einer anderen widerspricht"[26].

Predigen heißt weiter, Gottes Wort „Juden wie Nichtjuden" zu verkünden (1. Korinther 1,24). Es geht darum, die Herzen und die Kultur der Hörer zu erreichen – nicht nur ihre grauen Zellen zu informieren, sondern auch ihr Herz, ihre Interessen und Gefühle anzusprechen und sie zur Buße und einem neuen Denken und Verhalten zu bewegen. Eine gute Predigt ist nicht ein Knüppel, der den Willen bricht, sondern ein Schwert, das bis ins Innerste des Herzens dringt (Apostelgeschichte 2,37) und uns schonungslos zeigt, wie und wer wir wirklich sind (Hebräer 4,12). Sie nimmt den Text und seine Auslegung und trägt ihn in die Situation des Hörers hinein, denn wir haben einen Bibeltext erst dann wirklich verstanden, wenn wir begreifen, was er mit uns und unserem Leben zu tun hat. Dies ist die zweite Aufgabe des Predigers – die *Anwendung* der Aussagen des Textes auf die Hörer –, und sie ist wesentlich komplizierter, als man meistens denkt. Die Herzen und die Kultur ansprechen – beides ist, wie gesagt, miteinander verbunden, denn das Weltbild und die kulturellen Narrativen hinterlassen tiefe Spuren in der Identität, dem Gewissen und dem Realitätsverständnis des Einzelnen. Ein guter Prediger setzt sich nicht mit der Kultur seiner Hörer auseinander, um „relevant“ und „aktuell“ zu sein, sondern um die tiefen Lebensfundamente seiner Hörer freizulegen.

Der Prediger Alec Motyer schreibt, dass der Prediger nicht einer, sondern zwei Instanzen verantwortlich ist:

> Erstens der Wahrheit und zweitens diesen Menschen, vor denen er steht. Wie können sie die Wahrheit am besten hören? Wie können wir ihr so Ausdruck verleihen, dass sie sie verdauen können, dass sie aufmerksam zuhören und ... nicht unnötig verletzt werden?[27]

Dies sind die beiden Aufgaben der Predigt und der große Schlüssel zu beiden heißt: Christus predigen. Nein, dies ist nicht eine dritte Aufgabe der Predigt, sondern die Art, wie man die beiden Aufgaben der Auslegung und Anwendung richtig erfüllt. Wir erinnern uns: Für Paulus sind Treue zur Bibel und Christuszentriertheit ein und dasselbe. Ich kann nur dann „richtig“ über einen Text predigen und ihn korrekt in den Gesamtkontext der Bibel einordnen, wenn ich aufzeige, wie seine Themen und Aussagen ihre letzte Erfüllung in der Person Jesu Christi finden. Und ähnlich kann ich die Herzen meiner Zuhörer nicht wirklich erreichen und verändern, wenn ich ihnen nicht über die Worte des Textes hinaus die Schönheit der Person Jesu aufzeige und ihnen begreiflich mache, dass die spezielle Aussage dieses Textes nur durch das Vertrauen auf das Werk Christi geltend gemacht werden kann.

Kathy sagte mir einmal, dass die ersten Abschnitte meiner Predigten gut als Sonntagsschullektionen taugten, aber dass in dem Augenblick, wo ich „zu Christus kam“, der Vortrag zu einer Predigt wurde. Sie haben möglicherweise nichts dagegen, wenn Ihre

Zuhörer bei Ihren Predigten fleißig mitschreiben, aber wenn Sie zum Thema „Jesus" kommen, möchten Sie nicht so sehr, dass sie mitschreiben, sondern dass sie das Mitgeschriebene am eigenen Leib *erfahren*.

Der berühmte britische Prediger Charles Haddon Spurgeon wurde nicht müde, darauf hinzuweisen, dass jede Predigt den Zuhörern Jesus groß machen muss. Er klagte über Predigten, die „sehr klug ... und schön und prächtig" waren, aber in denen es immer nur um moralische Wahrheiten und rechtes Verhalten und hohe Ideen ging, „aber kein Wort über Christus". Solche Predigten erinnerten ihn an die Worte Maria Magdalenas: „Sie haben meinen Herrn weggenommen, und ich weiß nicht, wo sie ihn hingelegt haben. Ich hörte nichts über Christus!"[28] Spurgeon hat recht. Solange wir nicht Jesus predigen, sondern „die Moral von der Geschichte" oder zeitlose Wahrheiten oder ein bisschen Lebenshilfe, werden die Menschen nie dazu kommen, dass sie das Wort Gottes verstehen, lieben und ihm gehorchen. Was Spurgeon forderte, ist schwieriger, als es klingt, und seltener, als wir vielleicht glauben.

Der Prediger hat also zwei Aufgaben. Er muss das Wort Gottes und seine Wahrheit lieben und ihm dienen, und er muss die Menschen, vor denen er steht, lieben und ihnen dienen. Wir dienen dem Wort, indem wir den Text klar und deutlich auslegen und dabei jedes Mal das Evangelium predigen. Und wir erreichen die Zuhörer, indem wir ihre Kultur und ihre Herzen ansprechen.

Das müssen *wir* tun. Und jetzt das, was *Gott* tun muss: Er schließt sein Wort durch das machtvolle Wirken seines Geistes (vgl. 1. Korinther 2,4) für die Herzen unserer Hörer auf. Laut Paulus kann man nur dann mit echter geistlicher Kraft predigen, wenn man seinen Zuhörern Christus als eine lebendige Realität nahebringt, der sie begegnen und der sie sich öffnen sollen und können. Unsere Predigten müssen unser ehrfürchtiges Staunen über das, was wir in Christus haben, zum Ausdruck bringen. Sie müssen eine ungekünstelte Offenheit ausstrahlen, die dem Hörer zeigt, dass das Herz des Predigers selber ergriffen ist von dem, was er da verkündet, und dass es verwandelt wird. Der gute Prediger strahlt Autorität und Ruhe aus und nicht das verkrampfte Bemühen, dem Publikum zu gefallen oder eine Show abzuziehen. Der Prediger sollte Liebe, Freude, Frieden und Weisheit ausstrahlen. Er sollte ein Schaufenster sein, durch das die anderen seine vom Evangelium verwandelte Seele sehen und sich sagen: „So möchte ich auch werden." Und sie sollten etwas von Gottes Gegenwart spüren.

Wie ist das möglich? Es geschieht, wenn wir Christus predigen. Wenn wir den Text gewissenhaft auslegen und jedes Mal das Evangelium predigen wollen; wenn wir die Kultur und die Herzen unserer Zuhörer erreichen und Mitarbeiter des Heiligen Geistes bei seinem Werk in dieser Welt sein wollen – dann müssen wir Christus predigen, bei jedem Bibeltext.

Teil I
Dem Wort Gottes dienen

Kapitel 1
Das Wort Gottes predigen

Redet jemand im Auftrag Gottes, dann soll er sich bewusst sein, dass es Gottes Worte sind, die er weitergibt. (1. Petrus 4,11)

Wenn dein Wort offenbar wird, so erfreut es und macht klug die Unverständigen. (Psalm 119,30)

Gottes Wort und menschliches Können

In dem ersten protestantischen Predigthandbuch, *The Art of Prophesying* (1592), schreibt William Perkins: „Man soll allein das Wort Gottes predigen, in seiner Vollkommenheit und inneren Widerspruchsfreiheit.“[29] Vielen von uns heute erscheint dieser Satz als eine Selbstverständlichkeit. Natürlich soll ein christlicher Prediger oder Lehrer die Bibel weitergeben, was denn sonst? Doch in der Zeit, in der Perkins lebte, war dies keineswegs selbstverständlich. Für viele Prediger damals reichte Gottes Gnade allein nicht aus, um die Zuhörer zu überzeugen. „Sie brauchte die Mithilfe der Beredsamkeit. … Die Gläubigen brauchten die Wunderkräfte der Predigt als Stütze für das Wort der Bibel.“[30]

Die Predigt in England war damals zu einem verbalen Feuerwerk geworden, zu einem Potpourri aus sprachlichen Schnörkeln, Zitaten und Anspielungen auf antike Autoren, dichterischen Bildern und rhetorischen Gipfelstürmereien. Am Anfang stand zwar immer noch der Bibeltext, aber der Entfaltung dieses Textes und seiner Bedeutung widmeten die Prediger nur sehr wenig Zeit. Sie schienen zu glauben, dass die Bibel allein nicht ausreichte; man musste ihr mit dem ganzen Arsenal der Redekunst auf die Sprünge helfen. Das Grundvertrauen in die Kraft und Autorität des Wortes Gottes selber war verloren gegangen.

William Perkins und seine Zeitgenossen wandten sich gegen diese „überkultivierte Redekunst" ihrer Zeit. Sie fanden, dass das Hauptziel der Predigt verloren gegangen war: dass wir die Bibel selber sprechen und ihre eigene Kraft entfalten lassen. Im ersten Teil seines kurzen Werkes verwendet Perkins viel Zeit auf die Darlegung, dass die Bibel Gottes vollkommene, reine, ewige Weisheit ist und dass sie die Kraft hat, die Gewissen zu überführen und in die Herzen einzudringen.[31] Perkins wusste, dass die Grundeinstellung eines Predigers zur Bibel einen erheblichen Einfluss auf seinen Umgang mit ihr hat. Ist uns, die wir die Bibel an andere Menschen weitergeben, klar, dass in ihr die Autorität und Kraft Gottes selber liegt? Wenn die Antwort darauf „Ja" ist, dann wird es uns wichtiger sein, die Bibel für sich selber sprechen zu lassen, als sie als Beleg für unsere Meinungen zu benutzen. Wie Perkins sagt: „Die Predigt des Wortes ist das Zeugnis Gottes und das Bekenntnis zu Christus, und nicht zu menschlicher Kunst." Er beeilt sich hinzuzufügen: „Dies bedeutet nicht, dass Kanzeln Orte sind, denen es an Wissen und Bildung mangelt. … Der Pastor darf, ja muss in seinem Leben die allgemeinen Künste und die Philosophie fleißig nutzen und sollte bei der Vorbereitung seiner Predigt ausgiebig lesen." Doch keinesfalls sollte er diese Dinge vor seiner Gemeinde zur Schau tragen.[32]

Für Perkins besteht der Sinn des Predigens nicht darin, die Früchte der klugen Forschungen oder philosophischen Überlegungen des Predigers vorzutragen. Es darf auch nicht darum gehen, dass man den Eindruck hat, dass Gott einem eine besondere Botschaft oder Erkenntnis aufs Herz gelegt hat, und dann nach einem dazu passenden Bibeltext sucht. Nein, der Prediger hat das an Erkenntnis, Lehren und Anweisungen weiterzugeben, was die Bibel selber sagt – und dabei kann und muss er alle „Künste" einsetzen, um den Hörern zu helfen, das, was die Verfasser der Bibel meinen, recht zu verstehen. Und all das geschieht im Gehorsam zu der ersten und größten Aufgabe des Predigers: dass er seinen Hörern Gottes Wort bringt und ihnen die ganze Autorität dieses Wortes aufschließt.

Textpredigt und Themapredigt

Wie macht man das am besten?

Hughes Oliphant Old hat eine maßgebende siebenbändige Geschichte der Predigt verfasst.[33] Er behandelt darin die christliche Predigt in jedem Jahrhundert und in jedem Zweig der Christenheit – orthodox, katholisch, protestantisch, evangelikal und pfingstlerisch – sowie auf praktisch allen Kontinenten. Der schiere Umfang und die Vielfalt seiner Untersuchung sind atemberaubend. In der Einleitung zu der Serie benennt er fünf Grundtypen der Predigt, wobei er Grundkonstanten festgestellt hat, die die Jahrhunderte überdauerten. Es sind dies die auslegende, die evangelistische, die katechetische, die prophetische und die Festpredigt.

Die Auslegungspredigt definiert Old als „die systematische Erklärung der Bibel in der regelmäßigen wöchentlichen Versammlung der Gemeinde".[34] Die übrigen vier Predigttypen sehen auf den ersten Blick ganz unterschiedlich aus, aber in einem wichtigen Punkt sind sie alle gleich: Anders als die Auslegungspredigt basieren sie nicht notwendigerweise auf einer bestimmten, einzigen Bibelstelle. Dies liegt daran, dass der Hauptzweck dieser Predigttypen nicht darin besteht, einen konkreten Bibeltext zu untersuchen und zu entfalten, sondern anhand mehrerer Texte einen bestimmten biblischen Begriff oder Gedanken darzustellen. Old nennt dies die „Themapredigt", und sie kann die bereits erwähnten vier Ziele haben: die Heranführung von Nichtchristen an den Glauben (*evangelistische* Predigt), die Unterweisung von Gläubigen über bestimmte Punkte des Bekenntnisses und der Theologie ihrer Kirche (*katechetische* Predigt), die Feier und rechte Begehung kirchlicher Feste wie Weihnachten, Ostern, Pfingsten usw. (*Festpredigt*) oder die Thematisierung und biblische Beleuchtung einer besonderen historischen oder kulturellen Situation (*prophetische* Predigt).

Wir haben es also auf der allgemeinsten Ebene mit zwei Fundamentalformen der Predigt zu tun: der Textpredigt (Auslegungspredigt) und der Themapredigt. Im Laufe der Jahrhunderte haben Prediger sich beider Formen fleißig bedient, was sie, wie Old aufzeigt, auch *müssen.* Paulus zum Beispiel legte in Athen in der Synagoge die Bibel aus, aber auf dem Areopag hielt er eine thematisch orientierte Rede, in der er die Bibel kein einziges Mal zitierte (vgl. Apostelgeschichte 17); seine Argumente basierten alle auf der Bibel, aber seine Präsentationsform war die der klassischen Rede, in welcher der Redner Thesen aufstellt, die er mit Argumenten untermauert. In Paulus' Augen brachte es nichts, Zuhörern, die weder an die Bibel glaubten noch auch nur mit ihren fundamentalsten Aussagen vertraut waren, mit einer systematischen Bibelauslegung zu kommen. Mit anderen Worten: Eine typische Situation, in der eher die Themapredigt angebracht ist, ist die Evangelisation.

Es gibt noch andere Situationen, wo man die Bibel predigen möchte, aber wo eine Bibelstelle allein nicht ausreicht, um das zu sagen, was man sagen will. Stellen Sie sich vor, Sie möchten vor Studierenden einen Vortrag über die Lehre von der Dreieinigkeit halten. Es gibt in der Bibel keine Stelle, die für sich allein ausreichen würde, diese grundlegende biblische Lehre zu erklären; Sie werden mehrere Bibeltexte heranziehen müssen. In der Textpredigt dagegen habe ich die Aufgabe, bildlich gesprochen, dorthin zu gehen, wohin dieser eine Text mich führt, und die Aussagen und Unterpunkte der Predigt ergeben sich aus seiner Auslegung.

Man beachte auch, dass eine Predigt selten zu hundert Prozent eine Textpredigt oder Themapredigt ist. Die beiden Predigtformen schließen einander nicht aus, und sie treten selten in Reinkultur auf. Man muss sie sich eher als einander überlappende Kategorien vorstellen oder als die beiden Endpunkte eines Spektrums. Selbst die sorgfältigste Textauslegung, die in die letzten Details jedes Verses geht, enthält meistens Querverweise auf andere Bibelstellen, die das gleiche Thema behandeln. Wenn zum Beispiel in Ihrem Text der Heilige Geist genannt wird, müssen Sie den Zuhörern womöglich erklären, dass dieser Geist eine Person in der Dreieinigkeit ist und ebenso göttlich wie der Vater und der Sohn, und dass der Heilige Geist ein „Er“ ist und kein „Es“. Sehr wahrscheinlich wird in Ihrem Text nichts über dieses Personsein des Heiligen Geistes gesagt, aber wenn Sie wollen, dass Ihre Zuhörer die Botschaft des Textes verstehen, kommen Sie nicht umhin, sie kurz in die biblische Lehre vom Heiligen Geist einzuführen. Jede Predigt, die einen Text auslegt, ist zwangsläufig zum Teil auch eine Themapredigt. Und umgekehrt kommt eine Themapredigt, die der Bibel treu sein will, nicht ohne ein paar „Mini-Auslegungen“ von Bibeltexten aus, denn die Bibelstellen, die das Thema beleuchten, müssen innerhalb ihres je eigenen Kontextes erklärt werden.

Die Auslegungspredigt verankert ihre Botschaft in dem Bibeltext. Ihre Unterpunkte und ihre Kernaussagen ergeben sich beide aus ihm. Gleichzeitig verknüpft sie die Auslegung des Textes mit den Grundlehren der übrigen Bibel und betreibt somit ein Stück systematische Theologie. Und sie verortet den Text stets in dem Grundnarrativ, dem roten Faden der Bibel, indem sie aufzeigt, wie das Thema des Textes seine letzte Erfüllung in Jesus Christus findet, und betreibt so ein Stück biblische Theologie.

Plädoyer für die Textpredigt als „Normalfall“

Im Laufe der Kirchengeschichte haben sich sowohl die Text- als auch die Themapredigt als notwendig erwiesen, und auch der heutige christliche Prediger oder Lehrer sollte beide als legitime, fruchtbare Predigtformen sehen. Trotzdem finde ich, dass die Textpredigt sozusagen das Predigtgrundnahrungsmittel für eine christliche Gemeinde sein sollte. Warum das? Mir fallen mindestens sechs Gründe ein; auf den ersten möchte ich etwas ausführlicher eingehen.

Die Auslegungspredigt ist die beste Methode, unserer Überzeugung Ausdruck zu geben, dass die ganze Bibel wahr ist. Mit ihr demonstriere ich, dass ich glaube, dass jeder Teil der Bibel Gottes Wort ist – nicht nur bestimmte Themen oder die Aussagen, die mir besonders gut gefallen. Ein solider, fundierter Glaube an die Autorität und Inspiration der Bibel ist ein unbedingtes Muss, wenn ich die Bibel nachhaltig lehren und predigen will, sodass sie Menschenherzen verändert. Wenn dies auch Ihre Überzeugung ist, dann gibt es keine bessere Methode, Ihren Glauben an die Bibel an Ihre Zuhörer weiterzugeben, als sie durch Textpredigten auszulegen, bei denen Sie über einen längeren Zeitraum hinweg systematisch durch große Teile der Bibel gehen und die Bedeutung und Botschaft jedes Abschnitts herausarbeiten und alle Ihre Aussagen vom Bibeltext her begründen und untermauern.

Bitte beachten Sie, dass ein bloß allgemeiner Respekt vor der Bibel, den Sie vielleicht durch Ihre religiöse Erziehung mitbekommen haben, hier nicht ausreicht. Als christlicher Prediger oder Lehrer werden Sie zwangsläufig mit vielen „schwierigen Stellen" in der Bibel konfrontiert werden – Stellen, die nicht nur dem Zeitgeist und der politischen Korrektheit zuwiderlaufen, sondern manchmal sogar Ihren eigenen Überzeugungen und Gefühlen. Wenn Sie nicht ein solides, tief verwurzeltes Verständnis von der Bibel und ihrer Autorität und Inspiration haben, werden Sie nicht in der Lage sein, die Arbeit zu leisten, die nötig ist, um die einzelnen Stellen zu verstehen und überzeugend an andere Menschen weiterzugeben. Jeder merkt es, wenn der Prediger von dem, was er da sagt, selber nicht überzeugt ist, und schon ist der Prediger nicht mehr der, der verkündet, warnt und zu Gott einlädt, sondern nur noch jemand, der fromme Gedanken, Anekdoten und Meinungen weitergibt.

Natürlich besteht auch die Gefahr, dass der Prediger des Evangeliums der Gnade an Stellen, wo Christen verschiedener Meinung sind, unnötig hart und dogmatisch auftritt. Wir werden später noch zu diesem Thema kommen. Hier möchte ich vor der Gefahr warnen, den umgekehrten Fehler zu machen. Nicht nur die zu konfrontative und harte Predigt geht letztlich ins Leere, sondern auch die allzu weiche und vage, die Angst hat, den Zuhörern etwas zuzumuten. Es kommt hier, wie so oft, auf die rechte Balance an. Wie Timothy Ward schreibt: „Der Prediger, der zu hart ist, provoziert Widerstand. Der, der zu weich ist, wird als belanglos empfunden, als jemand, den man ignorieren kann."[35]

Wie finde ich zu einem tragfähigen Vertrauen auf die Bibel als

Gottes Wort? Unter anderem, indem ich mir anschaue, was die Bibel über sich selber sagt. Fangen Sie mit einer gründlichen Lektüre des 119. Psalms an; arbeiten Sie heraus, was er über das Wesen des Wortes Gottes und seine Funktion und seinen Nutzen in unserem Leben sagt. Sie sollten sich auch mit wichtigen Büchern bzw. Artikeln über die Autorität der Bibel vertraut machen, wenn Ihre Predigttätigkeit fruchtbar sein soll.[36] Und Sie sollten nicht nur allgemein wissen, dass die Bibel wahr ist, sondern auch, dass in der Bibel Gottes Worte identisch sind mit seinen Taten. Wenn er sagt: „Es werde Licht", dann wird es Licht (1. Mose 1,3), und wenn er jemandem einen neuen Namen gibt, dann wird diese Person damit zu einem anderen Menschen (1. Mose 17,5). Die Bibel sagt nicht, dass Gott erst spricht und dann handelt oder dass er erst benennt und dann verändert, sondern bei Gott sind Sprechen und Handeln ein und dasselbe. Sein Wort *ist* seine Tat, seine göttliche Kraft.[37]

Aber wie können wir Gottes tatmächtigen Worte *heute* hören, wo wir doch nicht mehr die Propheten des Alten Bundes sind oder die Apostel, die zu Jesu Füßen saßen? Nun, Gottes Worte im Munde der Propheten (Jeremia 1,9-10), die in der Bibel aufgeschrieben sind, sind heute, wo wir sie lesen, *immer noch* Gottes Worte (Jeremia 36). Ward hält es für extrem wichtig, dass der Prediger dies weiß. „Gottes nicht aufhörendes dynamisches Handeln durch den Geist" ist „aufs Engste verknüpft mit den Worten der Schrift und ihrer Bedeutung."[38] Anders ausgedrückt: Indem wir der Bedeutung der biblischen Worte auf den Grund gehen, wird Gott in unserem Leben aktiv und mächtig. Die Bibel ist nicht nur Information, auch nicht nur *wahre* Information; sie ist „lebendig und voller Kraft" (Hebräer 4,12) – Gottes zu Sprache gewordene Kraft. In dem Maße, wie wir die Bedeutung des biblischen Wortes verstehen, prägt Gott uns und macht uns neu.

Wenn Sie als christlicher Prediger und Lehrer dieses Verständnis von der Bibel kennen und bejahen, wird dies die Art, wie Sie predigen, zutiefst prägen. Wenn Sie lediglich glauben, dass der Geist Gottes in einem ganz allgemeinen Sinn irgendwie unter bestimmten Umständen wirkt, wenn Sie die Bibel predigen, werden Sie in Ihrer Predigt seine Macht und Autorität untergraben, indem

Sie zu viel Gewicht auf Ihre eigenen Erfahrungen legen oder die Autorität mehr in den Traditionen und Lehren Ihrer Kirche suchen als in der Bibel selber. Oder Sie benutzen die Bibel als eine Art Sammlung von weisen Ratschlägen für die Probleme in der Gesellschaft oder unserem persönlichen Leben. Glauben Sie dagegen, dass die Predigt des Wortes Gottes einer der Hauptkanäle für Gottes Wirken in der Welt ist, dann werden Sie mit großer Sorgfalt und Zuversicht die Bedeutung des Bibeltextes freilegen, in der festen Erwartung, dass Gottes Geist im Leben Ihrer Hörer aktiv werden wird.[39]

So berühmte Beschreibungen des Wortes Gottes wie die, dass es ein „Feuer" ist und „wie ein Hammer, der Felsen zerschmeißt" (Jeremia 23,29), sind daher mehr als bloße Rhetorik. Ich habe Hunderte von Fällen erlebt, wo die Bibel selber eine Kraft bewies, geistliche Gleichgültigkeit und innere Verteidigungsmauern zu durchstoßen, die weit über meine Redekunst als Prediger hinausging. Ein paarmal musste ich sogar empörten Gemeindegliedern, die sicher waren, dass einer ihrer Freunde sie bei mir angeschwärzt hatte und dass ich mit meiner Predigt nur auf sie gezielt hatte, ehrlich schwören, dass ich keinerlei Kenntnis von ihren Problemen gehabt hatte, sondern dass die Bibel selber ihre „verborgensten Gedanken" ans Licht gebracht hatte (1. Korinther 14,25). Ich bin nicht scharf auf empörte Predigthörer, aber ich muss sagen, diese Gespräche liebe ich.

Der erste Grund, warum wir normalerweise Textpredigen halten sollten, ist also, dass diese unseren Glauben, dass die ganze Bibel Gottes vollmächtiges, lebendiges und aktives Wort ist, zum Ausdruck bringt und wirksam macht.

Die anderen Gründe dafür, die Textpredigt zum Normalfall in der Gemeinde zu machen, sind mehr praktischer Art, aber deswegen nicht weniger wichtig. Der erste ist, dass eine sorgfältige Auslegungspredigt es den Hörern leichter macht, zu erkennen, dass die Autorität nicht in den Meinungen oder Gedankengängen des Predigers liegt, sondern in Gott selber und seiner Offenbarung in diesem Text. Dies wird nicht sehr klar in Predigten, die den biblischen Text nur oberflächlich abhandeln und sich vor allem in Geschichten, langen Argumentationen oder Gedankenspielen ergehen. Hier kann der Zuhörer sich leicht dem Zugriff unbequemer Textaussagen entziehen, indem er sich sagt: „Na ja, so siehst *du* das halt …“ Eine solide, klare Auslegung bemüht sich, zu zeigen, was der Text bedeutet – und zeigt damit, dass das, was der Prediger sagt, nicht auf seinem eigenen Gedankenmist gewachsen ist, sondern sich aus diesem autoritativen Text ergibt.

Die Textpredigt bedeutet weiter, dass ich Gott selber die Chance gebe, zu bestimmen, in welche Richtung die Reise meiner Gemeinde gehen soll. Solide Textauslegung ist ein gewisses Abenteuer für den Prediger. Ich beginne, über ein biblisches Buch oder einen längeren Abschnitt zu predigen, mit dem ehrlichen Willen, mich seiner Autorität zu unterwerfen und seiner Leitung zu folgen. Natürlich liegt die Auswahl der Bibelstellen oft beim Prediger (wenn der Text nicht durch eine Perikopenordnung vorgegeben ist) und jeder einigermaßen erfahrene Bibelleser weiß im Voraus ungefähr, was er von einer bestimmten Textstelle zu erwarten hat. Aber eine Auslegungspredigt bedeutet immer, dass ich nicht zu hundert Prozent vorausplanen kann, was meine Gemeinde in den nächsten Wochen oder Monaten hören wird. In dem Maße, wie wir in die Texte eindringen, kommt es zu Fragen und Antworten, die niemand vorhergesehen hat. Wir stellen uns die Bibel ja gerne als Buch vor, das Antworten auf unsere Fragen gibt, was sie ja auch tut. Aber wenn wir den Text wirklich zu uns reden lassen, kann es sein, dass Gott uns zeigt, dass wir ja gar nicht die richtigen Fragen gestellt haben.

Die Menschen unserer Zeit kommen gerne mit der Frage zu der Bibel: „Wie baue ich mein Selbstwertgefühl auf und werde ein souveränerer Mensch?“ Und dann lesen sie, was die Bibel über Sünde und Buße zu sagen hat – und entdecken, dass unser größtes Problem ja nicht unsere Minderwertigkeitsgefühle sind, sondern unser Stolz und unsere Machtfantasien. Wir sind blind für die Tiefen unserer Ichsucht und bilden uns ein, wir könnten unser Leben schon selber in den Griff kriegen. Und dann lesen wir weiter und kommen zu den Bibelabschnitten, die uns zeigen, wie Gott uns als seine Kinder annimmt und gerecht spricht – und entdecken, dass die Bitte, „sich selbst etwas besser annehmen zu können“ eigentlich viel zu wenig war gegenüber der neue Identität, die wir in Christus bekommen ... Wenn wir uns in Gottes Wort vertiefen, wird unser ganzes Denken verwandelt werden und wir erkennen, wie unpassend eigentlich die Fragen waren, mit denen wir unsere Bibellektüre angefangen haben.

Ein weiteres Argument für die Auslegungspredigt ist, dass sie dem Text auch die Chance gibt, darüber zu bestimmen, in welche Richtung die Reise für den Prediger selber geht. Sie hilft ihm, dem Druck besser zu widerstehen, seine Botschaften zu sehr an die Erwartungen und Tabus der Gesellschaft anzupassen, in der er lebt. Sie führt ihn zu Themen hin, an denen er sich eigentlich lieber nicht die Finger verbrennen wollte in einer Zeit, wo manche Aussagen der Bibel (z. B. zu Fragen der Sexualität) sehr unpopulär sind. Die Auslegungspredigt macht mir Mut, Gottes Willen zu solchen Reizthemen deutlich darzulegen, und sie zwingt mich, Mittel und Wege zu finden, diese Themen öffentlich anzusprechen.

So kann die Textpredigt uns davor bewahren, beim Predigen unsere Steckenpferde zu reiten und Lieblingsthemen zu pflegen. Jemand hat einmal gesagt, dass selbst die besten Prediger nur etwa ein Dutzend Predigten auf Lager haben, die sie immer wieder bringen; nur die Bibelstellen wechseln. Und die schlechtesten Prediger haben dann, so könnte man ergänzen, nur eine einzige Predigt, die sie bis zum Geht-nicht-Mehr wiederholen. Diese Kritik kommt der Wahrheit näher, als uns Predigern lieb sein kann, und wir haben nur dann eine realistische Chance, diese Falle zu vermeiden, wenn wir uns in der Kunst der Auslegungspredigt üben.

Regelmäßige Textpredigten sind auch eine gute Anleitung zum persönlichen Bibellesen. Die Hörer lernen es, selber ihre Bibel zu lesen und sich Texte zu erschließen. Sie lernen es, auf die Besonderheiten eines Textes zu achten und den Gesamtzusammenhang der Bibel besser zu verstehen: Was bedeutet dieser Ausdruck und jenes Motiv? Sie werden erfahrenere und sensiblere Bibelleser.

Ich möchte noch ein letztes Argument für die Auslegungspredigt anführen, das Sie nach dem bisher Gesagten vielleicht zunächst überraschen wird. Wir haben gesehen, dass die regelmäßige

Textauslegung davor schützt, nur über unsere Lieblingsthemen zu reden, und den textlichen und thematischen Horizont erweitert. Aber sie lässt uns auch immer deutlicher das eine große biblische Zentralthema sehen. Zwei Mal in meinem Leben haben mir Prediger berichtet, dass sie erst nachdem sie Prediger geworden waren, zu einem lebendigen Glauben an Christus kamen; sie waren von ihren eigenen Predigten bekehrt worden. Und ich kenne einen anderen Pastor, der durch das Hören der Textpredigten seines Amtskollegen in der Gemeinde ein lebendiger Christ wurde. Wie ist so etwas möglich?

In der Auslegungspredigt lautet der große Generalschlüssel: Kontext, Kontext, Kontext. Um die Bedeutung eines Satzes zu verstehen, müssen wir fragen: „Was bedeutet dieser Satz im Verhältnis zum Rest dieses Bibelabschnitts?“ Um die Bedeutung des Bibelabschnitts zu verstehen, müssen wir fragen: „Wie verhält sich dieser Abschnitt zum Rest des Buches?“ Um die Botschaft des ganzen Buches zu ermitteln, müssen wir fragen: „Wie verhält sich dieses Buch zum Rest der Bibel?“ Wenn Sie dies Woche um Woche tun, erkennen Sie schließlich den roten Faden der ganzen Bibel: das Evangelium von Jesus Christus. Da dieses Evangelium die große Auflösung und Erfüllung aller Handlungsstränge und Geschichten und Bilder und Begriffe in der Bibel ist, wird den Menschen, die Woche um Woche Auslegungspredigten hören (und dem Prediger selber!), die Erlösung in Jesus Christus und ihre Bedeutung für uns immer mehr aufgehen. Und dabei wird es keine Minute langweilig werden, weil wir das Evangelium in seiner endlosen, herrlichen, immer neuen Fülle erleben. Es gibt nichts Besseres, um eine Gemeinde in diese Realität hineinzuführen, als die Textpredigt.

Achtung: Stolperfallen!

Die Textpredigt sollte also die Regel für jede Gemeinde sein. Aber auch im Ansatz der Textpredigt lauern Gefahren.

Eine dieser Gefahren ist, dass manche Freunde der Auslegungspredigt nicht bereit sind, die enorme Mobilität in unserer heutigen Gesellschaft zu berücksichtigen. Hughes Oliphant Old zeigt in seiner Geschichte der Predigt auf, dass in der Predigt der Kirche der ersten fünf Jahrhunderte die Methode der sogenannten *lectio continua* (wörtlich: „fortlaufendes Lesen“) üblich war, das heißt die fortlaufende, versweise Auslegung ganzer biblischer Bücher, bei der die Gemeinde im Laufe von Jahren durch große Teile der Bibel geführt wurde. Doch dann gab es immer mehr Feiertage und Feste im kirchlichen Jahreskalender, bis schließlich im Mittelalter die *lectio selecta* (wörtlich: „selektives Lesen“) üblich wurde, bei der die Gemeinde nicht mehr fortlaufend an einem Stück durch die Bibel geführt wurde, sondern kürzere Predigten zum Thema des jeweiligen Feiertags oder Sonntags gehalten wurden.[40] Im 20. Jahrhundert war es Markenzeichen großer Prediger wie D. M. Lloyd-Jones, James M. Boice und John MacArthur, dass sie im Laufe von Monaten oder Jahren ganze Bücher der Bibel systematisch bis ins kleinste Detail auslegten, was zu einem Comeback der Textpredigt der alten Schule führte.

Viele sind heute der Meinung, dass dies die beste und reinste Form der Auslegungspredigt ist. Aber in der Antike, ja noch vor hundert Jahren wohnten die meisten Menschen ihr ganzes Leben lang in der Gegend, in der sie aufgewachsen waren. Der Prediger, der auf der Kanzel stand, wusste: Die Gemeinde, die da vor ihm saß, würde in ein paar Jahren im Wesentlichen immer noch dieselbe sein. Das war einmal. Heute ziehen die Menschen viel mehr um und wechseln entsprechend häufiger die Gemeinde. Bei der Methode der *lectio continua* verbringt man leicht ein ganzes Jahr oder mehr mit einem einzigen biblischen Buch. Aber wenn die Familie XY vielleicht schon nach zwei Jahren wieder wegzieht, möchte ich dann wirklich, dass sie die ganze Zeit nur Predigten über das 1. Buch Samuel gehört hat? Oder über das Johannesevangelium, ohne eine einzige Predigt über das Alte Testament? Wir haben oben gesehen, dass eine der Stärken der Textpredigt gerade darin besteht, dass sie die Gemeinde in das ganze Spektrum der biblischen Lehren und Themen einführt. Aber eine strikt fortlaufende Behandlung eines einzigen biblischen Buches wird dazu führen, dass vielen Menschen die ganze Vielfalt der biblischen Botschaft vorenthalten wird.

Selbst D. M. Lloyd-Jones sah in seinen Sonntagabendgottesdiensten von diesem Ansatz ab, denn in den Bänken saßen viele Nichtchristen und Suchende, die von christlichen Freunden mitgebracht worden waren. Und seine detailliertesten Auslegungspredigten, bei denen es Jahre dauern konnte, bis er mit einem Buch der Bibel fertig war, hielt er an den Freitagabenden, für Christen, die tiefer in die Bibel eindringen wollten.

Prediger, die es mit sehr heterogenen Gemeinden zu tun haben, deren Glieder sich in ganz unterschiedlichen Stadien der geistlichen Reise befinden und vielleicht schon im nächsten Jahr den Wohnort wechseln werden, tun besser daran, sich von evangelikalen Anglikanern wie John Stott oder Dick Lucas inspirieren zu lassen. Beide waren exzellente Vertreter der Textpredigt, die es verstanden, die Struktur und die Hauptaussagen eines Textes klar und präzise zu vermitteln. Aber als Pastoren von Großstadtgemeinden mit hoher Mobilität wussten sie, dass viele der Menschen ihnen höchstens ein paar Jahre zuhören würden. Sie lösten das Problem durch eine modifizierte *lectio continua*. Anstatt längere biblische Bücher komplett durchzuarbeiten, hielten sie Predigtserien über kürzere biblische Bücher oder gingen längere Bücher auszugsweise durch oder beschränkten sich bei der versweisen Auslegung auf einige wenige Schlüsselkapitel innerhalb eines Buches.[41]

Wenn Sie innerhalb eines vertretbaren Zeitrahmens die verschiedenen Teile und Gattungen der Bibel – Altes und Neues Testament, erzählende und lehrhafte Texte, prophetische und poetische Bücher – abdecken wollen, müssen Sie eine Reihe von Mini-Textpredigtreihen zu verschiedenen Büchern und Abschnitten der Bibel halten.[42]

Die Heterogenität und Mobilität der Gemeinde ist nicht das einzige Problem der Auslegungspredigt. Während die Themapredigt rhetorischen Hilfsmitteln wie Bildern und Beispielen, der Sprache und dem Erzählen von Geschichten mehr Bedeutung beimisst, liegt der Fokus bei der Auslegungspredigt (zu Recht) mehr auf der Exegese des Bibeltextes. Doch der Prediger hat nicht nur den Text zu erklären, sondern auch die Herzen der Zuhörer zu erreichen, und ich erlebe viele Prediger, die so viel Zeit und Mühe in die Textauslegung stecken, dass sie die Zuhörer schier vergessen. Gewisse Schulen der Auslegungspredigt raten dem Prediger regelrecht, sich mehr oder weniger auf das Referieren seiner biblischen Erkenntnisse zu beschränken; alles andere ist angeblich bloße Unterhaltung und Show. Wie wir im Prolog sahen, entstammt diese Haltung ironischerweise einer oberflächlichen Lektüre der Warnungen des Paulus vor „menschlicher Weisheit" in 1. Korinther 1 und 2. Der Verzicht auf den Appell an die Zuhörer, auf plastische Beispiele und andere Methoden, das Herz zu erreichen, blockiert die Wirkung der Predigt – einmal, weil solche Predigten langweilig sind, und zum zweiten, weil es dem Ziel der Predigt zuwiderläuft.

Eine ähnliche Gefahr besteht in einer allzu engen Definition der Textpredigt. Die Anhänger der Auslegungspredigt (zu denen auch ich gehöre) sind um hohe Qualitätsstandards bemüht, und dies aus guten Gründen, denn viele Textpredigten sind ausgesprochen schwach. Doch dieser Wunsch nach Qualität kann zu einer zu engen Definition von „Auslegung" führen.

Für manche Prediger muss eine „richtige" Textpredigt versweise am Text entlanggehen, ohne jegliche Gliederung oder Überschriften. Dies war in den ersten Jahrhunderten der Kirche die Hauptmethode, doch im Laufe der letzten Jahrhunderte sind die meisten Textprediger zu gegliederten Predigten übergegangen, mit gutem Erfolg. Am anderen Ende des Spektrums stehen heute die vielen Dozenten, die die versweise Predigt für absolut falsch erklären; hier sollten wir uns daran erinnern, dass sowohl Johannes Calvin als auch Johannes Chrysostomos, zwei der größten Prediger aller Zeiten, die versweise Textauslegung pflegten. Wir sollten die Textpredigt nicht einseitig in einer der beiden Richtungen definieren. Manche Ausleger gehen fast versweise fortlaufend am Text entlang, während andere Gliederungen verwenden, die den Text mehr selektiv anhand seiner Hauptaussagen beleuchten.

Es ist heute auch üblich, eine Textpredigt als Predigt zu definieren, in der „die Pointe des Textes auch die Pointe der Predigt ist". Diese Definition geht davon aus, dass jeder Bibeltext eine und *nur eine* Pointe oder Hauptaussage hat.[43] Der Prediger hat seine ganze Predigt um dieses Thema herum aufzubauen. Nun tut es in den meisten Fällen der Klarheit der Botschaft sicherlich gut, wenn der Prediger seine Predigt konsequent von bloßen Nebensächlichkeiten reinigt, aber man kann dies auch übertreiben.

Bei manchen Bibeltexten ist es nicht einfach, ein eindeutiges Zentralthema auszumachen.[44] Dies gilt besonders für erzählende Texte. Was ist das eine große Thema in dem Bericht über Jakobs Ringkampf mit Gott in 1. Mose 32? Was ist der eine Grund für die Aufnahme der Stammbäume Jesu in Matthäus 1 und Lukas 3? Oder für den Bericht über den Toten, der wieder lebendig wurde, als sein Leichnam die Gebeine Elisas berührte (2. Könige 13)? Dann der bizarre Bericht über die sieben Söhne des Skevas in Apostelgeschichte 19,13-20, die „bei dem Jesus, den Paulus verkündet" einen Dämonen austreiben wollten, der ihnen antwortete: „Jesus kenne ich, und wer Paulus ist, weiß ich ebenfalls; aber wer seid *ihr*?" – worauf der Besessene sie alle sieben windelweich prügelte. Was war Lukas' Absicht, als er diese geradezu komische Episode in seine Apostelgeschichte aufnahm? Ich habe mehrere bemerkenswerte Auslegungen dieses Bibelabschnitts gehört; alle waren sie solide in dem Text verankert, und keine widersprach den anderen, aber jede war anders. Aus solchen Texten kann man viele Lehren ziehen, die alle richtig sind und aus denen ein kluger Prediger eine oder zwei auswählt, je nach der Fassungsgabe und den Bedürfnissen seiner Zuhörer.[45]

Die Bibel ist ein sehr inhaltsreiches Buch, und so fallen einem, wenn man sich einen Text, den man studiert oder über den man gepredigt hat, nach Jahren erneut anschaut, fast immer neue Dinge auf, die man bisher noch nicht bemerkt hatte. Dies bedeutet nicht, dass man die Notizen oder die Tonaufnahme der früheren Predigt wegwerfen sollte! Das erneute Studium des Textes wird vielmehr mein bisheriges Verständnis von ihm ergänzen und vertiefen. Der innere Reichtum der Bibel bedeutet, dass man in ihr immer wieder neue Dinge entdeckt.

Darum definiert Alan M. Stibbs in seinem vergessenen Klassiker *Expounding God's Word* die Textpredigt als eine Predigt, die die

Ideen (Mehrzahl) und sogar die *Implikationen* des Textes (also das, was das reformierte *Westminster Bekenntnis* „gute und notwendige Schlussfolgerungen" nennt[46]) herausarbeitet. Die Aufgabe der Textpredigt ist es,

> eng an dem ausgewählten Textabschnitt zu bleiben und *allein das* darzulegen, *was er sagt oder zu verstehen gibt*, sodass die im Laufe der Predigt formulierten Ideen und Prinzipien eindeutig aus dem geschriebenen Wort Gottes kommen und auf dessen Autorität fußen, und nicht auf der Meinung … des Menschen, der sie vorträgt.[47]

Gleichwohl ist es oft so, dass der biblische Verfasser in der Tat ein Hauptthema hat, das sich einem sorgfältigen Studium erschließt.[48] Der Prediger muss die Hauptgedanken des Textes entfalten und darf sich nicht in lauter Details und Nebenthemen verlaufen, die letztlich das Anliegen des Verfassers nicht korrekt wiedergeben.[49]

Den Löwen verteidigen

An dieser Stelle drängt sich die Frage auf, was eine sorgfältige Bibelauslegung überhaupt noch ausrichten kann in einer Kultur, die zunehmend autoritätsresistent ist, vor allem im religiösen Bereich. Vor Kurzem ist Fred Craddock gestorben. Er war ein großer Prediger der United Methodist Church, dessen Buch *As One Without Authority* die protestantische Predigtkultur entscheidend von der Auslegungspredigt weggeführt hat. Craddock spürte, dass die modernen Menschen sich weder von der Bibel noch von ihrem Pastor vorschreiben lassen wollen, wie sie zu leben haben. Seine Lösung waren Predigten, die aus „Geschichten mit offenem Ausgang" bestanden, aus denen die Zuhörer „ihre eigenen Schlüsse ziehen" konnten.[50]

Der berühmte Rat, den der Baptistenprediger Spurgeon im 19. Jahrhundert in einem Vortrag gab, liest sich da völlig anders:

> Zu manchen Zeiten scheint mir doppelt so viel Energie darin gesteckt worden zu sein, die Bibel zu verteidigen, wie sie darzulegen, aber wenn wir hinfort alles daran setzen, die Bibel zu erklären und

> zu verbreiten, können wir es ihr selber überlassen, sich zu verteidigen. Ich weiß nicht, ob Sie diesen Löwen sehen. Ich sehe ihn sehr gut, und eine Reihe von Menschen macht sich daran, ihn anzugreifen, während viele von uns [ihn] verteidigen wollen. … Entschuldigen Sie, wenn ich Ihnen einen simplen Vorschlag mache: Öffnen Sie die Tür und lassen Sie den Löwen los; er wird schon selbst für sich sorgen. Na bitte, die Angreifer sind geflohen! Kaum erscheint er in seiner Kraft, nehmen sie die Beine in die Hand. Wenn wir den Unglauben bekämpfen wollen, müssen wir die Bibel verbreiten. Die Antwort auf jeden Einwand gegen die Bibel ist – die Bibel.[51]

Die Bibel ist wie ein Löwe, sagt Spurgeon, und deshalb ist es nicht nötig, sie dauernd zu verteidigen oder mit klugen Argumenten zu zeigen, warum man ihr glauben sollte. Richtig ist, sie ganz einfach zu predigen – die Menschen direkt und lebendig mit ihr in Kontakt zu bringen. Dann wird die erstaunliche Kraft und Autorität des Wortes Gottes sich von selber entfalten – selbst in der antiautoritärsten Umgebung und unter den größten Skeptikern. Das stimmt; ich habe es selber erlebt.

Kapitel 2

Das Evangelium predigen – immer[52]

Wenn jemand gehorsam ist, weil ihn die Angst vor dem im Gesetz geoffenbarten Zorn Gottes antreibt und nicht der Glaube an Gottes im Evangelium geoffenbarte Liebe ihn lockt, wenn er Gott wegen seiner Macht und Gerechtigkeit fürchtet und nicht wegen seiner Güte, wenn er in Gott mehr den rächenden Richter als den barmherzigen Freund und Vater sieht und wenn er ihn sich mehr als furchtbar in seiner Majestät denn als unendlich in seiner Güte und Gnade vorstellt – dann zeigt er damit, dass er unter der Knute oder zumindest unter dem starken Einfluss eines Geistes der Gesetzlichkeit steht. (John Colquhoun)[53]

Die Botschaft der Bibel

Um einen Bibeltext verstehen zu können, müssen wir ihn in seinen Kontext stellen, und dazu gehört sein *kanonischer Kontext:* die Botschaft der Bibel als ganzer. Was ist diese Botschaft? Aus der Perspektive des Alten Testaments lautet sie: „Bei dem Herrn ist Rettung" (Jona 2,10; ELB) – und nur bei dem Herrn. Wir sind zu tief in die Sünde verstrickt, um uns selber retten oder unseren Bund mit Gott halten zu können. Es braucht ein Eingreifen der radikalen Gnade, und dies kann nur von Gott selber kommen. Im Neuen Testament sehen wir, *wie* bei dem Herrn Rettung ist: allein durch Jesus.

> „Nun ist in Erfüllung gegangen, wovon ich sprach, als ich noch bei euch war; ich sagte: ‚Alles, was im Gesetz des Mose, bei den Propheten und in den Psalmen über mich geschrieben ist, muss

> sich erfüllen.'" Und er öffnete ihnen das Verständnis für die Schrift, sodass sie sie verstehen konnten … (Lukas 24,44-45).

Jesus sagt seinen Jüngern: Solange ihr nicht versteht, wer ich bin und wozu ich in die Welt gekommen bin, könnt ihr weder Gottes Erlösung noch die Bibel verstehen.[54]

Zu zeigen, wie ein Text in seinen kanonischen Gesamtkontext passt, heißt also, dass ich zeige, wie er auf Christus und das Evangelium von der Erlösung hinweist und damit auf den roten Faden und das Zentrum der Bibel. Wenn wir einen Bibeltext auslegen, sind wir erst dann fertig, wenn wir gezeigt haben, wie dieser Text uns lehrt, dass nur Jesus uns erlösen kann und nicht wir selber. Mit anderen Worten: Wir müssen bei jedem Text Christus predigen, d. h. wir müssen jedes Mal das Evangelium predigen und dürfen nicht nur allgemein „erbaulich" oder moralisierend sein – eine Aufgabe, die viel schwieriger ist, als Sie vielleicht denken.

Die beiden Feinde des Evangeliums

Eine klassische Beschreibung des Evangeliums und was es mit unserem Leben zu tun hat, lautet so: *Wir werden allein durch Christus erlöst und allein durch den Glauben, aber nicht durch einen Glauben, der allein bleibt. Echte Erlösung führt immer zu guten Werken und einem veränderten Leben.*

Diese Formulierung des Evangeliums stellt die Rolle der Ethik in unserem Leben – unserer „guten Werke" und moralischen Gesinnung – in den Mittelpunkt. Dabei stellt sie als Erstes klar, dass diese Dinge bei der Frage, ob und wie Gott uns als seine Kinder annimmt, keine Rolle spielen. Römer 4,5 stellt klar, dass Gott „uns trotz all unserer Gottlosigkeit für gerecht erklärt". Gott nimmt uns nicht wegen unserer moralischen Qualitäten an, ja noch nicht einmal wegen der Qualität unseres Glaubens. Diese Dinge spielen bei ihm keine Rolle, sondern unser vertrauender Glaube vereinigt uns so mit Christus, dass dessen Gerechtigkeit in Gottes Augen zu unserer wird. Er sieht uns als Menschen, die „in Christus" sind (vgl. Philipper 3,9; ELB). Und dieser rettende Glaube lässt den

Heiligen Geist in einem zweiten Schritt eine Verwandlung unseres Herzens beginnen, sodass wir – aus Dankbarkeit und Liebe – Gott gehorchen wollen und konkret anfangen, dies zu tun (vgl. Jakobus 2,14-19).

Seit der Reformation wissen die Theologen darum, dass wir auf zwei auf den ersten Blick einander entgegengesetzte Arten dieses biblische Evangelium und seine Kraft verpassen können. Es sind dies die „Gesetzlichkeit" – also die Vorstellung, dass wir uns Gott durch unsere guten Taten gewogen machen können – und der „Antinomismus" (das Wort kommt von dem griechischen Wort für „Gesetz") – die Vorstellung, dass wir eine Gottesbeziehung haben können, ohne Gottes Wort und seine Gebote zu befolgen. Beide Vorstellungen gehen an einem zentralen Aspekt des Evangeliums vorbei.

Gesetzlichkeit ist viel mehr als die Devise, dass ich durch meine guten Werke erlöst werden kann. Sie ist ein ganzes Netzwerk von Herzenseinstellungen. Sie ist der Glaube, dass Gottes Liebe zu uns von Bedingungen abhängt, die mit dem zusammenhängen, was wir sind bzw. tun. Sie ist die Einstellung, dass ich Gott bestimmte Dinge als Leistungen anbiete, die das, was Christus für mich getan hat, ergänzen und mir Gottes Wohlwollen sichern – z. B., dass ich die Moral hochhalte, mich bemühe, nicht bewusst Böses zu tun, treu zur Bibel und zu meiner Kirche stehe. Eine gesetzliche Einstellung macht uns kleinlich, hart, übertrieben kritikempfindlich, zutiefst unsicher und neidisch auf andere Menschen, weil unsere „persönliche Identität an unsere Leistung und deren Anerkennung geknüpft ist und nicht auf Christus und seiner unverdienten Gnade gründet"[55].

Entsprechend ist Antinomismus mehr als die Annahme, dass ich Gottes Geboten nicht zu gehorchen brauche. Es ist das Denken, dass es Gott, wenn er mich doch bedingungslos liebt, egal ist, wie moralisch oder unmoralisch ich lebe. Es ist die Einstellung: „Gott nimmt mich so an, wie ich bin; er will nur, dass ich ich selber bin." Nicht selten wird daraus schließlich der Glaube, dass ich nur dann ein freier Mensch sein kann, wenn ich mit dem Glauben an Gott überhaupt Schluss mache.

Die bekannteste biblische Darstellung dieser beiden falschen

Denkweisen finden wir im Römerbrief. In Römer 1,18-32 zeigt Paulus auf, dass die Heiden Gott verloren haben, weil sie sein Gesetz missachten – und danach, in Römer 2,1–3,20, führt er aus, dass die Juden, die Gottes Gebote und sein Wort bejahen und halten, ebenfalls von Gott entfremdet sind. Warum sind sie entfremdet? Weil sie sich in ihrer Gottesbeziehung auf dieses Halten des Gesetzes verlassen und nicht auf Gottes Gnade; sie suchen eine „Gerechtigkeit, die sich auf das Gesetz gründet und die ich mir durch eigene Leistungen erwerbe" (Philipper 3,9; vgl. 3,3-6). Äußerlich sind sie gerecht, aber innerlich sind sie selbstgerecht und suchen ihre Erlösung letztlich nicht bei Gott. Beide – die Heiden und die Juden, die Antinomisten und die Selbstgerechten – lehnen Gottes Gnade und Erlösung ab, nur jeweils auf eine andere Weise, was Paulus zu dem harten Fazit bringt: „Keiner ist gerecht, auch nicht einer … keiner fragt nach Gott" (Römer 3,10-11).

Äußerlich gibt es gewaltige Unterschiede zwischen den „Gottlosen", die die traditionellen Normen und Moral verspotten und links liegen lassen, und den hochmoralischen, bibeltreuen „Frommen", die mit ethischem Wohlverhalten Punkte bei Gott sammeln wollen, aber Paulus sagt, dass sie beide auf eine Art Selbsterlösung setzen und dass die inneren Unterschiede zwischen ihnen eher gering sind.

Wer die Bibel kommunizieren will, muss immer diese beiden Grundeinstellungen berücksichtigen. Viele Bibeltexte enthalten Ermahnungen, wie Gläubige richtig leben sollen, die, wenn man sie isoliert vom Rest der Bibel betrachtet, gesetzlich missverstanden werden können. Andere Stellen in der Bibel betonen Gottes Gnade, Erlösung und bedingungslose Liebe – was, isoliert betrachtet, zu dem Fehlschluss verleiten kann, dass Gottes Gnade nicht zu einem veränderten Leben führt. In *The Art of Prophesying* schreibt William Perkins, dass „der Prediger um die rechte Beziehung zwischen Gesetz und Evangelium wissen muss"[56]. Das Gesetz zeigt uns zunächst, dass wir das Evangelium brauchen – und wenn wir dann durch den Glauben Gottes Erlösung angenommen haben, zeigt es uns, wie wir den, der uns erlöst hat, recht kennenlernen, ihm dienen und ihm immer ähnlicher werden können. Es ist absolut wichtig, dass der Prediger seinen Zuhörern nicht nur zeigt, wie sie moralisch und gut leben sollen, sondern solche Ermahnungen immer auch mit dem Evangelium verknüpft. Und es ist genauso wichtig, dass er der Gemeinde nicht immer nur versichert, dass Gott sie bedingungslos liebt und aus Gnade erlöst hat, sondern ihr auch zeigt, wie echte Erlösung unser Leben verändert.

Perkins sagt nicht, dass wir jeden einzelnen Bibelvers einfach in eine der beiden Schubladen einordnen können – die Verse, die uns sagen, was wir tun müssen, und die, die uns sagen, dass wir aus Gnade erlöst sind, egal, was wir getan haben – und nennt zwei Bibelverse, die beide Aspekte zusammenführen: Johannes 14,21 und 14,23.[57] In Johannes 14,23 sagt Jesus seinen Jüngern: „Wenn jemand mich liebt, wird er sich nach meinem Wort richten. Mein Vater wird ihn lieben, und wir werden zu ihm kommen und bei ihm wohnen." Hier wird ganz klar, dass das Evangelium den Gehorsam gegenüber Gott verwandelt: Aus einer gesetzlichen Methode, sich seine Erlösung zu verdienen, wird eine Reaktion dankbarer Liebe auf die bereits empfangene Erlösung. Der aus der Gnade des Evangeliums fließende Gehorsam gegenüber Gottes Gesetz will den, der uns so unendlich teuer erlöst und erkauft hat, immer besser kennenlernen und lieben, ihm Freude machen und ihm ähnlicher werden. Diese Stelle in Johannes 14 redet also weder der Gesetzlichkeit das Wort noch der Auffassung, dass vor lauter Evangelium das Gesetz gar keine Rolle mehr spielt.

Es gibt wenige Bibelstellen, die die Beziehung zwischen Gesetz und Evangelium so klar und perfekt aufzeigen, wie diese Verse in Johannes 14. Meistens steht in dem Text, über den wir predigen, entweder das Gesetz oder das Evangelium im Vordergrund, und daher müssen wir immer – immer! – den Text in den Kontext der ganzen Bibel stellen: die Botschaft des Evangeliums.

Zweieiige Zwillinge

Um dies tun zu können, müssen wir uns klarmachen, dass das gesetzliche und das antinomistische Denken beide derselben Wurzel entspringen. Da sie sich äußerlich so stark voneinander unterscheiden, halten wir sie gerne für unversöhnliche Gegensätze – und schon versuchen wir, ohne es selber zu merken, das eine Denken mit einer ausreichenden Dosis des anderen zu heilen, und diese Therapie kann tödlich sein.

Der Theologe Sinclair Ferguson analysiert das Gespräch zwischen der Schlange und den ersten Menschen in 1. Mose 3. Dabei stellt er fest, dass Gott sein Verbot, vom Baum der Erkenntnis des Guten und Bösen zu essen, nicht begründet. Er erwartet Adams und Evas Gehorsam nicht, weil er ihnen haarklein alles erklärt hat, sondern aus Liebe und Vertrauen. Sie sollen ihm „einfach so" gehorchen – weil er Gott ist. Es geht um mehr als einen rein äußerlichen Gehorsam; es geht um eine ganz besondere Einstellung und Beziehung zu Gott, und diese Einstellung nimmt die Schlange ohne Umschweife ins Visier.

In 1. Mose 3,1 behauptet die Schlange, Gott habe den Menschen die Früchte *aller* Bäume in dem Garten verboten – was nicht stimmt. In V. 5 behauptet sie, dass die Übertretung des Verbotes die Menschen frei machen werde – was ebenfalls nicht stimmt. Doch die Menschen glaubten der Schlange, und ihr geistliches Gift, „die Lüge der Schlange", hat unsere ganze Seele verseucht mit ihrer Behauptung, dass Gott „ein tyrannischer, selbstsüchtiger Egoist"[58] sei, der uns nichts Gutes gönne. Wenn ihr Gott gehorcht – so die Logik der Schlange – werdet ihr eures Lebens nicht mehr froh. Ferguson schreibt:

> Die Lüge war ein Frontalangriff auf Gottes Großzügigkeit und Integrität. Angeblich waren weder Gottes Worte noch sein Wesen vertrauenswürdig. Dies ist die große Lüge, der seitdem alle Sünder glauben – das Zerrbild von dem falschen Gottvater, dem man nicht vertrauen kann, weil er uns nicht liebt.[59]

Diese Lüge ist als der Normalzustand des Herzens „in den Blutkreislauf des Menschengeschlechts eingedrungen", sie sitzt „in den tiefsten Tiefen der menschlichen Psyche"[60]. Seit dem Sündenfall ist es die Grundeinstellung des menschlichen Herzens, dass wir – ob wir nun seine Gebote befolgen oder nicht – es Gott nicht abnehmen, dass er es gut mit uns meint.

Und nun geht Ferguson weiter und kommt zu einer höchst bemerkenswerten Beobachtung: Diese Lüge der Schlange – dass Gott es angeblich nicht gut mit uns meint und man ihm daher besser nicht vertraut – ist die Wurzel sowohl der Gesetzlichkeit als auch des Antinomismus, die „zweieiige Zwillinge“ sind, „die beide aus demselben Schoß gekrochen sind“[61]. Die Gesetzlichkeit entspringt aus dem Glauben, dass wir mit allen möglichen Übungen und Leistungen versuchen müssen, Gott seinen Segen, den er uns eigentlich nicht gönnt, abzuluchsen. „Das Wesen der Gesetzlichkeit wurzelt … in einem Zerrbild von Gott. … Gott wird der große Polizist, der uns sein Gesetz gibt, weil er uns alle Freude wegnehmen will.“[62] Der Antinomismus geht von demselben Zerrbild aus. Beide – die Gesetzlichkeit und der Antinomismus – sehen in Gottes Gesetz nicht einen Ausdruck seiner Gnade und Liebe zu uns, sondern eine Zwangsjacke bzw. ein notwendiges Übel zur Besänftigung eines Gottes, der uns nicht liebt. Beide Denkweisen wissen nichts von der Freude des Gehorsams. Beide sehen Gottes Gebote als eine harte Last und Gott selber als jemanden, dessen Liebe an Bedingungen geknüpft ist und dem man jeden kleinen Segen abtrotzen muss. Der einzige Unterschied zwischen ihnen ist, dass der gesetzliche Mensch die Last widerwillig auf sich nimmt, während der Antinomist sie kurzerhand abwirft. Doch beide sehen Gott im selben Licht. Ferguson kommt zu dem Schluss:

> In der Gesetzlichkeit offenbart sich im Grunde ein Herz, das Gott durch eine Zerrbrille betrachtet, … die … seine heilige Liebe verdunkelt. Dies ist eine tödliche Krankheit. … Und dasselbe Gotteszerrbild … liegt dem Antinomismus zugrunde.[63]

Was hat das nun mit unserer Predigt zu tun? – Wenn ich glaube, dass Gesetzlichkeit lediglich eine Überbetonung der Gebote Gottes ist, werde ich das Heilmittel darin sehen, weniger über den Gehorsam zu predigen und mehr über Gottes Vergebung und Erlösung. Und wenn ich im Antinomismus lediglich eine zu laxe Einstellung zu Gesetz und Moral sehe, werde ich glauben, dass ich halt weniger über Gottes unverdiente Gnade reden muss und mehr über seine Gerechtigkeit und heiligen Gebote. Kurz:

Man versucht, die eine Krankheit mit einer ausreichenden Dosis vom Erreger der anderen Krankheit zu bekämpfen. Das Desaster ist vorprogrammiert, denn beide Krankheiten haben dieselbe Grundursache. Beide kommen sie aus der Annahme, dass Gott uns nicht wirklich liebt und uns nichts Gutes gönnt; beide sind sie blind dafür, dass „sowohl das Gesetz als auch die Gnade ein Ausdruck von Gottes Güte ist“[64]. Für den gesetzlichen Menschen wie für den Antinomisten geht es bei dem Gehorsam gegenüber Gottes Geboten lediglich darum, etwas von Gott zu kriegen, und nicht darum, *ihn selber* zu bekommen – ihn zu erkennen und zu lieben, sich über ihn zu freuen und ihm ähnlicher zu werden, einfach weil er Gott ist.

Gottes Gesetz ist eigentlich als Schutzzaun für unser Leben gedacht und als Anleitung, zu uns zu finden und Gott zu gefallen. Weil die Gesetzlichkeit Gottes Liebe und Gnade nicht begreift, macht sie daraus ein ermüdendes System der Selbsterlösung, durch das wir Gott dazu kriegen, uns zu segnen. Um von diesem System frei zu werden, reicht es nicht, an den abstrakten Satz „Gott hat mich angenommen und mir vergeben“ zu glauben. Wir werden erst frei, wenn wir die Güte Gottes und seine Liebe in Jesus Christus, die ihn so viel gekostet hat, ganz neu begreifen.

Da der Antinomismus von Gottes Liebe und Gnade ebenfalls nichts weiß, sieht auch er in dem Gesetz ein Hindernis zur Freiheit und zum persönlichen Wachstum und nicht das große Mittel, durch das Gott uns in diese Freiheit und dieses Wachstum führt. Es ist daher falsch, den Antinomismus damit bekämpfen zu wollen, dass man den Menschen Gottes unerbittliche Heiligkeit und Gerechtigkeit um die Ohren schlägt; dergleichen benutzt unser Herz nur als Bestätigung der Lüge der Schlange, dass Gott ein unerbittlicher Despot ist, der uns nichts gönnt. Stattdessen gilt es, Gottes kostbare Retterliebe in Jesus Christus (der mit seinem Leben und Tod Gottes gerechtes Gesetz voll und ganz erfüllt hat) in ihrer ganzen Tiefe zu sehen und zu begreifen. Ferguson kommt zu dem Schluss, dass beide – Gesetzlichkeit und Antinomismus – im Grunde die gleiche Therapie brauchen: eine neue Sicht der Schönheit Gottes und seiner herrlichen Gnade, die ihn so viel gekostet hat und die jedem von uns offensteht. Das Heilmittel für die Gesetzlichkeit wie für den Antinomismus ist das Evangelium. Ferguson schreibt:

> Das Evangelium will uns von dieser Lüge [der Schlange] befreien, denn es zeigt uns, dass hinter und in dem Kommen Christi in diese Welt und seinem Tod für uns die Liebe eines Vaters stecken, der uns alles schenkt, was er hat: erst seinen Sohn, der für uns stirbt, und dann seinen Geist, der in uns wohnt. … Es gibt nur *ein* echtes Heilmittel für die Gesetzlichkeit. Es ist die gleiche Medizin, die das Evangelium für den Antinomismus verschreibt: dass wir Jesus Christus selber kennenlernen und Gemeinschaft mit ihm haben. Dies führt uns in eine neue Liebe und einen neuen Gehorsam zum Gesetz Gottes.[65]

Die Erkenntnis, dass Gesetzlichkeit und Antinomismus Zwillinge sind, wird unsere Predigt verändern wie kaum etwas anderes. Wenn Sie meinen, dass das große Problem der heutigen Menschen die Gesetzlichkeit ist, stehen Sie wahrscheinlich mit einem Fuß im Antinomismus. Und wenn Sie meinen, dass das eigentliche Problem der Antinomismus ist, dann stehen Sie wahrscheinlich mit einem Fuß in der Gesetzlichkeit.

Zwei Gründe, warum wir immer Christus predigen sollten

Um das Evangelium so zu predigen, dass es die Menschenherzen erreicht, reicht es nicht, nur allgemein-abstrakt über das Konzept der Vergebung zu reden, dass Gott uns vergibt und annimmt, sondern wir müssen unseren Hörern Jesus selber und das, was er für uns getan hat, vor Augen malen. In jeder Predigt das Evangelium verkündigen heißt jedes Mal Christus zu verkündigen, mit jedem Predigttext.

Nur dann, wenn wir jedes Mal Christus predigen, können wir den Menschen zeigen, was die Bibel im Innersten zusammenhält.

Als Jesus die beiden Jünger auf der Straße nach Emmaus traf, merkte er, dass sie ganz verzweifelt waren, weil ihr Messias gekreuzigt worden war. Er sagte ihnen: „,Wie schwer fällt es euch, all das zu glauben, was die Propheten gesagt haben!' … Dann ging er mit ihnen die ganze Schrift durch und erklärte ihnen alles, was sich auf ihn bezog – zuerst bei Mose und dann bei sämtlichen Propheten" (Lukas 24,25-27). Kurz darauf erschien er in Jerusalem den versammelten Aposteln und anderen Jüngern und erklärte ihnen das Gleiche – dass *er* der Schlüssel ist für das richtige Verständnis des Gesetzes des Mose, der Propheten und der Psalmen (Lukas 24,44). Er sah den Grund der Verwirrung seiner Jünger darin, dass sie nicht fähig waren, zu sehen, dass es im ganzen Alten Testament eigentlich um ihn und die von ihm gebrachte Erlösung geht.

Die apostolischen Verfasser des Neuen Testamentes sind in ihrer Auslegung der alttestamentlichen Schriften ausgesprochen „christuszentriert". Oft zitieren sie Psalmverse als Worte Christi, und dies nicht nur bei den „messianischen" oder „Königspsalmen", wo der Beter eindeutig eine messianische Gestalt ist. Hebräer 10,5-6 zum Beispiel zitiert Psalm 40,7-9 als Worte Christi, „als er in die Welt kam":

> Opfer und Gaben willst du nicht; stattdessen hast du mir einen Leib gegeben. An Brandopfern und Sündopfern hast du kein Gefallen. Da habe ich gesagt: Hier bin ich! Ich weiß, dass in der Schrift von mir die Rede ist, und bin gekommen, um deinen Willen, o Gott, zu tun.

Aber wenn wir uns den 40. Psalm anschauen, finden wir dort nichts, was auf Jesus oder eine messianische Figur als Beter hinweisen würde. Warum geht der Autor des Hebräerbriefes davon aus, dass der 40. Psalm von Jesus handelt? Weil er das weiß, was Jesus in Lukas 24 seinen Jüngern sagt: dass die ganze Heilige Schrift eigentlich von ihm handelt. Die Bibel ist ein einziges großes Drama, das in Jesus Christus gipfelt.

Gott erschuf die Welt und dann uns Menschen, um ihm zu dienen und ihn und seine Schöpfung zu genießen. Doch die ersten Menschen wandten sich von Gott ab und brachten so einen Riss in die Schöpfung und in sich selber. Gott hätte jedes Recht gehabt, sie fallen zu lassen, aber er versprach ihnen, sie zu erlösen, trotz der Schuld und dem Verdammungsurteil, unter dem sie standen, und dem eingefleischten Bösen in ihrem Herzen. Gottes Erlösungsplan begann damit, dass er sich eine Familie erwählte, die ihn kennenlernen und ihm dienen sollte. Er machte aus dieser Familie ein Volk, mit dem er einen verbindlichen, persönlichen Bund schloss. Er gab diesem Volk seine Gebote, die ihm zeigten, wie es leben konnte, die Verheißung seines Segens, wenn es seinen Bund hielt, und einen ausgeklügelten Opferkult zur Vergebung seiner Sünden.

Doch das menschliche Herz ist so in Sünde verstrickt, dass sich selbst dieses Bundesvolk, dem er sein Gesetz, seine Verheißungen und den Opferkult gegeben hatte, von ihm abwandte – trotz all dieser Privilegien und der jahrhundertelangen Geduld Gottes. Es sah böse aus für die Menschheit. Doch dann wurde Gott Mensch und kam in die Welt mit ihrem Raum, ihrer Zeit und ihrer Geschichte. Er lebte ein vollkommenes Leben und ging ans Kreuz, um dort zu sterben. Als er von den Toten auferstanden war, wurde klar, dass er gekommen war, um mit seinem vollkommenen Leben das Gesetz zu erfüllen, das endgültige Opfer für unsere Sünden zu bringen, den Fluch, den wir verdient hatten, auf sich zu nehmen und uns so rein aus Gnade den verheißenen Segen zu geben. Jetzt haben alle Menschen, die an Jesus Christus glauben, Frieden mit Gott, trotz ihrer Sünde, und das Volk Gottes ist nicht mehr eine einzige Nation, sondern eine neue, internationale, multiethnische Gemeinschaft von Gläubigen aus allen Nationen und Kulturen. Wer zu diesem Volk gehört, der dient Gott und seinen Mitmenschen und wartet voller Vorfreude auf den Tag, wo Jesus wiederkommen, die ganze Schöpfung neu machen und Tod und Leiden für immer abschaffen wird.

Was ist all das? Es ist eine Geschichte – eine Geschichte mit einem durchgehenden Handlungsstrang, dessen Höhepunkt und Auflösung Jesus Christus ist. Die Jünger Jesu kannten die Geschichten der einzelnen Propheten, Priester und Könige und aller Befreier von Gideon bis David. Sie waren mit dem Tempel und dem Opferkult vertraut. Sie kannten all die Neben- und Teilgeschichten, aber die eigentliche, die große Geschichte von dem endgültigen Propheten, Priester, König und Befreier, von dem eigentlichen Tempel und dem wahren Opfer erkannten sie erst, als Jesus sie mit der Nase darauf stieß. Sie hatten den Wald vor lauter Bäumen nicht gesehen, sie wussten nicht, worum es in der Bibel letztlich ging.

Versuchen Sie einmal, ein Kapitel aus einem Roman von Charles Dickens oder Thomas Mann zu lesen, ohne das zu lesen, was vor und nach diesem Kapitel kommt. Werden Sie in der Lage sein, das Kapitel richtig zu verstehen? Sie würden sicherlich einige der Personen des Buches kennenlernen, vielleicht sogar eine einigermaßen abgeschlossene Teilepisode aus der Gesamthandlung. Aber vieles würden Sie nicht verstehen, weil Sie nicht wissen, was diesem Kapitel alles vorangegangen ist – und wie die Geschichte weiterging. So ähnlich ist es, wenn wir einen Bibeltext predigen, ohne zu zeigen, wie er auf Christus hindeutet. Wenn ich nicht weiß, wie das Kapitel mit der ganzen Geschichte zusammenhängt, kann ich das Kapitel nicht verstehen.

Jedes Mal Christus predigen – so und nur so zeigen wir unseren Zuhörern, wie die Bibel zusammenhängt. Doch wie wir bereits gesehen haben, hat der Prediger zwei Aufgaben. Er ist nicht nur der Wahrheit der Bibel verpflichtet, sondern auch den geistlichen Bedürfnissen seiner Zuhörer. Den Menschen in jeder Predigt Christus zu bringen, zeigt ihnen nicht nur den roten Faden der Bibel, es ist auch die einzige Methode, ihnen zu helfen, wirklich anders zu werden.

Eine Predigt, die den Zuhörern nur zeigt, wie sie leben sollten, ohne dies in den Kontext des Evangeliums zu stellen, vermittelt ihnen den (falschen) Eindruck, dass sie sich aus eigener Kraft verändern können, wenn sie sich nur genug anstrengen. Ed Clowney erklärt, dass wir die Bedeutung verändern, die eine biblische Geschichte für uns hat, wenn wir eine der Einzelgeschichten in der Bibel erzählen, ohne sie in den Kontext der Großen Geschichte (der Geschichte Jesu Christi) zu stellen: Aus der Einladung, aus dem Glauben an das Erlösungswerk Christi heraus zu leben, machen wir einen moralistischen Appell, sich gefälligst mehr anzustrengen. Letztlich gibt es nur zwei Arten, die Bibel zu lesen: *Geht es in ihr um mich oder um Jesus?* Anders ausgedrückt: Geht es darum, was *ich* tun muss, oder darum, was *er* getan hat?

Wenn ich glaube, dass ich mir durch moralische Anstrengungen – ein sexuell integres Leben, die Auslieferung meines Willens an Gott, das Engagement für die Armen oder für die Mission – Gottes Gunst verdienen kann, sodass er meine Gebete erhört und mich segnet, dann ist mein Motiv dafür eine Mischung aus Angst und Stolz. Ich habe Angst vor Strafe und suche nach Möglichkeiten, mich vor Gott und meinen Mitmenschen zu schützen. Und der Stolz besteht darin, dass ich mich für so anständig und gut halte, dass ich etwas Besseres bin als die übrigen Menschen (vgl. Lukas 18,11). Eigentlich tue ich all das Gute, das ich tue, nur für mich selber. Mit dem, was ich da für Gott und meine Mitmenschen leiste, versuche ich, mein Selbstbild aufzubauen, mir die Achtung und Bewunderung der anderen zu sichern und Gott zu meinem Schuldner zu machen, der mich gefälligst belohnen muss. Es ist ebenso ironisch wie tragisch: Eigentlich diene ich mit meinen guten Werken nur mir selber. Ich strenge mich an, ein hochmoralisches Leben zu führen – und drehe mich in Wirklichkeit die ganze Zeit um mich selber, den größten aller Götzen.

Diese moralistische Art zu leben führt zu einem typischen Jo-Jo-Effekt. Wenn ich „oben" bin (also den Eindruck habe, dass ich meine Ziele erreiche und meinen Standards genüge), werde ich selbstgerecht, stolz und schroff und ungeduldig gegenüber meinen Mitmenschen. Und wenn ich „unten" bin, kann ich mich selber nicht mehr ausstehen, weil ich meine ganze Identität ja darauf gebaut habe, dass ich besser bin als die anderen. Dieser moralistische Jo-Jo-Effekt ist übrigens ein transkulturelles Phänomen. Die Angehörigen traditioneller Kulturen beziehen ihre Identität und ihr Selbstwertgefühl daraus, dass sie die Erwartungen der Familie erfüllen, damit diese stolz auf sie sein kann. Die Menschen in den modernen westlichen Gesellschaften mit ihrem ausgeprägten Individualismus dagegen beziehen ihre Identität und ihr Selbstwertgefühl aus ihrer Selbstverwirklichung – dem Erkennen und Ausleben ihrer Träume und Wünsche. So radikal unterschiedlich diese beiden kulturellen Prägungen aussehen, sie sind beide Strategien zur Selbsterlösung, und das Evangelium stellt sich beiden entgegen.

Was tun Sie, wenn Sie darüber predigen, wie Josef den Verführungskünsten von Potifars Frau widerstand? Oder wie König Josia das wiedergefundene Gesetzbuch Gottes vor dem versammelten Volk verlesen ließ oder wie David Goliat besiegte? Wenn Sie Ihren Zuhörern die „Moral von der Geschichte" erklären (dass Christen der Versuchung widerstehen, die Bibel lieben und in jeder Lebenslage Gott vertrauen sollen), und das war's – dann bestätigen und verstärken Sie nur die fatale Neigung des menschlichen Herzens zur Selbsterlösung: „Wenn ich mein Leben richtig führe, muss Gott mich segnen …" Wenn Sie nicht *jedes Mal* eine weithin sichtbare Brücke zu unserer Erlösung durch Christus schlagen und aufzeigen, wie er uns dadurch erlöst hat, dass er (für jeden von uns, an unserer statt) allen Versuchungen widerstanden, Gottes Gesetz vollkommen gehalten und den Riesen der Sünde und des Todes den Garaus gemacht hat, dann bestätigen sie nur die Moralisten in ihrer falschen Religion.

Nur dann, wenn wir unermüdlich das Evangelium predigen, dass wir von Christus geliebte Sünder sind – so geliebt, dass wir nicht zu verzweifeln brauchen, wenn wir schon wieder gesündigt haben, und solche Sünder, dass wir kein Recht haben, stolz zu sein, wenn wir uns richtig verhalten haben –, können wir unseren Hörern zur Flucht aus der schizophrenen Welt des Moralismus helfen. Und auch säkular geprägte Menschen, die vielleicht gar keine Moralisten sind, müssen wir in unseren Predigten vor dem Moralismus warnen. Aus zwei Gründen: Erstens werden sie keinen Gedanken auf den christlichen Glauben verschwenden, solange sie nicht sehen, dass er nicht mit dem Moralismus identisch ist. Zweitens erwartet jeder Mensch, der anfängt, sich für Gott zu öffnen, zunächst einmal automatisch eine moralistische Beziehung zu ihm. Der berühmte Evangelist George Whitefield hat im 18. Jahrhundert in einer Predigt genau diese Warnung ausgesprochen. Wir mögen diese Warnung heute mit anderen, moderneren und weniger fachtheologischen Worten formulieren, aber sie ist genauso notwendig und aktuell wie damals. Whitefield sagt:

> Wenn eine arme Seele zu erwachen beginnt … dann flüchtet sich das arme Geschöpf, das unter einem Bund der Werke geboren ist, flugs in den nächsten Bund der Werke. Wie Adam und Eva sich unter den Bäumen des Gartens versteckten und sich Schurze aus Feigenblättern nähten, um ihre Blöße zu bedecken, so flüchtet sich der erweckte arme Sünder in seine Pflichten und Übungen, um sich vor Gott zu verstecken, und flickt sich seine eigene Gerechtigkeit zusammen. Er sagt: „Ab jetzt will ich ein anständiger Mensch werden, ich werde mich bessern, ich werde alles tun, was ich kann, und dann muss Jesus Christus sich doch meiner erbarmen." Aber … unsere besten Werke sind nur so viele schöne Sünden. … Es braucht ein tiefes inneres Überführtsein von der Sünde, bevor ich frei werden kann von meiner Selbstgerechtigkeit. Sie ist der letzte Götze, den Gott aus meinem Herzen entfernt. … Kannst du sagen: „Herr, du hast jedes Recht, mich wegen der besten Werke, die ich je getan habe, zu verdammen?" … Wenn du nicht solcherart aus dem Gefängnis deines Ichs frei wirst, kannst du dir noch so viel Frieden einreden, aber du hast keinen Frieden. … Erst dann, wenn du im Glauben die allgenügende Gerechtigkeit Jesu Christi ergreifst, hast du wirklich Frieden.[66]

Whitefield zeigt hier auf, wie der Mensch, der Gott sucht, in die allgegenwärtige Fallgrube der moralistischen Religion stürzt. Und die einzige Methode, diese Falle zu vermeiden, besteht darin, dass wir bei jedem Bibeltext Christus und sein Evangelium predigen.

Zwei Stolperfallen

1. Über einen Text – vielleicht sogar einen über Jesus – predigen, ohne das Evangelium zu predigen

Wenn Sie einen Artikel zu dem Thema „Aus der ganzen Bibel Jesus predigen" lesen, erwarten Sie wahrscheinlich, dass er ihnen zeigt, wie Sie Christus im Alten Testament finden. Aber es ist möglich, über das *Neue* Testament zu predigen (sogar Texte aus den Evangelien, in denen Jesus persönlich vorkommt), ohne das Evangelium zu predigen.

Vor ein paar Jahren las ich zwei Predigten von verschiedenen

Predigern über die Heilung des besessenen Geraseners in Markus 5. Beide Predigten handelten natürlich von Jesus, denn der Text handelt ja von einer Szene in seinem Leben. Die erste Predigt war nicht schlecht. Sie stellte Jesus als den großen Befreier dar. Dieser vom Teufel geplagte Mann ist nackt und in Ketten. Er ist fern von jeder menschlichen Gemeinschaft und schreit vor Qualen. Da kommt Christus und nimmt diesem Armen seine Ketten ab. Er führt ihn heraus aus seiner Isolierung und macht ihn wieder fähig, unter Menschen zu leben. Er stillt seine Schreie und erfüllt ihn mit Frieden. Jetzt ist der Mann wieder bei klarem Verstand. Die Botschaft dieser Predigt lautete: Was dein Problem auch ist, komm zu Jesus, er macht alles gut. Was deine Krankheit auch ist, er kann sie heilen. Wenn du dich selber nicht ausstehen kannst, zeigt er dir, wie sehr er dich liebt. Wenn du Süchte hast, macht er dich frei. Was alles vollkommen richtig ist (solange wir nicht unseriöse Hoffnungen auf sofortige und mühelose Heilung und Heiligung wecken). Und ganz gewiss würde ich nie über diesen Text predigen wollen, ohne Jesus als Befreier darzustellen.

Aber dann las ich, nicht lange danach, die zweite Predigt. An ihrem Ende stellte der Prediger eine wichtige Frage. Er sagte: Die Nacktheit und die Ketten und die Einsamkeit und das Toben und Schreien dieses Mannes sind ein Bild von uns allen. Wir alle sind Sünder; die Bibel sagt, dass wir Sklaven der Sünde, der Götzen und des Teufels sind. Wir brauchen jemanden, der uns aus dem Reich der Finsternis hinausführt in das Reich des Lichtes. Uns allen ergeht es ähnlich wie diesem Besessenen; bei ihm war es nur besonders extrem und deutlich. Er und wir sind in dieser Lage, weil wir Sünder sind. Und dann kam Jesus und befreite ihn. Und jetzt kommt die Frage des Predigers: *Warum konnte Jesus diesem Mann vergeben und ihn heilen?*

Die Antwort – so der Prediger weiter – erfahren wir am Ende des irdischen Lebens Jesu. Dort, am Kreuz, ist Jesus selber nackt und gefangen und ausgestoßen aus der Gemeinschaft der Menschen; dort schreit er: „Mein Gott, mein Gott, warum hast du mich verlassen?“ *Das* ist die Antwort. Jesus konnte deswegen diesen sündigen, von Dämonen besessenen Mann heilen, weil er den

Platz mit ihm tauschte. Jesus ist unser Stellvertreter. Er konnte in das Leben des Besessenen hineinkommen und ihn heilen, weil er für ihn starb und die Strafe bezahlte und selber alles trug, was dieser Mann erlebte. Er wurde nackt, damit wir die Kleider der Gerechtigkeit anziehen können. Er ließ sich in das tiefste Loch der Verzweiflung und Qual werfen, damit wir Gottes Liebe und Vergebung und inneren Frieden bekommen können.

Der Unterschied zwischen diesen beiden Predigten war gewaltig. Beide handelten von Jesus, aber nur die zweite war eine deutliche Darlegung des Evangeliums. Die erste Predigt konnte den falschen Eindruck erwecken, dass Erlösung bedeutet, dass Gott unsere Wunden heilt, und dass der Weg zu dieser Heilung darin besteht, dass ich Jesus bitte, in mein Leben hineinzukommen und mir das zu geben, was ich brauche. Das Thema „Sünde“ und „Gnade“ wurde nicht deutlich angesprochen. Das Kreuz Christi kam nicht vor und das Evangelium wurde entsprechend wenig deutlich. Ganz anders die zweite Predigt: Sie nahm das Elend des Besessenen zum Anlass, uns die Schmerzen und Qualen Jesu am Kreuz vor Augen zu führen. Eine ganz zentrale Aussage des Markusevangeliums ist, dass Jesus unser Stellvertreter ist. Er gab sein Leben als Lösegeld für uns hin (Markus 10,45).[67] Diese zweite Predigt behandelte die Szene mit dem Besessenen im Lichte des großen Erlösungsthemas des ganzen Markusevangeliums.

Der Prediger, der dies tut, kommt wie von selbst zum nächsten Schritt: der Anwendung auf das Leben der Zuhörer. Nur die Erkenntnis, dass Jesus am Kreuz als stellvertretendes Opfer für uns gestorben ist, kann die Macht der Sünde in unserem eigenen Leben brechen. Nur so können wir sehen, wie grundfalsch alle unsere Versuche zur Selbsterlösung sind, und nur so werden diese Versuche unnötig. Und wenn wir aufgehört haben, uns selber erlösen zu wollen, verlieren die Dinge, die uns treiben und hetzen und versklaven, ihre Macht. Der Satan verliert seine Macht über uns.

Ja, es ist möglich, das Neue Testament zu predigen, ohne wirklich Christus und seine Erlösung zu predigen. Sie denken, dass das Problem darin besteht, wie ich von einem der Psalmen oder aus dem 2. Buch der Könige zu Jesus komme? Das Problem ist viel größer. Christus predigen heißt das Evangelium predigen, und das Evangelium predigen heißt, Christus und seine Gnade und sein Erlösungswerk predigen, und das können wir in jedem Buch der Bibel versäumen.

2. Christus predigen, ohne über den Text zu predigen

Aber wir können auch in einen anderen Fehler fallen. Es ist möglich, bei der Predigt über einen Text so schnell „zu Christus zu kommen", dass wir den Besonderheiten der Botschaft des Textes nicht gerecht werden. Wir lassen die historischen Realitäten des Textes beiseite, gerade so, als ob die alttestamentlichen Schriften ihren ursprünglichen Adressaten nichts zu sagen gehabt hätten. Ferguson schreibt, dass dieser Fehler „leicht zu Predigten führt, die hölzern sind und kein Gespür für den Reichtum der Theologie der Bibel haben."[68]

Das Ergebnis wird sein, dass wir Jesus auf eine Art predigen, die uniform und von Woche zu Woche gleich ist, weil wir uns nicht in den Text vertieft haben. Wir predigen einen Standard-Jesus, der nicht die Lösung oder der Höhepunkt des theologischen Themas dieses Textes und die Antwort auf das in ihm aufgeworfene spezifische praktische Problem ist. Gehen wir dagegen tief genug in den ursprünglichen historischen Kontext hinein, finden wir so viele verschiedene Arten, Christus zu predigen, wie es Themen, Textgattungen und Botschaften in der Bibel gibt.

Es gibt zum Beispiel in den prophetischen Büchern des Alten Testaments zahlreiche Stellen, wo Gott davon redet, dass er einen König schicken wird, der eine totale, noch nicht da gewesene Gerechtigkeit bringt. In Jesaja 11,3-4 heißt es von diesem König: „Er wird nicht richten nach dem, was seine Augen sehen, noch Urteil sprechen nach dem, was seine Ohren hören, sondern wird mit Gerechtigkeit richten die Armen und rechtes Urteil sprechen den Elenden im Lande ..." In Jesaja 11,1-16 geht es um den gerechten „Spross" (Jeremia 23,5), der all dies tun wird und der gewöhnlich mit dem Messias identifiziert wird. Die ursprünglichen Hörer dieser Worte haben diese sehr wahrscheinlich so verstanden, dass

Jesaja hier von einem kommenden großen irdischen König redete. Wer heute über Jesaja 11 predigt, ist schnell dabei, aufzuzeigen, dass hier Jesus und sein Erlösungswerk gemeint ist, aber die ursprünglichen Hörer hörten hier zunächst einmal, wie wichtig es ist, sozial gerecht zu sein, die Armen nicht zu bedrücken und freigebig zu sein. Der Prediger, der zu schnell in die Zukunft springt und nicht lange genug in der Zeit des Autors des Bibeltextes und seiner Hörer verweilt, kann einiges von der Bedeutung des Textes verpassen.

Es geht also um die rechte Balance: Wir dürfen weder über den Text predigen, ohne Christus zu predigen, noch Christus predigen, ohne über den Text zu predigen. Spurgeon erzählt von einem Pastor aus Wales, der einen jüngeren Kollegen ansprach, nachdem er dessen Predigt gehört hatte. „Das war eine sehr schwache Predigt“, begann er. Der junge Kollege wollte wissen, warum. Der Pastor aus Wales sagte: „Weil kein Christus in ihr war.“ Der junge Pastor verteidigte sich: „Christus kam in dem Text doch gar nicht vor. Wir können doch nicht immer Christus predigen; wir müssen das predigen, was in dem Text ist.“ Das Gespräch ging so weiter:

> „Wissen Sie nicht, junger Mann, dass von jeder Stadt, von jedem Dorf und von jedem Weiler in England, wo sie auch liegen mögen, eine Straße nach London führt?“ „Ja, sicher“, erwiderte der junge Prediger. „Ah!“, sagte der alte Pastor. „Und genauso führt von jeder Bibelstelle ein Weg in die Hauptstadt der Bibel, also zu Christus. Und, mein lieber Bruder, wenn Sie einen Text vor sich haben, dann müssen Sie sich fragen: ‚Wo ist hier die Straße zu Christus?‘ Und dann müssen Sie in Ihrer Predigt diese Straße entlanggehen, bis Sie die Hauptstadt – Christus – erreicht haben. Und glauben Sie mir: Ich habe noch keinen Bibeltext gefunden, in dem nicht eine Straße hin zu Christus war, und wenn ich je einen finden sollte, der keinen solchen Weg hat, dann werde ich einen Weg bahnen; ich werde über Stock und Stein gehen, um zu meinem Herrn zu kommen, denn eine Predigt ist nur dann zu etwas Gutem nütze, wenn man Christus in ihr spürt.“[69]

Ich finde dieses Beispiel sehr hilfreich. Führen wir es noch etwas weiter aus und wenden es auf unsere eigene Predigt an.

Erstens: Ermitteln Sie die Hauptaussage des Autors Ihres Bibelabschnittes und widmen Sie ihr genügend Zeit. Um in dem Bild mit der Straße zu bleiben: Wir müssen die „Hauptstraße" der Stadt ermitteln. Es geht darum, herauszufinden, was dieser Text seinen ursprünglichen Hörern (gewissermaßen den „Stadtbewohnern") sagen wollte. Manche Texte haben eine einzige Pointe, die sofort ins Auge fällt, während andere etwas komplexer sind – so wie manche Städte entlang einer einzigen breiten Hauptstraße angelegt sind, während andere mehrere Hauptstraßen haben. Lernen Sie diese Straßen kennen, gehen Sie auf ihnen spazieren, gehen Sie nicht zu bald aus der Stadt hinaus. Vertiefen Sie sich in den Text, finden Sie heraus, wie sein Verfasser ihn damals, für die ursprünglichen Adressaten, gemeint hat. Nur wenn Sie die Botschaft des Verfassers begriffen haben, können Sie hören, was Gott in diesem Text sagt. Wenn Sie Zeit haben, wollen Sie sich vielleicht sogar ein paar der Nebenstraßen anschauen, wo es manchmal die interessantesten kleinen Läden gibt. Aber entfernen Sie sich nicht zu weit von der Hauptstraße, sonst könnte es sein, dass Sie nicht rechtzeitig zu ihr zurückfinden.

Zweitens: Wie der von Spurgeon zitierte Pastor sagt, ist jede Hauptstraße irgendwo mit einer Straße verbunden, die aus der Stadt hinaus zur Hauptstadt führt. Finden Sie diese Abzweigung! Nicht jede Straße, die aus der Stadt hinausführt, führt auch zur Hauptstadt; wenn Sie die falsche erwischen, müssen Sie womöglich später mühsam querfeldein laufen, um zur Hauptstadt zu kommen. Nicht alles in dem Predigttext, das Sie vage an Jesus erinnert, ist eine Straße, die zu ihm führt. Wenn der alttestamentliche Text den Tempel in Jerusalem zum Thema hat, liegt es nahe, über Christus als den endgültigen Tempel zu predigen (vgl. Johannes 2,13-22); das ist der Weg von der „Hauptstraße" dieses Textes zu Jesus. Aber man kann nicht jedes x-beliebige biblische Detail auf Jesus münzen. Mag sein, dass das rote Seil, das die Hure Rahab in Jericho als Zeichen in ihr Fenster knüpfte (Josua 2,18), Sie beim ersten Lesen an das Blut Christi erinnert, aber dies ist hier wohl kaum gemeint. Doch irgendeinen Weg, der zur Predigt Jesu Christi hinführt, findet man in jedem Text. Zeigen Sie Ihren Hörern diesen Weg und gehen Sie ihn, bevor Sie Ihre Predigt beenden.

Kapitel 3

Sechs Arten, Christus aus der ganzen Bibel zu predigen

Und als sie aufblickten, sahen sie niemand mehr außer Jesus.
(Matthäus 17,8)

Der Schlüssel dazu, immer das Evangelium zu predigen, ist, dass ich jedes Mal Christus predige. Der Schlüssel hierzu wiederum liegt darin, herauszufinden, wo mein Predigttext im vollen kanonischen Kontext der Bibel steht – zu welchem „Kapitel" der großen Zentralerzählung der Bibel er gehört, also der Geschichte, wie Gott durch die in seinem Sohn, Jesus Christus, geschehene Erlösung uns aus Gnade errettet und die Welt neu macht.

Es gibt viele gute Autoren und Bücher, die uns hier helfen können[70] und die jeweils ihre eigene Systematik dafür haben, wie man aus einem gegebenen Bibeltext Jesus predigen kann.[71] Es gibt hier mehr Dimensionen und Methoden, als wir in einem einzigen Kapitel abdecken können.[72] Ich möchte im Folgenden sechs Methoden vorstellen, und zwar mehr aus der Perspektive des Praktikers als aus der des Theoretikers.

Christus anhand jedes Teils und jeder Literaturgattung der Bibel predigen

Wenn Sie Bücher wie Alec Motyer, *Look to the Rock,* oder Ray Dillard und Tremper Longman, *An Introduction to the Old Testament,* oder Ed Clowney, *The Unfolding Mystery*, lesen, bekommen Sie einen Eindruck davon, wie jeder Teil der Bibel auf seine eigene Art auf Christus hinweist. Christus ist die Hoffnung der Erzväter. Er ist der Engel des Herrn.[73] Im 2. bis 5. Buch Mose ist er der Fels des Mose. Er ist auch der, der das Gesetz Gottes erfüllt hat – sowohl das Ritualgesetz, weil er uns rein macht, als auch das moralische Gesetz, weil er durch sein vollkommen gerechtes Leben den Segen verdient hat. Er ist auch die endgültige Stiftshütte bzw. der Tempel. Gehen wir weiter in die Geschichte Israels nach Mose. Jetzt ist Christus der „Fürst über das Heer des HERRN" (Josua 5). Er ist der wahre König Israels, ja das wahre Israel. Er erfüllt all das, was Israel tun und sein sollte. Gehen wir weiter zu den Psalmen, in denen Jesus der große Sänger Israels ist (Hebräer 2,12). In den Propheten ist er der verheißene König (Jesaja 1–39), der leidende Gottesknecht (Jesaja 40–55) und der, der die Welt heil macht (Jesaja 56–66). In den Sprüchen ist er die wahre Weisheit Gottes und für die Erlösten ist das Kreuz die Weisheit Gottes (1. Korinther 1,22-25).

Jede Textgattung und jeder Teil des Alten Testaments schaut voraus auf Christus und sagt uns etwas Neues über sein Wesen. Ray Dillard, der Mitverfasser einer Einleitung in das Alte Testament, sagte mir einmal in einem persönlichen Gespräch, dass eine der Leitfragen in den historischen Büchern des Alten Testaments, vom Buch der Richter bis zu 2. Chronik, die nach dem Wesen des Bundes ist. Der Bund lautet: „Ich will euch annehmen zu meinem Volk und will euer Gott sein" (2. Mose 6,7), und die Frage ist angesichts des immer wieder neuen Unvermögens Israels, das zu halten, was es Gott versprochen hatte: Ist Gottes Bund mit ihm ein bedingter (also an Bedingungen geknüpfter) oder ein unbedingter Bund? Wird Gott sagen, dass er bedingt ist („Weil ihr den Bund gebrochen habt, werde ich euch verfluchen und für immer fallen lassen")? Oder wird er ihn für unbedingt erklären („Obwohl ihr mich verlassen habt, werde ich euch nie ganz und gar verlassen, sondern bei euch bleiben")? Wie ist es nun? Dillard sagte, dass jeder, der das Alte Testament aufmerksam liest, entdeckt, dass Gott mal das eine, mal das andere zu sagen scheint. Dies ist einer der großen Spannungsbogen, die das Drama der Bibel ausmachen. Gottes Volk hat ihn verlassen – wird er es jetzt auch verlassen?

Es scheint hier keine einfache Antwort zu geben, die nicht irgendeinem Aspekt dessen, was wir über Gott wissen, widersprechen würde. Wird seine Heiligkeit sich seiner Liebe beugen, sodass er fünfe gerade sein lässt? Oder wird seine Liebe von seiner Heiligkeit und Gerechtigkeit überwältigt werden, sodass der göttliche Gerichtshammer fällt? Aber dann wäre Gott nicht so heilig oder so voller Liebe, wie er sich an anderen Stellen in der Bibel offenbart. Sehen Sie die enorme Spannung in der Geschichte?

Und dann kommt Jesus, und als wir seinen Schrei hören: „Mein Gott, mein Gott, warum hast du mich verlassen?", entdecken wir die Antwort. Ist der Bund zwischen Gott und seinem Volk ein bedingter oder ein unbedingter Bund? Beide Male ist die Antwort „Ja". Jesus kam in die Welt und erfüllte alle Bedingungen des Bundes, damit Gott uns bedingungslos lieben kann.

Wir finden eine ähnliche Spannung im Buch Jesaja. Der erste Teil des Buches beschreibt einen König, der kommen und alles gut und heil machen soll. Doch dann, im zweiten Teil, ist von einem vollkommenen und heiligen Gottesknecht die Rede, der leidet und die Sünden der Menschen trägt. Wie können beide Figuren der Messias sein? Wir begreifen dies erst, als Jesus kommt. All die scheinbar losen Fäden und Widersprüche in der Bibel kommen in Jesus zusammen und finden ihre Lösung und Erfüllung.

Christus durch jedes Thema in der Bibel predigen

Die Bibel ist voller Leitthemen, die sich durch alle oder die meisten ihrer Teile und Textgattungen ziehen. Wenn Sie auf eines der folgenden Themen stoßen, die sich durch den ganzen Kanon ziehen, brauchen Sie bloß, bildlich ausgedrückt, „an dem Faden zu ziehen" und sich anzuschauen, wo das Thema beginnt und wie es heute bzw. am Jüngsten Tag seine Erfüllung in Christus findet.

Das Reich. Wir sind dazu erschaffen worden, dass wir unserem wahren König dienen und gehorchen. Sünde ist Rebellion gegen diesen König. Aber, wie Paulus in Römer 1 ausführt, *irgendetwas* muss der Mensch anbeten und ihm dienen, und so sind wir Sklaven der verschiedensten Dinge und Mächte – so lange, bis sie ihre Macht über uns verlieren. Welcher König ist mächtig genug, uns aus dieser Sklaverei zu befreien? Nur der als Mensch auf seine Erde gekommene Gott. Jesus ist der wahre König; durch seinen Tod und seine Auferstehung hat er die Macht der Sünde und des Todes über uns zerbrochen. Daher ist ihm dienen die wahre Freiheit.

Der Bund. Wir sind dazu erschaffen, eine Beziehung zu Gott zu haben. Wir sind für Bundesbeziehungen erschaffen – Beziehungen, die dadurch, dass sie besonders bindend sind, besonders eng sind. Gott hat es so eingerichtet, dass wir sein Volk sein sollen und er unser Gott. Wenn wir den Bund mit ihm halten, werden wir den Segen der Liebe, der Einheit und des Friedens erfahren. Brechen wir dagegen den Bund, wird der Fluch der Trennung, der Existenz allein, ohne Gott, die Folge sein. Wie kann Gott heilig sein und trotzdem seinem Volk die Treue halten? Nur durch den Tod Jesu am Kreuz, wo beides erfüllt wurde: die Liebe und das Gesetz, wo der Herr der vollkommene Diener wurde, der den Bund zu hundert Prozent erfüllte – an unserer Stelle.

Heimat und Exil. Gott erschuf die Welt als unsere Heimat, unser Eden, als Ort des *Schalom* und der Erfüllung. Doch aufgrund unserer Sünde befinden wir uns alle im Exil. Die Welt, in der wir leben, macht uns nicht mehr glücklich. Wer kann uns zurück nach Hause bringen, wo Friede und Erfüllung ist? Nur Christus, der für uns ins „Exil" musste, der den Himmel verließ, um auf die Erde zu gehen, der draußen vor den Toren der Stadt von allen verlassen an einem Kreuz starb. Weil er all dies tat, wird die Welt einst wieder unsere Heimat werden – als der neue Himmel und die neue Erde, in denen Gerechtigkeit wohnt (Offenbarung 21–22).

Gottes Gegenwart und Anbetung. Wie können Sünder, die von Gott getrennt sind, in seiner Leben gebenden Gegenwart stehen und sich freuen? Wir sind dazu erschaffen, Gemeinschaft mit Gott zu haben – aber Gott ist heilig und wir nicht. Wie können Sünder Gott vor die Augen treten? Weil das flammende Schwert, das nach dem Sündenfall den Eingang zur Gegenwart Gottes versperrte, auf

Jesus gefallen ist, sodass das Tor zu Gott wieder offen ist (1. Mose 3,24; Hebräer 10,19-22).

Ruhe und Sabbat. Wir sind ruhelos und erschöpft, weil wir ständig „die Arbeit hinter der Arbeit" machen: Wir verzehren uns darin, unsere Identität durch unsere Leistung zu erwerben. In Jesus können wir uns von dieser Arbeit ausruhen, in dem Wissen, dass Gott uns ohne irgendwelche Vorleistungen annimmt, weil Jesus die ganze Leere der Gottverlassenheit für uns durchlitten hat.

Gerechtigkeit und Gericht. Wir brauchen Gerechtigkeit in der Welt, aber da gibt es ein großes Problem: Was für eine Hoffnung gibt es für die Welt, wenn es keinen Richter gibt? Aber *wenn* es einen gibt, welche Hoffnung gibt es dann für *uns*? „Wenn du, HERR, Sünden anrechnen willst – Herr, wer wird bestehen?" (Psalm 130,3). Und jetzt kommt das Wunderbare: Der Richter der ganzen Erde ist Jesus Christus, und er kommt nicht mit dem Schwert in der Hand zu uns, sondern mit den Nägelmalen des Kreuzes; er kommt nicht, um uns das Gericht zu bringen, sondern um unser Gericht auf sich zu nehmen. Jesus Christus ist der Richter, der *für uns gerichtet* wurde, damit alle, die an ihn glauben, keine Angst mehr vor dem Jüngsten Tag zu haben brauchen; an diesem Tag wird er, weil unsere Schuld vergeben ist, alles Böse vernichten, ohne uns vernichten zu müssen.

Das Kleid der Gerechtigkeit. Ganz am Anfang mussten wir Menschen nichts vor Gott oder sonst jemandem verstecken. Dann verloren wir unsere Gerechtigkeit, und wir mussten uns bedecken und verstecken, damit niemand uns sah (1. Mose 2,24–3,24). Wir brauchen Gottes Gnade, um die Blöße unserer Schuld zu bedecken. Und wir haben diese Gnade bekommen: Weil Jesus nackt am Kreuz hing, dürfen wir den „Mantel der Gerechtigkeit" tragen (Jesaja 61,10).

Christus durch jede wichtige Person in der Bibel predigen

Alle großen Führer und Persönlichkeiten in der Bibel weisen voraus auf Christus, den endgültigen Führer und König, der ein

Volk für Gott beruft und zurüstet. Alle gesalbten Führer in der Bibel – jeder Priester, König, Richter und Prophet, der auf irgendeine Weise „Heil", Erlösung oder Befreiung bringt – sind Wegweiser zu Christus. Sie sind dies mit ihren Stärken, aber auch mit ihren Schwächen, denn ihre Schwächen zeigen, dass Gott gnädig ist und auch die in seinen Dienst nimmt, die in den Augen der Welt schwach und gering sind. All die sozialen und moralischen „Außenseiter", die Gott benutzt –, Menschen wie Rahab, Rut, Tamar und Batseba (Matthäus 1,1-11), besonders die in der Abstammungslinie des verheißenen „Samens" – weisen auf Christus hin. Jesus ist der Richter, auf den alle Richter zeigen (da er wirklich Gerechtigkeit bringt), der Prophet, auf den alle Propheten zeigen (weil er uns wirklich die Wahrheit zeigt), der Priester, auf den alle Priester zeigen (da er uns wirklich zu Gott bringt), und der König aller Könige. Johannes Calvin schreibt:

> Wenn ihr daher das Evangelium hört, das euch Jesus Christus zeigt, in welchem alle Verheißungen und Gaben Gottes erfüllt sind, dann bedenkt dieses: Er [Christus] ist Isaak, der geliebte Sohn des Vaters, der als Opfer dargebracht wurde, aber nicht der Macht des Todes erlag. Er ist Jakob, der wachsame Hirte, der so gut für die Schafe sorgt, die er hütet. Er ist der gute und barmherzige Josef, der sich in seiner Herrlichkeit nicht schämte, sich zu seinen Brüdern zu bekennen, wie niedrig und elend auch ihre Lage war. Er ist der große Opferpriester und Bischof Melchisedek, der ein ewiges Opfer für uns alle dargebracht hat. Er ist der große Gesetzesstifter Mose, der durch seinen Geist sein Gesetz auf die Tafeln unserer Herzen schreibt. Er ist der treue Feldherr und Führer Josua, der uns in das Land der Verheißung bringt. Er ist der siegreiche und edle König David, der alle rebellischen Mächte mit seiner Hand unterwirft. Er ist der herrliche, triumphierende König Salomo, der sein Reich in Frieden und Wohlstand regiert. Er ist der starke und mächtige Simson, der durch seinen Tod alle seine Feinde besiegte.[74]

Eine modernere Liste ist die folgende:

- Jesus ist der wahre und bessere Adam, der die Prüfung im Garten bestand und dessen Gehorsam Gott uns anrechnet (1. Korinther 15).
- Jesus ist der wahre und bessere Abel, der unschuldig erschla-

gen wurde, aber dessen Blut nicht nach unserer Verdammnis schreit, sondern nach unserem Freispruch (Hebräer 12,24).

- Jesus ist der wahre und bessere Abraham, der Gottes Ruf, seine angestammte, vertraute Heimat zu verlassen, befolgte und hinauszog („obwohl er nicht wusste, wohin er kommen würde", Hebräer 11,8), um ein neues Gottesvolk zu gründen.
- Jesus ist der wahre und bessere Isaak, der tatsächlich und für uns alle geopfert wurde. Gott sagte damals zu Abraham: „Nun weiß ich, dass du mich liebst, weil du mir deinen einzigen Sohn, den Sohn, den du liebst, nicht vorenthalten hast" (vgl. 1. Mose 22,12). Jetzt können wir zu Gott sagen: „Jetzt wissen wir, dass du uns liebst, weil du uns deinen einzigen Sohn, den Sohn, den du liebst, nicht vorenthalten hast."
- Jesus ist der wahre und bessere Jakob, der mit Gott rang und den Schlag der Gerechtigkeit, den wir verdient hatten, auf sich nahm, sodass wir, wie Jakob, nur noch die Wunden der Gnade empfangen, die uns aufwecken und erziehen.
- Jesus ist der wahre und bessere Josef, der zur Rechten des Königs sitzt und denen, die ihn verraten und verkauft hatten, vergibt und seine neue Macht benutzt, um sie zu retten.
- Jesus ist der wahre und bessere Mose, der in die Bresche zwischen dem Volk und Gott tritt und einen neuen Bund vermittelt (Hebräer 3).
- Jesus ist der wahre und bessere Fels des Mose, der uns, wenn der Stab der Gerechtigkeit Gottes an ihn schlägt, Wasser in der Wüste gibt.
- Jesus ist der wahre und bessere Hiob – der wirklich unschuldig Leidende –, der nach seinem Leiden für uns eintritt und seine törichten Freunde rettet (Hiob 42).
- Jesus ist der wahre und bessere David, dessen Sieg der Sieg seines Volkes wird, das keinen Finger gerührt hatte, um ihn selber zu erringen.
- Jesus ist die wahre und bessere Ester. Er riskierte nicht nur den Verlust eines irdischen Palastes, sondern verlor den himmlischen Palast; er riskierte nicht nur sein Leben, sondern gab es hin – um sein Volk zu retten.

- Jesus ist der wahre und bessere Jona, der sich in den Sturm hinauswerfen ließ, damit wir nicht untergingen.

Schauen wir uns eines dieser Beispiele etwas genauer an: *Jesus der wahre Jona*. Bei der Stillung des Sturms am Ende von Markus 4 tadelt Jesus seine Jünger: „Habt ihr immer noch keinen Glauben?" (Markus 4,40). Man kann bei diesem Satz leicht in eine moralistische Predigt hineinrutschen, nach dem Schema: „Sieh zu, dass du einen echten Glauben hast, der Gott auch dann vertraut, wenn das Leben rau wird." Wir würden unseren Zuhörern zeigen, wie man das macht – Glauben haben, auch wenn es stürmt. Aber damit hätten wir wenig über das Evangelium gesagt.

Aber Markus knüpft hier ganz bewusst an die Szene mit Jona in dem Sturm an (Jona 1),[75] bis hinein in die Wortwahl. Jesus und Jona befinden sich beide in einem Boot bzw. Schiff. Beide Male bricht ein Sturm los. Beide Male sind in dem Boot bzw. Schiff andere Menschen, die es mit der Angst zu tun kriegen. Beide Male wecken sie den schlafenden Propheten auf und machen ihm bittere Vorwürfe. Beide Male wird der Sturm durch ein Wunder gestillt und die Menschen in dem Boot bzw. Schiff gerettet. Und beide Male verspüren die so Geretteten nach der Stillung des Sturmes eine noch größere Angst als vorher. Lauter Parallelen, bis auf eine offensichtliche Ausnahme: Jona wird von den Schiffsleuten tatsächlich hinaus in den Sturm geworfen, um den Zorn Gottes zu stillen, damit die anderen ihm entgehen – aber Jesus nicht.

Wirklich nicht? Wie Jesus an anderer Stelle (Matthäus 12,41) sagt, ist er der eigentliche, endgültige Jona, der für uns in das eigentliche Meer, das Meer der ewigen Gerechtigkeit Gottes, geworfen wurde. Wie ironisch, dass die Jünger in Markus 4,38 Jesus fragen: „Meister, macht es dir nichts aus, dass wir umkommen?" Sie glauben nichts anderes, als dass er ihre Stunde der größten Not verschläft. In Wirklichkeit ist es genau anders herum: Im Garten Gethsemane sind es die Jünger, die schlafen. Sie lassen Jesus schmählich im Stich – aber er liebt sie weiter, bis ans Ende. Jona wurde wegen seiner eigenen Sünde über Bord geworfen; Jesus wurde für *unsere* Sünde in den Sturm aller Stürme, den Sturm des Gerichtes Gottes geworfen. Jesus konnte seine Jünger damals deswegen aus dem Sturm retten, weil er selber in den größten Sturm geworfen wurde.

Indem wir uns bei der Predigt über die Stillung des Sturms nicht mit bloßen Appellen zu mehr Gottvertrauen zufriedengeben, sondern in die Tiefe gehen und aufzeigen, wie dieser Text auf das Erlösungswerk Christi verweist, bekommen wir nicht nur ein großartiges Bild vom Evangelium, sondern auch eine stärkere, wirklich das Herz verändernde *Motivation*, Gott zu vertrauen. Und wir kommen zu einer ganz praktischen Übertragung dieses Textes auf das Leben unserer Zuhörer, die etwa so aussieht: Fährt dein Lebensschiff auch gerade durch einen Sturm? Hast du gebetet und den Eindruck bekommen, dass Gott gerade schläft? Er schläft nicht! Woher du das wissen kannst? Er hat den Sturm aller Stürme für dich durchgemacht, damit du wissen kannst, dass er dich in den so viel kleineren Stürmen deines Lebens nicht im Stich lassen wird. Er hat so viel für dich getan, dass du ihm getrost vertrauen kannst.

Wenn Sie als Prediger die Sturmstillung in Markus 4 nicht im Lichte des Erlösungswerks Christi sehen, landen Sie bei geradezu frustrierten Appellen an Ihre Hörer: „Habe mehr Glauben in deinen Lebensstürmen! Glaube an Jesus, er enttäuscht dich nicht!“ Sie müssen tief genug in das Evangelium hineingehen, um in den Herzen der Menschen das Vertrauen auf das Erlösungswerk Christi zu wecken und ihnen klarzumachen, was er da für uns getan hat. Eine solche Predigt wird wie von selber zum Glauben an Christus führen und Sie werden nicht mit bloßen Durchhalteparolen auf den Willen Ihrer Zuhörer eindreschen.

Christus durch jedes Schlüsselsymbol in der Bibel predigen

Es gibt in der Bibel zahlreiche Bilder oder, wie die Theologen sagen, „Typen“, die auf Christus hinweisen, aber die keine Figuren oder Personen sind, sondern Dinge oder Strukturen. Viele dieser Symbole sind sehr lebendige, nachdrückliche Darstellungen der

Erlösung durch Gnade, die ihre Erfüllung in Christus findet. So weisen in der Wüstenwanderung Israels die bronzene Schlange und das Wasser des Lebens aus dem Felsen eindeutig auf Christus hin, wie Johannes und Paulus uns sagen. Das ganze Opfersystem und Stiftshütten- bzw. Tempelritual ist ebenfalls ein Wegweiser zu Christus (vgl. den Hebräerbrief); jedes Detail in dem alttestamentlichen Ritus – von den Reinheitsgeboten bis zu dem Altar, den Opfern, ja dem Tempel selber – zeigt uns ein Stück von dem, wer Christus ist und was er getan hat. Sowohl der Sabbat als auch die Erlassjahrgebote weisen auf ihn hin. Jesus ist die Erfüllung all dieser Dinge – und damit das Ende des entsprechenden Ritus. Er ist das Opfer, auf das alle Opfer hinweisen (Hebräer 10). Er ist das Schaubrot auf dem Altar (Johannes 6), der Leuchter im Heiligtum (Johannes 8), ja der Tempel selber (Johannes 2), denn er ist der Mittler, der Gott unter uns gegenwärtig sein lässt. Jesus ist die Erfüllung aller Speise- und sonstigen Reinheitsgebote (Apostelgeschichte 10 und 11). Er ist die Erfüllung der Beschneidung, die für seine Trennung vom himmlischen Vater steht. In ihm sind wir in Gottes Augen rein (Kolosser 2,10-11). Er ist auch das wahre Passahlamm (1. Korinther 5,7).

Dazu kommen viele weitere Bilder, die nicht so sehr Symbole sind und auch keine theologischen Themen im engeren Sinne, sondern konkrete Ideen oder Themen, die in der Bibel öfter wiederkehren und Bezüge zu Jesus haben. Ein Beispiel ist die Arbeit. Als Gott die Welt erschuf, arbeitete er. In 1. Mose 3,17-19 wird die Arbeit des Menschen verflucht und damit zur Plage. Als Jesus kommt, sagt er, dass er arbeitet, weil sein Vater arbeitet (vgl. Johannes 5,17). Und wir sind durch das Werk Jesu erlöst und nicht durch unser eigenes. Die meisten Theologen sehen in der Arbeit kein interkanonisches Thema wie das Reich oder den Bund oder das Exil; es handelt sich einfach um ein öfters wiederkehrendes Bild, aber selbst hier ist Christus Höhepunkt und Erfüllung – der ultimative Arbeiter sozusagen.

Ein anderes Beispiel ist der Baum des Lebens. Wir finden ihn am Anfang und am Ende der Bibel – in 1. Mose 2–3 und Offenbarung 22. Die Bibel beginnt damit, dass wir den Baum des Lebens und das Paradies verlieren, und sie endet damit, dass wir durch das Werk Jesu den Baum des Lebens zurückbekommen, der jetzt weithin sichtbar in der Mitte der Gottesstadt steht. Dieser Baum steht für ewiges Leben und Vitalität, also das Gegenteil des Verfalls und Todes, die in uns wirken. Es gibt nur noch ein drittes biblisches Buch, in welchem dieser Baum erscheint: das Buch der Sprüche. Hier wird die Weisheit als „Baum des Lebens“ bezeichnet (Sprüche 3,18) und das Wachsen in der Weisheit wird als Wachsen in der Erkenntnis Gottes, in der Selbsterkenntnis sowie in einem gottgefälligen Wesen und gottgefälligen Beziehungen verstanden (also in dem, was wir nach dem Neuen Testament „geistliches Wachstum“ oder „Früchte des Geistes“ nennen). Das Buch der Sprüche sagt uns, dass es möglich ist, von diesem Baum zu „essen“ und so geistliches Wachstum zu erfahren, und das Neue Testament zeigt uns genauer, *wie* dies möglich ist: Der Heilige Geist vereinigt uns im Glauben mit Christus, und damit „wirkt das Leben in uns“, obwohl in unserem sterblichen Körper immer noch der Tod wirkt.

Wie das möglich ist? Nun, der gekreuzigte Jesus war verflucht, weil er „am Baum hing“ (vgl. Galater 3,13)[76]. Der englische Dichter und Pfarrer George Herbert (1593–1633) lässt in seinem Gedicht „The Sacrifice“ [„Das Opfer“] den am Kreuz hängenden Jesus sagen: „Schaut alle her, die ihr vorübergeht: Mensch stahl die Frucht, drum hänge ich am Baum – ein Lebensbaum für alle, außer mir. War je ein Schmerz wie meiner?“ Was sagt Jesus hier? Weil er am Baum des Todes hing, können wir zum Baum des Lebens kommen. Jesus hat das Kreuz für uns zu einem Lebensbaum gemacht, und wir werden nie ermessen, was ihn das gekostet hat.

Christus durch jedes Erlösungsereignis predigen

Zu beachten ist das *narrative* Muster „Leben durch Tod“ bzw. „Durch Schwäche zum Triumph“, durch das Gott so oft in der Geschichte und in unserem Leben handelt. Man beachte zum Beispiel, wie in der Geschichte von Naaman (2. Könige 5) alle, die Macht und Status haben, nicht wissen, woher die Hilfe kommen soll, während die Diener und Untergebenen erstaunlich weise sind. Dies ist ein roter Faden in der Bibel – ein Evangeliumsfaden sozusagen, eine Gnadengeschichte –, und in unserer Predigt können wir von der Gnadengeschichte einen Bogen zum Erlösungswerk Christi schlagen. Nur wenige Ausleger sehen in Ester oder Rut ein Bild („Typ") für Christus, aber um den Menschen, die sie lieben, zu helfen, müssen sie beide einiges riskieren und verschiedene Dinge tun, die Christi Erlösungshandeln vorwegnehmen. Eine andere wichtige „Gnadengeschichte" in der Bibel ergibt sich aus dem Ablauf der Geschichte vom Auszug aus Ägypten und der Gesetzgebung am Sinai. Gott hat den Israeliten nicht zuerst seine Gebote gegeben und sie anschließend aus Ägypten befreit, sondern genau umgekehrt. Wir sind also nicht *durch*, sondern *für* das Gesetz erlöst. Gottes Gesetz dient der *Gestaltung* unserer Liebesbeziehung zu Gott, nicht ihrer *Erarbeitung* – eine Vorwegnahme des Prinzips, dass wir nicht durch das Gesetz erlöst werden, sondern allein durch den Glauben an Christus.

Oder sehen wir uns die Geschichte von David und Goliath an. Was will sie uns eigentlich sagen? Wenn wir Christus außen vor lassen, können wir in unserer Predigt etwa Folgendes sagen: „Je größer deine Gegner sind, umso tiefer stürzen sie, wenn dein Gottvertrauen nur groß genug ist. Auch wenn du nicht besonders groß oder mächtig bist, mit Gott an deiner Seite kannst du Riesen besiegen."

Wenn ich in der Geschichte von David und Goliath lediglich ein Stück Lebenshilfe für mich sehe, ist sie eine Geschichte über *mich. Ich* muss den Glauben und den Mut aufbringen, um die Riesen in meinem Leben zu besiegen. Gehe ich aber davon aus, dass es in der Bibel letztlich immer um Jesus und die von ihm gebrachte Erlösung geht, und lese ich die Szene mit David und Goliath in diesem Licht, werden einige wichtige Dinge zurechtgerückt. Die Pointe dieser Szene ist ja gerade, dass die Israeliten *nicht* fähig waren, den Riesen aus eigener Kraft zu konfrontieren. Sie brauchten einen Stellvertreter, und dieser Stellvertreter war kein Kraftprotz, sondern schwach. Und Gott benutzte gerade diese Schwäche als Mittel, um Goliat zu töten. David triumphierte durch seine Schwäche und sein Sieg wurde seinem Volk gutgeschrieben; in seinem Triumph triumphierte es mit.

Wie kann man in dieser Geschichte nicht Jesus erkennen? Jesus konfrontierte die größten aller Riesen (die Sünde und den Tod), und er riskierte dabei nicht nur sein Leben, er gab es hin. Aber durch seine Schwäche triumphierte er und sein Triumph ist auch *unser* Triumph; sein Sieg wird uns zugeschrieben, als ob es unserer sei. Solange ich nicht begreife, dass Jesus ja die größten aller Riesen besiegt hat, und zwar *für mich* und an meiner Stelle, werde ich nie den Mut haben, den Alltagsriesen meines Lebens (Leid, Enttäuschung, Versagen, Kritik, Mühsale) gegenüberzutreten. Wie will ich denn mit dem „Riesen" des Versagens fertigwerden, wenn ich nicht die tiefe Gewissheit habe, dass Gott mich nie verlässt? Wenn ich David nur als Vorbild sehe, dem ich nacheifern muss, hilft diese Geschichte mir nicht im Kampf mit meinem Versagen. Aber wenn ich in David einen Wegweiser zu Jesus sehe, der an meiner Stelle gekämpft und gesiegt hat und an dessen Sieg ich Anteil haben darf, dann kann ich den Kampf aufnehmen. In Jesus bin ich von Gott geliebt und bejaht; kein weltlicher Erfolg kann mir *das* bieten. Mein Versagen lähmt mich nicht mehr, weil ich in Jesus, unserem wahren David, triumphiere. Wenn ich nicht an den glaube, auf den David hindeutet, werde ich nie wie David werden können.

Aber es sind nicht nur die Geschichten einzelner biblischer Personen, die Wegweiser zu Christus sind. Das Ziel von Gottes Heilshandeln ist es, ein *Volk* zu erlösen und die ganze *Schöpfung* zu erneuern. Und dies bedeutet, dass alle wichtigen Ereignisse in der Entstehungsgeschichte des Volkes Gottes ebenfalls Wegweiser hin zu Christus sind.

Durch Jesus ist alles erschaffen (Johannes 1); dies bedeutet, dass bereits der Schöpfungsbericht nach vorne weist, auf die neue Schöpfung in Christus. Jesus ist der, der die Versuchung in der Wüste durchlebt und bestanden hat, und das heißt, dass die Sündenfallgeschichte nach vorne weist auf die Versuchung und Bewährung und den aktiven Gehorsam Christi. Der Auszug (Exodus) Israels aus Ägypten ist der Vorläufer des eigentlichen Exodus, in welchem Jesus sein Volk durch seinen Tod in die Freiheit geführt hat (Lukas 9,31; ELB).[77] Er hat es nicht aus einer bloßen ökonomischen oder politischen Versklavung befreit, sondern durch seinen Tod und seine Auferstehung aus den Ketten der Sünde und des Todes. Und die Wüstenwanderung Israels und später das babylonische Exil sind Vorausdeutungen auf Jesu „heimatloses" Umherziehen und seine Versuchung in der Wüste und schließlich sein Schicksal als „Sündenbock" außerhalb der Stadtmauern, wo er das letzte, tiefste „Exil" durchlitt, um die Gerechtigkeit Gottes voll und ganz zu erfüllen.

Jesus ist in einem sehr buchstäblichen Sinne das wahre Israel, der „Nachkomme"/„Same" aus Galater 3,16-17. Er ist der Einzige, der den Bund treu erfüllt hat. Er ist ein „heiliger Rest", der aus einer Person besteht. Er hat alle Pflichten des Bundes erfüllt und allen, die glauben, den Segen des Bundes erworben. Der Prophet Hosea knüpft an den Exodus Israels aus Ägypten an, wenn er sagt: „Als Israel jung war, hatte ich ihn lieb und rief ihn, meinen Sohn, aus Ägypten ..." (Hosea 11,1). Er nennt hier ganz Israel „meinen Sohn". Aber Matthäus wendet diesen Vers auf Jesus an (Matthäus 2,15), weil Jesus das wahre Israel ist.

Der sechste Sinn – Christus instinktiv predigen

Wir sollten möglichst viele dieser Methoden, Christus aus der ganzen Bibel zu predigen, benutzen, aber wer hier zu schematisch vorgeht, läuft Gefahr, in seinem Predigen starr und schablonenhaft zu werden. Oft ist die beste „Methode", die Verbindung zwischen dem Text und Christus zu entdecken, unsere Intuition. Sinclair Ferguson schreibt:

> [Wohl die meisten, die] große Prediger der Bibel (und Prediger von Christus in der Bibel) sind, sind dies instinktiv. Fragen Sie sie, was ihr Rezept ist, und sie schauen Sie erstaunt an. Die Prinzipien, die sie benutzen, haben sich ganz unbewusst entwickelt, durch eine Kombination aus natürlicher Fähigkeit, Begabung und der Erfahrung als Prediger und Predigthörer. Manche dieser Prediger täten

> sich sehr schwer damit, eine Vortragsserie über gutes Predigen zu halten. Warum? Weil das, was sie da entwickelt haben, ein Instinkt ist; biblisches Predigen ist sozusagen ihre Muttersprache geworden. Sie benutzen souverän die Grammatik der biblischen Theologie, ohne darüber nachzudenken, was für Wortarten und Satzkonstruktionen sie gerade verwenden.[78]

Mein Freund und Professor für Altes Testament, Tremper Longman, sagte mir einmal, dass die Bibel lesen so ähnlich ist wie sich den Spielfilm *The Sixth Sense* („Der sechste Sinn") anschauen. Der Film hat ein völlig überraschendes Ende, das einen förmlich zwingt, den ganzen Film neu Revue passieren zu lassen und jede Szene im Lichte des Endes neu zu deuten. Und wenn man den Film ein zweites oder drittes Mal sieht, kann man gar nicht anders, als bei jeder Szene an die Auflösung am Schluss zu denken. Das Ende lässt alles, was vorangeht, in einem ganz bestimmten Licht erscheinen. Ganz ähnlich bei der Bibel: Wenn ich einmal begriffen habe, dass alle Geschichten und Spannungsbögen und alle großen Themen in Christus und sein Erlösungswerk münden, kann ich gar nicht anders als zu sehen, dass jeder Text im tiefsten Grunde von Jesus handelt.

Und so kann ich selbst dann, wenn der Bibeltext, den ich studiere, keine messianische Prophezeiung ist, keine wichtige Person als Vorschattung auf Christus enthält und kein heilsgeschichtliches Schlüsselthema oder Schlüsselsymbol aufzuweisen scheint, manchmal gar nicht anders, als spontan zu sagen: Hier ist Christus!

Hier als Beispiel ein unbekannterer und eher schwieriger Bibelabschnitt: Am Ende des Richterbuchs, in Kapitel 19–21, steht eine denkbar unappetitliche Geschichte, in der es um einen Israeliten und seine Konkubine (Nebenfrau) geht. Der Mann übernachtet in einer Stadt, wo ein paar Rüpel aus dem Stamm Benjamin ihn bedrohen. Um seine Haut zu retten, gibt er ihnen seine Nebenfrau heraus. Dann geht er ins Bett, während die Männer draußen die Frau die ganze Nacht vergewaltigen und missbrauchen. Als am Morgen der Mann die Tür öffnet, liegt vor der Schwelle seine Nebenfrau – tot. Voller Wut kehrt er mit der Leiche nach Hause zurück, wo er sie in Stücke schneidet, die er an die anderen Stämme Israels schickt, damit sie wegen dieser Untat dem Stamm Benjamin den Krieg erklären. Über seine Feigheit und dass er selber seine Frau den Männern ausgeliefert hatte, verliert er kein Wort. Das Ende ist ein furchtbarer, blutiger Bürgerkrieg.

Furchtbar. Widerlich. Wo, um alles in der Welt, kann man hier Christus finden?

Nun, es gibt gleich mehrere Möglichkeiten. Stellen wir diesen Text in den Kontext des Leitthemas des Richterbuches. Was ist dieses Leitthema? Die Antwort ist leichter zu finden als in vielen anderen biblischen Büchern, denn der Autor beendet diese Episode und gleichzeitig das ganze Richterbuch mit dem Satz: „Zu der Zeit war kein König in Israel; jeder tat, was ihm recht dünkte" (Richter 21,25). Das allgemeine Chaos und die ungeheure moralische Dekadenz zeigten, dass dieses Land dringend eine fähige Regierung brauchte. Die meisten Ausleger sind sich einig, dass das Buch der Richter ein Plädoyer für das Königtum in Israel ist und dass es, wie auch das Buch Rut, auf David vorausweist. Doch wer die spätere Geschichte Israels und des Restes der Menschheit kennt, weiß natürlich, dass David, so groß er auch war, sein Volk nicht von seiner Sünde und der Rebellion gegen Gott heilen konnte. Die Herzen verändern – dazu braucht es den König aller Könige, Jesus. Und so landen wir, wenn wir diesen schlimmen Text in seinen ganzen kanonischen Kontext stellen und dabei vor allem das gesamtbiblische Thema des Königtums beachten, bei Jesus. Und das ist nicht die einzige Methode, durch diesen Text Christus zu predigen.

Wie können wir nicht selbst in solch einem trüben Teich eine Spiegelung von etwas sehen, das außerhalb von ihm liegt? Wenn wir diesen Mann sehen, der seine Frau ans Messer lieferte, um seine eigene Haut zu retten (ein denkbar schlechter Ehemann), wie können wir da nicht an einen anderen, den wahren Ehemann denken, der sich selbst opferte, um seine Frau zu retten? Jesus hat sein Leben dahingegeben für uns – seine Kirche, seine Braut (Epheser 5,22-33). Er ist der wahre Ehemann, der uns nie ans Messer liefern wird, ja er hat sich selbst in den Tod gegeben, um uns das Heil zu bringen.[79] Alle menschlichen Ehen in der Bibel sind letztlich Hinweise und Fingerzeige auf die Vermählung zwischen Gott und seinem Volk, Christus und seiner Gemeinde, und jede schlechte Ehe auf dieser Welt weckt in uns die Sehnsucht nach der ewigen Liebe des großen Bräutigams Jesus.

Hier noch ein weiterer Text, der traditionell nicht zu den Texten gehört, die typologisch auf Christus vorausweisen. Es sind die Seligpreisungen in der Bergpredigt (Matthäus 5,3-12). Die meisten Ausleger sagen (zu Recht), dass es in den Seligpreisungen nicht um unterschiedliche Kategorien von Menschen geht (erst die Armen im Geist, dann die Trauernden, dann die Sanftmütigen, dann die, die nach der Gerechtigkeit hungern, dann die Barmherzigen), sondern dass sie die Eigenschaften einer einzigen Gruppe von Menschen nennen – der Jünger Jesu. Wenn wir vor Gott demütig sind, wenn wir über unsere Sünden trauern usw. – wenn wir diese Dinge tun bzw. sind –, dann sind wir wirklich Jesu Jünger. Was für jemanden, der über die Seligpreisungen predigt, natürlich bedeutet, dass er leicht den Fehler machen kann, eine Moralpredigt zu halten: „Strengt euch an, so zu werden, gebt euch Mühe, dann werdet ihr gute Jesusjünger."

Aber wenn wir jenen „Christusinstinkt" haben, den wir oben angesprochen haben, dann merken wir, wenn wir uns die Seligpreisungen anschauen, dass sie ja auch Beschreibungen von *Jesus selber* sind. Und wenn wir dann weiter nachdenken, entdecken wir, dass er uns durch das, was er für uns getan hat, ja all das gibt, was die Seligpreisungen verheißen.

Warum können Sie und ich reich sein wie ein König? Weil *Jesus* bettelarm wurde. Warum werden wir getröstet? Nur weil Jesus trauerte, weil er weinend und ohne Trost in die Finsternis sank. Warum werden Sie und ich die Erde besitzen? Weil er sanftmütig wurde, wie ein Lamm vor seinen Scherern. Warum werden wir satt werden? Weil Jesus am Kreuz sagte: „Mich dürstet." Warum finden wir Erbarmen? Weil er keines bekam – nicht von Pilatus, nicht von der Menschenmenge, noch nicht einmal von seinem Vater. Warum werden Sie und ich eines Tages Gott sehen? Weil Jesus rein war. Wissen Sie, was das Wort „rein" hier bedeutet? Es bedeutet ein Herz, das unbeirrbar, ungeteilt, absolut auf ein Ziel ausgerichtet ist. Noch einmal: Warum werden wir eines Tages Gott sehen? Weil Jesus absolut entschlossen und zielbewusst nach Jerusalem ging, um dort für uns zu sterben (Lukas 9,51).[80] Sie und ich können Gott sehen, weil Jesus ihn am Kreuz nicht sah.

Wenn ich sehe, wie Jesus Christus *für mich* arm vor Gott wurde, hilft mir das, selber arm vor Gott zu werden und zu sagen: „Gott, ich brauche deine Gnade." Und wenn wir diese Gnade ergriffen und innerlich gesättigt sind, *dann* werden wir barmherzig, dann werden wir Friedensstifter, dann begegnen wir im Gebet Gott und warten voller Vorfreude auf den Tag, wo wir Gott so sehen werden, wie er ist (1. Johannes 3,1-3). Wie fast alles andere in der Bibel sind die Seligpreisungen viel mehr, als wir denken, Wegweiser hin zu Jesus.

Teil II

Die Menschen erreichen

Kapitel 4
Christus der Kultur predigen

Als Paulus in seiner Verteidigungsrede an diesem Punkt angelangt war, rief Festus mit lauter Stimme: „Paulus, du bist verrückt geworden! Deine große Gelehrsamkeit treibt dich in den Wahnsinn." Doch Paulus erwiderte: „Ich bin nicht verrückt, hochverehrter Festus! Was ich sage, ist wahr, und meine Worte sind vernünftig." (Apostelgeschichte 26,24-25)

Der Wahnsinn des christlichen Glaubens

Terry Eagleton, der britische Literaturtheoretiker und Kritiker, schreibt: „Gesellschaften werden nicht dann säkular, wenn sie die Religion abschaffen, sondern wenn die Religion anfängt, sie kalt zu lassen."[81] Er glaubt, dass sich alle westlichen Gesellschaften – die einen schneller, die anderen langsamer – in diese Richtung entwickeln. Nach seiner Definition ist eine Gesellschaft, in der Atheisten der Religion noch feindlich gegenüberstehen, den Weg in den Säkularismus noch nicht sehr weit gegangen. Heute erleben wir immer mehr Menschen, die der Religion nicht so sehr mit Feindschaft als vielmehr mit Gleichgültigkeit begegnen. Es wächst die Zahl der „Religionslosen" – der Menschen, die sich keiner religiösen Institution oder auch nur Tradition zugehörig fühlen, ohne deswegen gleich Atheisten zu sein. Sie verspüren kein Bedürfnis, nach religiösen Lösungen für ihre Probleme zu suchen. Sie glauben nicht, dass man Gott braucht, um einen Sinn und ein Ziel im Leben zu haben, ein solides Wertefundament zu besitzen, hohe

Ziele zu haben und zu erreichen oder einfach ein glückliches, erfülltes Leben zu führen.[82]

Dies ist eine neue Situation. Über tausend Jahre lang waren die Menschen, die Prediger in den westlichen Gesellschaften vor sich hatten, praktisch alle mit dem Christentum aufgewachsen. Der Prediger oder Evangelist konnte von einem gewissen Katechismus-Grundwissen seiner Zuhörer ausgehen und darauf bauen, dass man ihm zumindest höflich zuhörte. Seit der Mitte des 20. Jahrhunderts ist hier ein tief greifender Veränderungsprozess zu beobachten. Große Teile der Bevölkerung – selbst in den USA – haben sich seitdem mehr und mehr eine säkulare Weltsicht zu eigen gemacht, die jahrzehntelang die Domäne der europäischen Intellektuellen gewesen war.

Als Paulus das Evangelium den Eliten des Römischen Reiches predigte, nannte er seine Botschaft „wahr und vernünftig", aber seine Zuhörer hielten ihn für wahnsinnig. Heute ist es wieder so, dass das, was Christen für wahr und vernünftig halten, immer mehr Menschen als verrückt und versponnen erscheint.

Anpassung oder Herausforderung?

Jahrhundertealte Gewohnheiten verschwinden nicht über Nacht. Immer noch gehen heute die meisten christlichen Redner und Prediger davon aus, dass ihre Zuhörer die Realität durch die gleiche Brille sehen wie in der Vergangenheit. Selbst die stark nach außen gerichteten, evangelistischen Kirchen erreichen heute in erster Linie Menschen mit einer eher traditionellen Mentalität, weil sie in ihrer Kommunikation voraussetzen, dass ihre Zuhörer immer noch von dem alten christlichen Weltbild geprägt sind. Doch Tatsache ist, dass immer weniger Zuhörer das, was die Prediger sagen, verstehen, geschweige denn glauben. Wie können wir den christlichen Glauben in einer immer säkularer werdenden Gesellschaft weitergeben, ohne dabei das, was wir im ersten Teil dieses Buches gelernt haben, zu vergessen?

Viele sagen heute, dass das, was wir brauchen, andere *Formen* der christlichen Kommunikation sind. Sie plädieren dafür, den „Predigtmonolog“ abzuschaffen und auf interaktive Diskussionen zu setzen, in denen die Teilnehmer selber ihren Weg finden. Allerdings ist der Vortragsmonolog heute gerade so populär wie früher. TED-Talks[83] und ihre vielen Imitationen blühen und gedeihen, und 2008 hörte jeder vierte amerikanische Erwachsene sich mindestens eine Podcast-Predigt pro Woche an.[84] Nein, die Predigt ist nicht tot, und viele Vorhersagen ihres baldigen Endes kommen einem heute selber überholt vor.[85]

Andere Stimmen, die die klassische Predigt nach wie vor bejahen, behaupten, dass die Veränderungen in unserer Kultur Veränderungen im *Inhalt* der Predigt erfordern. Andy Stanley findet, dass die biblische Auslegungspredigt in einer Zeit funktionierte, wo die Gesellschaft die Bedeutung und Wahrheit der Bibel bejahte, aber nicht mehr heute. Anstatt mit dem Bibeltext anzufangen und mit der praktischen Anwendung im Leben der Hörer zu enden (wie in der traditionellen Predigt), sollte der Prediger mit einem aktuellen Bedürfnis der Menschen oder mit einer gerade aktuellen Frage beginnen und anschließend eine Antwort in der Bibel suchen. Stanley fragt: „Wie weit sind Sie bereit, zu gehen, um ein Kommunikationssystem zu schaffen, das die Herzen Ihrer Zuhörer erreicht? … Sind Sie bereit, einen Predigtstil, eine Methode, ein System aufzugeben, die in einer anderen Zeit für eine Kultur entwickelt wurden, die es heute nicht mehr gibt?“[86]

Ganz anders sah dies an der Schwelle zum 20. Jahrhundert der schottisch-kongregationalistische Pastor und Theologe P. T. Forsyth. Er argumentierte, dass die Kirche in den Abschnitten ihrer Geschichte, in denen sie am meisten bewirkte, „weder der Vorreiter noch das Echo der Welt war, sondern ihr Widerpart“[87]. „Der christliche Prediger ist nicht der Nachfolger des griechischen Redners, sondern des hebräischen Propheten“, schreibt Forsyth. „Es ist eines, die Menschen dazu bewegen oder überzeugen zu müssen, etwas Bestimmtes zu tun. … Es ist etwas anderes, sie dazu zu bringen, jemandem ihr Vertrauen zu geben und sich dafür selbst zu verleugnen. … Der Redner stachelt die Menschen [zum Handeln] an, *der Prediger lädt sie ein, sich erlösen zu lassen.*“[88]

Wir werden sie nicht los, diese alte Streitfrage: Sollte der christliche Prediger bzw. Lehrer sich der Kultur seiner Umwelt anpassen oder sie herausfordern?

Adaptieren, um zu konfrontieren

Es stimmt nicht, dass die Bibelauslegung sich erst in einer Zeit entwickelte, wo die Gesellschaft christlich geworden war. Hughes Oliphant Old zeigt auf, dass die Auslegungspredigt schon in den ersten fünf Jahrhunderten der Kirchengeschichte die Norm war, also zu einer Zeit, wo die Gesellschaft als Ganze nicht nur nicht christlich, sondern oft sogar massiv antichristlich war. Die Prediger fingen ihre Predigten damals nicht mit einem gerade aktuellen Problem an, um dieses dann mithilfe der Bibel zu beleuchten, obwohl dies der damaligen rhetorischen Praxis vielleicht eher entsprochen hätte. Die Behauptung, dass die Auslegungspredigt das Kind einer christianisierten Gesellschaft sei, ist schlicht falsch.[89]

Ebenso falsch ist die Annahme, dass Bibelauslegung keinen starken Bezug zu menschlichen Problemen und Nöten haben könne. Fast alle Bibeltexte sprechen direkt oder indirekt solche existenziellen Themen an. Wenn wir hier mit unseren Fragen beginnen und erst danach in der Bibel nach Antworten suchen, gehen wir davon aus, dass wir die richtigen Fragen stellen, also unser Problem richtig verstanden haben. Aber wir brauchen nicht nur die biblischen Rezepte für unsere Probleme, sondern auch die biblische Diagnose. Womöglich leiden wir ja an Krankheiten, die wir noch gar nicht erkannt haben. Wenn wir nicht mit der Bibel beginnen, werden wir fast mit Sicherheit zu oberflächlichen Ergebnissen kommen, denn wir spielen mit den gezinkten Karten unserer ganz persönlichen Vermutungen und Vorurteile.

Es bringt also nichts, ja es ist unnötig, Bibelauslegung und Veränderung des Lebens gegeneinander auszuspielen. Ähnlich sind die beiden Grundpositionen der „kulturellen Adaption“ und der „kulturellen Konfrontation“ einander nicht so entgegengesetzt, wie es den Schein hat. Für P. T. Forsyth hat die Predigt nicht das „Echo" der Welt zu sein, sondern ihr „Widerpart".[90] Doch bevor wir hier voreilig zu dem Klischee der Strafpredigt springen, sollten wir zur Kenntnis nehmen, dass Forsyth in seiner Vorlesung „The Preacher and the Age" [„Der Prediger und sein Zeitalter"] großen Wert darauf legt, hier zu differenzieren. Er bemerkt, wie der Evangelist Johannes den heidnischen Begriff des *logos* übernahm – ein philosophischer Zentralbegriff in der damaligen Kultur. Für die griechischen Philosophen war der Logos die kosmische Ordnung, die hinter der materiellen Welt lag. Johannes gab ihm eine neue Bedeutung: Jesus Christus als die Kraft und der Sinn, die dem Kosmos zugrunde liegen. Es war ein kühner rhetorischer Schachzug, der einen bereits existierenden Begriff mit einer neuen Bedeutung füllte und dabei seine alten Assoziationen benutzte, um die Menschen zum Evangelium hinzuführen.[91]

Wäre es nicht besser gewesen, wenn Johannes die Finger von solchen heidnischen griechischen Ideen gelassen und einfach gesagt hätte, dass Jesus der Sohn Gottes ist? Die Antwort ist, dass der Evangelist, indem er die Terminologie der Griechen übernahm, ihre tiefsten kulturellen Hoffnungen ansprach. Er sagte über diese Hoffnungen: „Ja – nein – doch, ja." Ja, auch die Christen sagen, dass die Geschichte kein Zufall und die Welt nicht sinnlos ist, sondern dass es hinter den Dingen einen *logos*, einen Sinn und eine Ordnung, gibt. Und ebenfalls „ja": Wer dieser Ordnung folgt, wird recht leben. Aber dann das „Nein": Dieser Sinn ist nicht etwas, was man durch philosophische Gedankengänge entdeckt, ja er ist überhaupt nicht „etwas", sondern ein „Jemand"– Jesus Christus, der Mensch gewordene Schöpfergott. Und zum Schluss wieder „ja": Ja, ein letzter Sinn im Leben ist möglich. Was wir leidenschaftlich suchen, ist da, und unsere Sehnsüchte werden erfüllt, wenn wir in eine versöhnte Beziehung mit dem Gott eintreten, der uns erschaffen hat und der das ganze Universum lenkt.

Johannes sagte den heidnischen Philosophen nicht einfach, dass sie total falsch lagen und gefälligst an die Bibel glauben mussten. Vielmehr bescheinigte er ihnen in einem ersten Schritt, dass ein Teil ihrer Vorstellungen über das Universum – dass dieses nicht dem Zufall unterlag oder sich selber steuerte, sondern dass es von einem übernatürlichen Prinzip, das es zu entdecken galt, bewusst gesteuert wurde – völlig richtig war. Und danach zeigte er ihnen zweitens (und das ist das „Nein – doch, ja"), dass die hinter dieser Vorstellung liegende Realität allein in Christus real verkörpert ist.

Dies ist letztlich nichts anderes als eine Konfrontation, eine Herausforderung – ein Aufruf, umzukehren und zu glauben. Die frühen Verkündiger des Christentums versuchten nicht einfach, die Fragen der sie umgebenden Kultur zu beantworten, denn wenn dies alles ist, was man macht, bestimmen diese Fragen die Tagesordnung und definieren die Grenze zwischen „wichtig" und „unwichtig". Sie weigerten sich, sich von der Kultur ihrer Zeit vereinnahmen zu lassen – aber sie straften die Ideen und das Vokabular dieser Kultur nicht mit Nichtbeachtung oder Verurteilung. Sie verstanden und bejahten die Hoffnungen, Ängste und Wünsche der Menschen. Die frühen christlichen Prediger und Missionare waren mit der Kultur ihrer Zeitgenossen wohlvertraut, und die Worte, mit denen sie zu ihr sprachen, waren vielleicht manchmal überraschend und schockierend, aber nie unverständlich. Sie formulierten die Fragen und die Sorgen der Kultur neu und gaben ihren Hoffnungen eine neue Richtung. Mit Forsyths Worten: Sie „bekehrten" die Kultur; sie brachten sie so mit dem Evangelium in Kontakt, dass sie radikal anders wurde. Johannes hat die Kultur seiner Zeit nicht einfach konfrontiert, und er hat sich ihr auch nicht angepasst, sondern er übernahm so viel von ihr, dass er sie auf die effektivste und gleichzeitig liebevollste, gewinnendste Weise herausfordern konnte. Wie Forsyth es in Bezug auf die alte Kirche ausdrückt: „… wenn sie das Denken, die Organisation und die Methoden der Welt übernahm, so … war dies nichts anderes als die Beschlagnahmung der Leitern, mit denen sie aus der Welt entrann und zu ihrer Befehlshaberin aufstieg. Sie benutzte das Metall [das sie vorfand], um Münzen daraus zu prägen."[92]

Dieses Verständnis der Predigt ist ein Aspekt von dem, was Missionswissenschaftler „Kontextualisierung" nennen.[93] Kontextualisierung heißt, auf die Kultur, zu der ich predige, einzugehen und sie gleichzeitig infrage zu stellen. Es heißt, die Götzen einer Gesellschaft bloßstellen, während man gleichzeitig den Menschen in ihr und ihren Hoffnungen und Sehnsüchten mit Achtung begegnet. Es bedeutet, das Evangelium auf eine Art zu predigen, die die Menschen verstehen können und die gleichzeitig überzeugend ist.

Der Neutestamentler Eckhard J. Schnabel zeigt auf, dass Paulus seine Evangeliumsverkündigung bewusst und mit Bedacht an die unterschiedlichen Kulturen seiner Zuhörer angepasst hat, um sie zu erreichen.[94] Paulus variiert in seinen Reden nicht nur das Vokabular und den Einsatz seiner Stimme, sondern auch die Art, wie er Gefühle ausdrückt und seinen Verstand einsetzt, welche Illustrationen und Redewendungen er benutzt, und (was am interessantesten ist) die Art seiner Argumentation. Er greift seine Zuhörer nicht einfach frontal an, sondern versucht sie mit Argumenten zu überzeugen.[95]

Um dieses Ziel zu erreichen setzt Paulus verschiedene Strategien ein. Erstens benutzt er Begriffe und Themen, die seinen Hörern vertraut sind. In seiner Rede in Athen zum Beispiel beschreibt er Gott auf eine Art, die viele Heiden akzeptieren konnten (Apostelgeschichte 17,22-28).[96] Er zitiert zweitens Autoritäten, die seine Zuhörer respektieren. Wenn er es mit Juden, Proselyten oder „gottesfürchtigen" Heiden zu tun hat, zitiert er natürlich aus der Bibel. Aber bei seiner Rede vor den Philosophen und Intellektuellen von Athen zitiert er Aratus, einen heidnischen Autor (Apostelgeschichte 17,28). Paulus sucht drittens immer nach „Elementen der Anknüpfung", wo er seine Zuhörer bei ihren Sorgen, Hoffnungen und Nöten „abholen" kann.[97] In Athen wählt er fünf biblische Aussagen über Gott, mit denen die stoischen Philosophen, zu denen er sprach, übereinstimmen konnten, und benutzt sie als Basis für seine Ausführungen.[98]

Und schließlich sucht er nicht nur nach – in Schnabels Terminologie – „Elementen der Anknüpfung“, sondern auch nach „Elementen des Widerspruchs“.[99] Diese stehen gewöhnlich nicht unverbunden neben den Elementen der Anknüpfung, ja meistens ist das Element der Anknüpfung zugleich auch das Element des Widerspruchs. Das Aratus-Zitat („Er ist es, von dem wir abstammen“) ist laut Schnabel „nicht simple Akkommodation an die philosophischen Überzeugungen der Zuhörer“,[100] denn gleich im nächsten Satz fährt Paulus fort: „Wenn wir nun aber von Gott abstammen, dürfen wir *nicht* meinen, die Gottheit gleiche jenen Statuen aus Gold, Silber oder Stein, die das Produkt menschlicher Erfindungskraft und Kunstfertigkeit sind“ (Apostelgeschichte 17,29).[101] Kurz: Paulus greift einige der richtigen religiösen Vorstellungen seiner Zuhörer auf und benutzt sie, um ihre falschen Vorstellungen im Lichte der Bibel zu kritisieren und aufzuzeigen, dass diese ihren eigenen Prämissen widerstreiten.[102] Paulus geht auf seine Zuhörer ein, um sie gleichzeitig zu lieben und zu konfrontieren.[103] Indem er ihre positiven Impulse und richtigen Erkenntnisse bejaht und Begriffe und Gedankengänge benutzt, die sie verstehen können, zeigt Paulus, dass es ihm nicht nur darum geht, sie zu widerlegen, sondern auch, sie zu respektieren.[104]

Paulus kontextualisiert bewusst und ständig.[105] Er legt nicht die gute Nachricht auf den Präsentierteller und hebt die schlechte Nachricht für später auf, sondern verquickt Bejahung und Konfrontation, um zu verhindern, dass die Zuhörer sich dem Anspruch des Wortes Gottes an ihr Denken und ihr Herz entziehen. Paulus' Antwort auf die Frage, ob der Prediger sich an die Kultur seiner Zuhörer anpassen oder sie konfrontieren sollte, lautet also nicht: „von jedem ein bisschen“, sondern wir adaptieren und kontextualisieren, *damit* wir die Wahrheit in Liebe sagen können – auf den Zuhörer zugehen und ihn gleichzeitig konfrontieren können.

Es gibt viele exzellente Beispiele für gelungene Kontextualisierung in der Geschichte der christlichen Predigt. Ein besonders instruktives ist der amerikanische Pastor und Theologe Jonathan Edwards (1703–1758). 1751 zog er von Northampton (Massachusetts, USA) nach Stockbridge um, das ebenfalls in Massachusetts lag, aber sozusagen am Rande der Wildnis, und predigte zu den Indianern (den Mohikanern und Mohawk).[106]

Nur eine Handvoll Predigten aus Edwards' Jahren in Stockbridge ist uns erhalten, aber allen, die sie studiert haben, ist sofort aufgefallen, dass Edwards in ihnen seinen bisherigen Predigtstil erheblich modifiziert.[107] Er benutzt eine völlig neue Bildersprache, die seinen Zuhörern angemessener ist. Anstatt wie früher im Aufbau seiner Predigten entsprechend den Regeln klassischer Rhetorik deduktiv vorzugehen, also mit einer Aussage zu beginnen, die er dann analysiert und begründet, geht er mehr induktiv vor und beginnt mit Fragen, worauf er verschiedene Gedanken bringt, die er zum Schluss zusammenfasst. Er berücksichtigte ganz offensichtlich, dass seine Zuhörer viel Ungerechtigkeit durch die weißen Siedler erfahren hatten, und die Predigten enthalten entsprechend mehr tröstliche Elemente als seine früheren Predigten. Besonders auffällig ist, dass er viel stärker als früher das Element der Erzählung benutzt. Edwards war ein meisterhafter Kontextualisierer des Evangeliums, und er war dies ganz bewusst.[108]

Wohlgemerkt: Edwards hat bewusst und sehr gekonnt kontextualisiert, und nicht halbherzig und weil es sich halt nicht vermeiden ließ. In dem Augenblick, wo ich meinen Mund öffne, werde ich durch hundert Dinge – meinen Sprechrhythmus, meinen Akzent, mein Vokabular, die Beispiele, die ich benutze, die Art, wie ich argumentiere oder Gefühle zum Ausdruck bringe – für die einen kulturell zugänglich, während es für andere vielleicht Schwerarbeit ist, zu verstehen, was ich meine, oder mir auch nur zuzuhören. Niemand kann eine von jeder kulturellen Prägung freie Präsentation biblischer Wahrheiten bieten.[109]

Kontextualisierung ist also unvermeidlich. Aber sie birgt auch Risiken, und dies in beiden Richtungen. Wenn ich so stark kontextualisiere, dass ich den Inhalt des Evangeliums verwässere, strömen die Menschen womöglich zu meinen Predigten, aber sie werden sich nicht ändern, was nicht weniger als eine grobe Pflichtvergessenheit des Predigers bedeutet. Ich signalisiere meinen Zuhörern dann im Wesentlichen: „Du bist okay, mach weiter so wie bisher." Kontextualisiere ich dagegen zu wenig, sodass meine Evangeliumsverkündigung unnötig weit von der Welt meiner Zuhörer entfernt ist, wird womöglich niemand bereit sein, mir bis zum Ende zuzuhören, und auch in diesem Fall wird niemand durch das Evangelium verändert, wie sehr ich mich auch bemüht habe.

Wir kommen nicht herum um diesen wichtigen Aspekt der Evangeliumsverkündigung. Paulus und Edwards zeigen uns, wie sie in ihrer Zeit und an ihrem Ort kontextualisiert haben. Für uns Heutige ist die Frage, wie wir den christlichen Glauben in einem säkularisierten Zeitalter kommunizieren, das von Gott allgemein und vom Christentum insbesondere immer weniger wissen will.

Ich möchte Ihnen sechs Grundregeln für den Prediger vorschlagen, der seine Zuhörer in ihrer Kultur erreichen will:

- Benutzen Sie ein Vokabular, das Ihren Zuhörern vertraut ist bzw. das Sie ihnen hinreichend erklären.
- Zitieren Sie in der Kultur Ihrer Zuhörer anerkannte Autoritäten, um Ihre Aussagen zu untermauern.
- Zeigen Sie Ihren Zuhörern, dass Sie ihre Zweifel und Einwände verstehen und ernst nehmen.
- Betonen Sie zunächst das Positive an den kulturellen Prämissen Ihrer Zuhörer, um anschließend das Negative konfrontieren zu können.
- Bringen Sie das Evangelium an den Druckstellen der Kultur Ihrer Zuhörer zum Tragen.
- Stellen Sie klar, dass das Evangelium nicht nur für unsere Bekehrung da ist, sondern für unser ganzes Leben.

Benutzen Sie ein Vokabular, das Ihren Zuhörern vertraut ist bzw. das Sie ihnen hinreichend erklären

Wir haben gesehen, dass Paulus und Johannes bemüht waren, Begriffe und Themen zu verwenden, die ihren Zuhörern vertraut waren. Die Kirchen in unseren Ländern hatten es lange Zeit mit einer Gesellschaft zu tun, in der christliches Vokabular den Menschen nicht völlig fremd war. Dies ändert sich heute rapide, was bedeutet, dass wir es uns nicht mehr leisten können, mit solchen Begriffen wie „Hermeneutik", „endzeitlich", „Bund", „Reich" oder auch nur dem Wort „theologisch" um uns zu werfen, ohne sie unseren Zuhörern zu erklären. Tun wir es trotzdem, werden wir nicht nur die Nicht-Insider verwirren, sondern die Christen unter unseren Zuhörern werden ihre weniger frommen Freunde vorsichtshalber nicht mitbringen, wenn wir predigen. Wenn ein Begriff so wichtig ist, dass man nicht auf ihn verzichten sollte, sollten wir ihn unseren Zuhörern erklären – mit einer allgemein verständlichen Definition, die wir nicht nur einmal erwähnen, sondern wiederholen.

So können wir zum Beispiel einen „Bund" als eine frappierende Mischung aus Gesetz und Liebe definieren. Ein Bund ist eine Beziehung, die viel intimer und mehr von Liebe geprägt ist, als irgendein Vertrag das sein könnte, und gleichzeitig dauerhafter und bindender als eine bloße Freundschaft oder Liebesbeziehung. Er ist ein Liebesband, das dadurch, dass es Rechtscharakter hat, enger und bleibender wird. Ein Bund ist das genaue Gegenteil einer Verkäufer-Konsument-Beziehung, in der die Verbindung nur so lange andauert, wie beide Partner etwas von ihr haben; er ist die feierliche, ganze, unbefristete Selbsthingabe der beiden Parteien. Diese Definition ist attraktiv für die postmodernen Menschen, für die Liebe ein hoher Wert ist, aber auch eine Herausforderung, weigert sie sich doch, Recht, Gesetz, Autorität und Verbindlichkeit einerseits und Liebe, Freude und Freiheit andererseits gegeneinander auszuspielen. Habe ich diesen biblischen Kernbegriff des „Bundes" einmal ausführlich auf diese für die Kultur meiner Zuhörer verständliche Art und Weise erklärt, muss ich dies nicht in jeder neuen Predigt wiederholen. Ich kann dann stattdessen Kurzdefinitionen wie „intimer als ein bloßer Vertrag und verbindlicher als eine bloße Liebesbeziehung" benutzen. Solche Kurzdefinitionen erinnern den regelmäßigen Gottesdienstbesucher an die volle Definition und machen den Gast, der zum ersten Mal da ist, neugierig.

Formulieren Sie Ihre theologischen Definitionen in der Sprache Ihrer Zuhörer. Der berühmte schottische Prediger Robert Murray

M'Cheyne (19. Jahrhundert) drückte die komplizierte Lehre von der doppelten stellvertretenden Zurechnung (dass also unsere Sünden Christus zugerechnet werden und gleichzeitig seine Gerechtigkeit uns gutgeschrieben wird) folgendermaßen aus: „Er [Jesus Christus] war ein sterbender und ein handelnder Heiland. Er erlitt nicht nur all das, was wir hätten erleiden müssen, sondern gehorchte in allem, wo wir hätten gehorchen müssen."[110] Ähnlich könnte man Luthers berühmten Satz, dass Christen immer gleichzeitig gerecht und Sünder sind (*simul justus et peccator*), so verständlich machen: „Ein Christ hat mehr Macken und Sünden, als man sich je vorstellen kann, und ist mehr von Gott geliebt und angenommen, als man je hoffen könnte – und das beides gleichzeitig."

Vermeiden Sie unnötigen frommen Jargon. Vorsicht bei Wörtern, die archaisch, sentimental oder für den Nicht-Insider nebulös sind. Ausdrücke wie „lauwarm", „geistlicher Kampf", „abfallen", „Frucht bringen", „offene Türen", „mit dem Herrn gehen" und auch das inflationär gebrauchte Wort „Segen" haben biblische Wurzeln, aber wirken leicht abgedroschen. Viele von uns haben sich auch an eine süßliche, stereotype Gebetssprache gewöhnt, die ständig Formulierungen wie „um deines Namens willen", „ja, Amen, Herr Jesus" oder „mit Leib, Seele und Geist" benutzt, die leicht auch in das öffentliche Gebet und die Predigt einsickern. Es gibt auch Jugendversionen der „Sprache Kanaans", in denen es zum Beispiel heißt, „heute haben wir wieder fett geworshipped" oder „wir haben einen hammer Outreach gemacht", und eine „Salbung" wird nicht dadurch verständlicher, dass sie „voll cool" ist.

Nein, ich möchte hier nicht Dampf ablassen oder meine persönlichen religiösen Unworte des Jahres vorschlagen. Es geht hier um viel mehr als Unterschiede zwischen den Generationen oder Regionen oder die Frage, was für ein Vokabular bei Nichtchristen „ankommt". Solch ein frommer Jargon hat nicht zuletzt eine ausgrenzende Funktion; mit ihm signalisieren wir (ob wir dies beabsichtigen oder nicht) den neuen Gästen in unseren Gottesdiensten, dass *wir* zum „Club" gehören und *sie* nicht. Er führt auch leicht in die Heuchelei, weil man mit ihm so wunderbar „geistlich" klingen kann, ohne wirklich Gott im Herzen zu haben.

Aber es gibt noch eine Art Jargon, die es zu vermeiden gilt: das „Wir – die anderen"-Gerede, das Nichtgläubige oder Anhänger anderer Religionen verächtlich macht oder die Positionen von Menschen, die unseren Glauben und unsere Meinungen nicht teilen, karikiert oder marginalisiert. Auch hier geht es nicht so sehr um die optimale „Vermarktung" unserer Botschaft, sondern um die Integrität des Evangeliums und unseres Zeugnisses. Zeigen Sie, das Sie ein Glied des ganzen Leibes Christi sind, indem Sie nicht verächtlich über Christen reden, die zu anderen Kirchen oder Denominationen gehören. Zeigen Sie auch, dass Sie zu der bürgerlichen Gemeinschaft Ihres Wohnortes oder Landes gehören. Erwähnen Sie in Ihren Gebeten, Predigten und Vorträgen auch die Bedürfnisse und Probleme Ihres Viertels, Ihrer Stadt und Ihrer Region, und nicht nur die der Christen oder Kirchen. Sprechen Sie viel über den Dienst an den Armen und Randsiedlern der Gesellschaft und vergessen Sie auch die Politiker und Amtsinhaber nicht. Demonstrieren Sie, dass die Christen nicht nur Bürger des Himmels sind, sondern auch ihrer Stadt und ihres Landes.[III]

Zitieren Sie in der Kultur Ihrer Zuhörer anerkannte Autoritäten, um Ihre Aussagen zu untermauern

Wenn Sie vor Menschen predigen oder sprechen, die starke Zweifel an der Bibel haben, tun Sie gut daran, die Aussagen des Bibeltextes durch Zitate aus Quellen, denen Ihre Zuhörer eher vertrauen, zu untermauern. Kein Geringerer als Paulus tut dies in Apostelgeschichte 17,28, wo er vor einem Publikum aus lauter heidnischen Philosophen, denen die Bibel nichts sagte, den bekannten heidnischen Autor Aratus zitiert.

Es gibt Christen, denen es nicht geheuer ist, den Bibeltext durch irgendetwas zu ergänzen. Ist es nicht besser, wir lassen die Bibel selber reden und unsere Zuhörer von ihrer Wahrheit überführen? Zweifelsohne hat die Bibel eine einzigartige, lebendige Kraft, das menschliche Herz anzusprechen, die von Gott selber kommt (Hebräer 4,12). Aber wenn ich die Worte eines außerbiblischen Autors oder Denkers zitiere, ist das nicht viel anders, als wenn ich irgendein Beispiel aus dem Alltagsleben benutze, um eine Aussage der Bibel zu illustrieren. Kein Prediger begnügt sich damit, nur den nackten Bibeltext zu benutzen; alle benutzen sie auch Anekdoten, Beispiele, Geschichten aus dem Leben usw., um ihre Zuhörer zu erreichen und von den biblischen Lehren und Wahrheiten zu überzeugen.

Sie predigen zum Beispiel über das Erste Gebot („Du sollst keine anderen Götter haben neben mir"), über Epheser 5,5 (wo die Habsucht als Götzendienst bezeichnet wird) oder über einen von Hunderten anderen Bibeltexten, in denen von Götzen die Rede ist. Dann könnten Sie den 2008 verstorbenen postmodernen amerikanischen Schriftsteller David Foster Wallace zitieren, der in seiner Abschlussfeierrede am Kenyon College meisterhaft darlegte, dass „jeder etwas anbetet; wir können uns lediglich aussuchen, *was* wir anbeten."[112] Er fährt fort, dass jeder „einen echten Sinn im Leben suchen muss", und das, worin wir diesen Sinn suchen – Geld, Schönheit, Macht, Intelligenz oder was auch immer –, wird unser Leben bestimmen, denn es ist im Kern eine Art Religion. Wallace führt aus, warum jede dieser Religionen echt anstrengend ist, ja einen „lebendig auffressen kann". Wenn Sie das, was Sie von der Bibel her sagen wollen, mit Wallaces Argumentation unterfüttern, werden selbst völlig säkularisierte Zuhörer die Ohren spitzen und Ihnen aufmerksam folgen.

Wenn Sie über die absolute ethische Autorität der Bibel predigen (also über einen der Hunderte von Texten, nach denen Gottes Wort über Menschenmeinung und menschlichen Gesetzen steht), könnten Sie gut Martin Luther King Jr. zitieren.[113] In seinem Brief aus der Haft in Birmingham argumentiert er, Augustinus und Thomas von Aquin zitierend, dass menschliche Gesetze nur dann gerecht sind, wenn sie „dem moralischen Gesetz ... dem Gesetz Gottes ... dem ewigen Gesetz" entsprechen.[114] Kings Argumentation und sein persönliches Beispiel wirken sehr entwaffnend auf säkularisierte Predigthörer und garantieren fast, dass sie sich überlegen, ob der Prediger nicht recht hat.

Wenn Sie anhand von Psalm 19 oder einem anderen Psalm oder

Römer 1 darüber sprechen, wie die Schöpfung Gottes Existenz und Herrlichkeit widerspiegelt, könnten Sie den berühmten Dirigenten Leonard Bernstein zitieren. Bernstein sagte, dass er dann, wenn er große Musik und große Schönheit erlebte, den „Himmel" spürte, eine höhere Ordnung hinter den Dingen, etwas, „dem wir blind vertrauen können, das uns niemals im Stich lässt"[115]! Wenn Sie über einen fast beliebigen Bibelabschnitt über die menschliche Sünde und Rebellion gegen Gott sprechen, vor allem aber über Texte wie Römer 8,7, deren Thema unsere natürliche Feindschaft gegen Gott ist, könnten Sie einige höchst bemerkenswerte Sätze des atheistischen Philosophen Thomas Nagel zitieren, der ganz ehrlich zugibt: „Es ist nicht nur so, dass ich nicht an Gott glaube und natürlich hoffe, mit meiner Ansicht recht zu behalten, sondern eigentlich geht es um meine Hoffnung, es möge keinen Gott geben! Ich will, dass es keinen Gott gibt; ich will nicht, dass das Universum so beschaffen ist. Vermutlich kommen Auseinandersetzungen mit diesem Problem der kosmischen Autorität gar nicht so selten vor ..."[116]

Wenn Sie über den Satan predigen, können Sie sicher sein, dass Ihre Zuhörer anfangen, die Augen zu verdrehen. Wie wäre es, wenn Sie Andrew Delbanco zitieren, einen säkularisierten Dozenten der Columbia University, der in seinem Buch *The Death of Satan* [„Der Tod des Satans"] schreibt: „In unserer Kultur hat sich ein Abgrund geöffnet zwischen der Offensichtlichkeit des Bösen und unseren gedanklichen Möglichkeiten, mit ihm umzugehen."[117] Delbanco argumentiert, dass viele säkular denkende Menschen logischerweise alle menschliche Grausamkeit auf psychologische Defizite oder gesellschaftliche Einflüsse zurückführen – und damit die Untaten, zu denen Menschen fähig sind, trivialisieren. Er erzählt die Geschichte des amerikanischen Präsidenten Franklin D. Roosevelt, der, wie so viele andere in den amerikanischen Eliten, während des Holocausts der Rettung der Opfer „keine Priorität gab". Als die Gräueltaten sich dann überhaupt nicht mehr leugnen ließen, gab jemand dem Präsidenten Kierkegaard zu lesen, der darauf sagte, dass dieser christliche Philosoph ihm „einen Begriff davon" gab, „was im Menschen liegt, das es ihm ermöglicht ... so böse zu sein"[118]. Delbanco behauptet, dass die säkularen Liberalen (zu denen er sich selber zählt) jeglichen Begriff des „radikalen Bösen" verloren haben. Wenn Sie also vor einem säkularisierten Publikum über den Teufel sprechen, sollten Sie Gewährsleute wie Delbanco zurate ziehen, um den Panzer des ironisch-ungläubigen Staunens bei Ihren Zuhörern von vornherein zu durchbrechen.

Wenn Sie über den Sündenfall bzw. die Erbsünde predigen, könnten Sie zum Beispiel den britischen atheistischen Intellektuellen C.E.M. Joad zitieren. Joad kam nach dem 2. Weltkrieg zum Glauben an Gott und sagte: „Unsere Ablehnung der Lehre von der Erbsünde war der Grund dafür, dass wir Linken immer so frustriert waren – frustriert von der Unvernunft der Menschen … von dem Verhalten der Völker und Politiker … und vor allem von den immer neuen Kriegen."[119]

Anerkannte Autoritäten zitieren – das gehört unbedingt dazu, wenn Sie Ihre Zuhörer in ihrer Kultur erreichen wollen. Es gibt keine Garantie dafür, dass Sie eine säkularisierte Zuhörerschaft überzeugen können, aber sehr wahrscheinlich werden sie dann nicht nach Ihren ersten paar Sätzen abschalten. Oft aber führt es zu einer Achtung vor der Weisheit der Bibel – und schließlich sogar vor ihrer Autorität.[120]

Zeigen Sie Ihren Zuhörern, dass Sie ihre Zweifel und Einwände verstehen und ernst nehmen

Der christliche Prediger muss ein Kritiker des Unglaubens sein, aber niemand hat etwas davon, wenn er ein unsympathischer Kritiker ist. Erlebt der Skeptiker Sie in Ihren Predigten als jemanden, der ihn und seine Zweifel von oben herab oder gleichgültig behandelt? Oder ist er überrascht, ja vielleicht schockiert, wie genau und fair Sie seine Probleme mit dem christlichen Glauben darstellen? Bekommt er den Eindruck, dass Sie seine Einwände genauso gut (vielleicht sogar noch besser) als er selber formulieren können? Wer das Evangelium kommunizieren will, muss zeigen, dass er gut verstehen kann (vielleicht sogar aus eigener Erfahrung), was es bedeutet, nicht zu glauben, und gleichzeitig klarstellen, dass es sehr wohl möglich ist, Gottes Realität und Liebe kennenzulernen. Er muss die Zweifel und Einwände seiner Zuhörer verständnis- und respektvoll darlegen und zeigen, dass er sich lange und intensiv mit ihnen beschäftigt hat. So etwas kann man nicht simulieren; es setzt voraus, dass ich viel mit nicht glaubenden Menschen gesprochen und mich in wichtige Kritiker des Christentums eingelesen habe.[121]

Wir müssen bereit sein, uns die Fragen, Probleme und Hoffnungen unserer Zuhörer so lange und so gründlich anzuhören, dass wir dann, wenn wir zu ihnen sprechen, so mit ihnen vertraut sind, dass sie uns zuhören und die Kraft unserer Argumente spüren. In 1. Petrus 3,15 werden Christen aufgefordert, „Rede und Antwort zu stehen", wenn es um die Begründung der Hoffnung geht, die sie erfüllt. Die Neutestamentlerin Karen Jobes formuliert dies in ihrem Kommentar zum 1. Petrusbrief so: „Christen müssen die Fähigkeit besitzen, Nichtchristen ihren christlichen Glauben so zu präsentieren, dass sie ihre Fragen auf eine Art ansprechen, die sie [die Nichtchristen] sinnvoll finden."[122]

Wie macht man dies konkret, wenn man predigt oder lehrt? Als Erstes müssen wir uns stets fragen, was wir selber alles an stillschweigenden Annahmen mitbringen, und dann diese Annahmen transparent machen. Wenn Sie eine Aussage D bringen, die darauf basiert, dass man die Aussagen A, B und C glaubt, dann müssen Sie diese Aussagen ansprechen, zum Beispiel so: „Es könnte sein, dass einige von Ihnen *das hier* unplausibel finden, weil sie nicht glauben, dass … Aber bedenken Sie bitte Folgendes …" Zeigen Sie Ihrem Publikum, dass Sie um seine Probleme mit dem, was Sie da gerade gesagt haben, wissen und dass Sie sich damit beschäftigt haben und zu einer Lösung gekommen sind.

Eine andere Möglichkeit, die Skeptiker unter Ihren Zuhörern anzusprechen, bietet sich am Ende der Predigt. Wenn Sie zu der praktischen Anwendung des Bibeltextes gekommen sind, also dazu, was sich im Lichte dieses Textes in unserem Denken und Leben ändern müsste, können Sie in einen kurzen Dialog mit den Skeptikern eintreten. Sagen Sie zum Beispiel: „Wenn Sie nicht an Christus glauben oder nicht genau wissen, was Sie glauben, möchte ich Ihnen Folgendes mitgeben, damit Sie vielleicht einmal darüber nachdenken ..."

Indem ich die Menschen direkt und einladend anspreche, zeige ich ihnen, dass ich sie zur Kenntnis nehme und dass sie mir nicht egal sind. Möglicherweise widmen Sie sogar einen Abschnitt Ihrer Predigt gezielt den Fragen und Zweifeln der säkularisierten Zeitgenossen unter Ihren Zuhörern. Denken Sie beim Schreiben der Predigt an die möglichen Einwände, die Skeptiker gegen die Aussagen des Textes haben könnten, und nehmen Sie sich etwas Zeit, sie anzusprechen, nach dem „Ja, aber"-Muster. Sie könnten zum Beispiel sagen: „Ich weiß, dass das, was ich hier sage, Sie vielleicht schockiert, aber überlegen Sie doch bitte einmal Folgendes ..." Sofern Sie nicht vor einem Publikum sprechen, das fast ganz aus skeptischen oder glaubensfernen Menschen besteht, sollten Sie allerdings mit solchen „apologetischen Fußnoten" sparsam sein und sie nicht mehr als einmal pro Predigt und nicht in *jeder* Predigt einsetzen.

In diesen apologetischen Fußnoten sollten Sie auch die sogenannten „Totschlagargumente" gegen den christlichen Glauben ansprechen, also Argumente nach dem Muster: *Wenn das stimmt, dann kann der christliche Glaube nicht stimmen.* Bekannte Beispiele sind die folgenden: „Es kann doch nicht sein, dass es nur *einen* Weg zu Gott gibt." – „Ich kann nicht an einen Gott glauben, der Menschen in die Hölle schickt." – „Die Wissenschaft hat doch bewiesen, dass es nichts Übernatürliches gibt." – „In der Bibel stehen viele Dinge, die hoffnungslos veraltet sind und jeden anständigen Menschen abstoßen." Wenn Sie so tun (und so predigen), als gäbe es diese Argumente nicht, werden viele Ihrer Zuhörer Sie an vielen Stellen schlicht nicht für voll nehmen.[123]

Auch hier besteht die Lösung darin, dass Sie zunächst einmal Ihren Zuhörern dort, wo sie recht haben, auch recht geben, und dann in einem zweiten Schritt ihre falschen Annahmen hinterfragen. Sie sagen etwa Folgendes: „Wenn Sie *das* glauben, warum glauben Sie dann nicht auch *das*?" Sie knüpfen ein Band zwischen bestimmten Aussagen der Bibel und einem Teil von dem, was Ihre Zuhörer glauben, und diese Übereinstimmung kann dazu führen, dass die Zuhörer schließlich auch andere Aussagen der Bibel akzeptieren.

Wenn Sie säkularisierte Zuhörer davon überzeugen wollen, dass es mehr gibt als diese materielle Welt, könnten Sie Annie Dillard aus ihrem Buch *Der freie Fall der Spottdrossel* zitieren: In der Natur, zu der wir gehören, ist es völlig normal, dass die Starken die Schwachen fressen, aber etwas in uns weigert sich, dies als die Norm für das Verhalten zwischen Menschen zu akzeptieren. „Entweder ist diese Welt, meine Mutter, ein Ungeheuer, oder ich bin selber eine Missgeburt.“[124] Aber wie können wir die natürliche Welt als *a*normal und *un*natürlich betrachten, wenn es nicht irgendeine Norm gibt, die *über* der Natur liegt – eine übernatürliche Norm? Wenn Sie der Meinung sind, dass der Glaube an die Menschenrechte keine Illusion ist und dass Völkermord und die Ausmerzung eines schwächeren Volks durch ein stärkeres grundsätzlich verwerflich sind (das Element der Anknüpfung), was spricht dann dagegen, an absolute moralische Normen in einem Bereich, der jenseits dieser physischen Welt liegt, zu glauben (Element des Widerspruchs)?

Wenn Sie über die Autorität der Bibel reden, könnten Sie erwähnen, wie wichtig es ist, eine persönliche Liebesbeziehung zu Gott zu haben. In einer Liebesbeziehung müssen beide Partner die Freiheit haben, dem anderen nicht nur zuzustimmen, sondern auch ihm zu widersprechen. Wenn A gegenüber B nie eine eigene Meinung zum Ausdruck bringen darf, dann steht B in einer Machtbeziehung zu A, aber nicht in einer persönlichen Liebesbeziehung. Wenn ich nur an die Dinge in der Bibel glaube, denen ich zustimme, habe ich dann noch einen Gott, der mir widersprechen kann? Nur dann, wenn mein Gott mir Dinge sagen kann, die mir gegen den Strich gehen, habe ich einen wirklichen Gott, der mehr ist als ein Geschöpf meiner Fantasie. Eine Bibel, von der ich mir etwas sagen lassen muss (Element des Widerspruchs), ist nicht der Feind einer persönlichen Gottesbeziehung (Element der Anknüpfung), sondern ihre Vorbedingung.

Hier eine zweite Methode, vor Menschen, die Anstoß an bestimmten Inhalten der Bibel nehmen, über die Autorität der Bibel zu reden: „In jeder Kultur gibt es gute und weniger gute Dinge, nicht wahr? Keine Kultur ist vollkommen oder hat die ganze Wahrheit gepachtet – sehen Sie das auch so?“ Dies ist der Punkt der Anknüpfung: die postmoderne Sicht, dass keine Kultur die ganze Wahrheit hat. Und jetzt können wir den Punkt des Widerspruchs einführen, etwa so: „Und jetzt tun Sie einmal so, als ob die Bibel nicht das Produkt menschlicher Autoren oder menschlicher Kultur wäre, sondern eine Offenbarung Gottes. Wenn das so wäre, müsste sie doch jedem Menschen *irgendwo* kulturell gegen den Strich gehen. Egal, wer Sie sind, Sie leben in einer Kultur, die nicht perfekt ist und die das, was Sie glauben, prägt, und dann *muss* die Bibel, wenn sie von Gott selber kommt, an irgendwelchen Stellen einen Nerv bei Ihnen treffen. Da das so ist, ist es kein Argument gegen die Bibel, wenn man sagt: ‚Was hier steht, finde ich aber schockierend.‘ Was können wir denn anderes erwarten?“

Der christliche Theologie und Philosoph Miroslav Volf argumentiert in seinem Buch *Von der Ausgrenzung zur Umarmung*, dass der Glaube an einen Gott, der uns einmal richten wird (Element des Widerspruchs), eine wichtige Voraussetzung für eine Kultur der Gewaltlosigkeit ist (Element der Anknüpfung). Volf, der Kroate ist und in den 1990er-Jahren die „ethnischen Säuberungen“ im ehemaligen Jugoslawien miterlebte, schreibt, dass „die Praxis der Gewaltlosigkeit den Glauben an die göttliche Rache zwingend erfordert.“ Wenn Opfer von Gewalt glauben, dass es keinen Gott gibt (oder jedenfalls keinen Gott, der einmal für Gerechtigkeit auf der Erde sorgen wird), werden sie sich berechtigt fühlen bzw. versucht sein, doch zu den Waffen zu greifen. Für Volf ist die einzige Möglichkeit, „das Ausüben von Gewalt durch uns selber zu verbieten“, der ernsthafte Glaube, dass Gott allein die Rache zusteht und dass er einmal alles in Ordnung bringen wird.[125]

Wenn Sie in Ihre Predigten solche kurzen, aber pointierten und interessanten „Fußnoten“ einfügen, geben Sie nicht nur Ihren säkularen Zuhörern einen Anreiz wiederzukommen, sondern auch Ihre christlichen Zuhörer werden ermutigt, das nächste Mal ihre nicht christlichen Freunde mitzubringen – und Sie halten für die Christen in der Gemeinde eine Serie von Mini-Seminaren zum

Thema „Wie gehe ich mit meinen Zweifeln und mit den Fragen meiner Freunde über den Glauben um?“

Betonen Sie zunächst das Positive an den kulturellen Prämissen Ihrer Zuhörer, um anschließend das Negative konfrontieren zu können

Unsere Predigten müssen also die gängigen offenen Einwände gegen das Christentum thematisieren. Doch eine noch fundamentalere Aufgabe ist es, sich auseinanderzusetzen mit den in unserer Gesellschaft und Zeit wirkenden kulturellen Grundprämissen und den als selbstverständlich vorausgesetzten Denkmustern. Anders als die Einwände gegen den Glauben sind diese Dinge den Menschen unserer Kultur kaum bewusst. Es sind Dinge, die „man“ weiß, Prämissen, die so selbstverständlich sind, dass sie denen, die sie teilen, quasi unsichtbar und argumentativ unantastbar sind. Ihre Äußerung geschieht gewöhnlich in Form von Slogans oder pointierten Gemeinplätzen, mit denen man gerne Diskussionen beschließt, etwa (um nur zwei Beispiele von vielen zu nennen) so: „Jeder hat ein Recht auf seine eigene Meinung“, oder: „Man muss vor allem sich selber treu sein.“

Diese Gemeinplätze sind für den Verkündiger des christlichen Glaubens weniger ein Problem als eine Gelegenheit, da die meisten Menschen (auch die säkularisierten) nie groß über ihre kulturellen Grundüberzeugungen und deren Begründung nachgedacht haben, und sobald man ihnen den Hintergrund hinter diesen Slogans und Sprüchen beschreibt, werden sie weniger selbstverständlich. Solange wir sie nicht identifiziert und benannt und mit den großen Themen und Angeboten der Bibel kontrastiert haben, werden Christen wie Nichtchristen in einer Kultur unbewusst von ihnen gelenkt. Wir müssen dabei lernen, die entsprechenden biblischen Themen, Lehren und Wahrheiten auf eine solche Art zu präsentieren, dass wir den Klischees und Prämissen der säkularisierten Kultur sowohl mit Verständnis und Würdigung als auch mit Kritik und Infragestellung begegnen.

Man könnte diese Methode als „verständnisvolle Konfrontation“ bezeichnen. Verständnisvoll deswegen, weil besonders in den westlichen Gesellschaften viele kulturelle Themen ihren Ursprung in biblischen Lehren haben – auch wenn sie im Laufe der Zeit so mit antichristlichen Einstellungen vermischt worden sind, dass es ihre Anhänger weit (manchmal sehr weit) von der Wahrheit entfernt hat. Wir müssen, wie der kanadische Philosoph Charles Taylor es ausgedrückt hat, „das höhere Ideal hinter den mehr oder weniger heruntergekommenen Praktiken ermitteln und artikulieren und anschließend diese Praktiken vom Standpunkt ihres eigenen, sie movierenden Ideals kritisieren.“[126] Jedes dieser Themen hat zum Teil etwas Gutes zum Ziel, und dies sollten wir ehrlich würdigen. Die Menschen suchen zu Recht Freiheit, sie fordern Gerechtigkeit, sie wollen eine offene, pluralistische Gesellschaft. Aber wir müssen ihnen zeigen, dass ihre Sehnsüchte allein in Christus ihre wahre Erfüllung finden. Taylor fährt fort: „... anstatt diese Kultur in Bausch und Bogen zu verwerfen oder sie in ihrer gegebenen Form schlicht gutzuheißen, sollten wir versuchen, ihre Praxis zu verbessern, indem wir den daran Beteiligten deutlicher vor Augen führen, was die von ihnen gebilligte Ethik eigentlich beinhaltet. Das bedeutet, dass man Überzeugungsarbeit zu leisten unternimmt.“[127]

Wie macht man das? Beispiele dafür, wie wir dies in unserer heutigen westlichen säkularen Kultur tun können, werde ich im nächsten Kapitel geben. Hier nur eine kurze Vorschau: Als Erstes müssen wir die kulturellen Prämissen und Denkmuster so gut beschreiben, dass sie für unsere Zuhörer „sichtbar“ werden. Zweitens müssen wir anhand der Bibel klarstellen, was wir an diesen Prämissen bejahen können. Und anschließend müssen wir, unter Benutzung der eigenen, allgemein anerkannten Stimmen der Kultur, die Denkmuster kritisieren, und dies auf verschiedene Weise: Wir müssen zunächst aufzeigen, dass im größten Teil der Welt und in den meisten anderen Kulturen diese Überzeugung, die wir da untersuchen, *nicht* als selbstverständlich gilt; so zu tun, als ob „das doch jeder weiß“, ist ein klarer Fall von Ethnozentrizität. Und wir müssen zweitens zeigen, dass die Überzeugung zu einfach ist, dass sie nicht der Vielschichtigkeit des wirklichen Lebens gerecht wird und dass sie „Glaubensschritte" erfordert, welche genauso groß, ja vielleicht größer sind als die in der Religion.

Bringen Sie das Evangelium an den Druckstellen der Kultur Ihrer Zuhörer zum Tragen

Es reicht noch nicht aus, einen kulturellen Glauben erst zu würdigen und dann infrage zu stellen. Das „Ja" und das darauf folgende „Nein" sind nur die ersten zwei von drei Schritten der aktiven Kontextualisierung. Um den Kontextualisierungsprozess abzuschließen, müssen wir unseren Zuhörern zeigen, dass und wie der christliche Glaube uns den Schlüssel in die Hand gibt, um diese kulturelle Ambition nicht nur zu erklären, sondern auch zu erfüllen bzw. das Problem zu lösen. Allein in Christus können die verschiedenen kulturellen „Geschichten" ein Happy End finden; er allein bietet uns das alles entscheidende „Doch, ja", das den Bibeltext zum Ziel führt und die Menschen in den Tiefen ihres Herzens anspricht. Für die, die Weisheit suchen, ist Christus die wahre Weisheit Gottes. Für die, die Kraft suchen, ist er die wahre Kraft Gottes.

Das Evangelium bietet uns großartige Dinge – Vergebung, Gemeinschaft, Sinn, Zufriedenheit, Identität, Freiheit, Hoffnung, Berufung. Der christliche Verkündiger muss sich überlegen, wie er diese großen Angebote so bündelt und artikuliert, dass sie direkt die „Druckpunkte" der Kultur ansprechen – die wunden Punkte, wo Menschen, die nicht an Christus oder an Gott glauben, sich in ihrer Weltsicht eingeengt fühlen, wie jemand, der Schuhe trägt, die zwei Größen zu klein sind. Dies sind die Stellen, wo das, was jemand offiziell über die Welt glaubt, nicht mit dem, was er tief drinnen fühlt oder was er erlebt, übereinstimmt. Der Prediger muss diese wunden Punkte kennen und mit Fragen, Angeboten, Illustrationen und Beispielen auf sie „drücken", um den Druckschmerz zu erhöhen und die inneren Widersprüche stärker ins Bewusstsein zu rücken.

Wenn Sie zum Beispiel über das Thema „Vergebung“ predigen, könnten Sie moderne Soziologen zitieren oder referieren, die feststellen, dass unsere moderne Kultur mit ihrem Ich-Kult das Vergeben so schwierig macht wie vielleicht noch nie, um anschließend aufzuzeigen, dass das Evangelium uns die Dankbarkeit und Demut gibt, die wir brauchen, um vergeben und Vergebung annehmen zu können.[128] Wenn Sie über das Thema „Gemeinschaft“ predigen, zitieren Sie Autoren, die zeigen, wie die extreme Individualkultur heute die zwischenmenschlichen Bande und das soziale Zusammenleben untergräbt, und zeigen Sie dann, wie das Evangelium uns helfen kann, wieder Gemeinschaft zu pflegen.[129] Auf ähnliche Art können Sie bei vielen anderen biblischen Themen verfahren, wie zum Beispiel Zufriedenheit, Freiheit, Hoffnung und Berufung.

Stellen Sie klar, dass das Evangelium nicht nur für unsere Bekehrung da ist, sondern für unser ganzes Leben

Vielleicht fragen Sie sich jetzt: Wie können wir denn so viel Kraft und Mühe in die Auseinandersetzung mit kulturellen Denkmustern und dem Säkularismus stecken und trotzdem noch über den Bibeltext predigen und die Christen unter unseren Zuhörern aufbauen? Stellen wir da nicht die Nichtchristen zu sehr in den Mittelpunkt?

Darauf gibt es eine doppelte Antwort. Es ist zunächst einmal ein Fehler, zu glauben, dass die treuen Gemeindeglieder nicht ebenfalls zutiefst von den kulturellen Prämissen und Klischees unserer Zeit beeinflusst sind. Diese Prägung ist da, und indem der Prediger in seinen ganz normalen Predigten diese Dinge aufdeckt und sich damit auseinandersetzt, öffnet er den Christen unter seinen Zuhörern die Augen dafür, wo sie vielleicht mehr von der Gesellschaft als von der Bibel beeinflusst sind – und zeigt ihnen gleichzeitig, wie sie ihren Glauben an andere Menschen weitergeben können. Dies ist ein wichtiges Stück Hilfe zum Wachsen im Glauben.

Weiter: Der große Schlüssel dazu, gleichzeitig Christen und

Nichtchristen anzusprechen und auch bestimmte Untergruppen und Milieus in der Kultur zu erreichen, besteht darin, in die Tiefe zu gehen, die Herzen anzusprechen und alles vom Evangelium her aufzurollen. Es ist unmöglich, gleichzeitig Christen und Nichtchristen anzusprechen, wenn ich nicht um die absolute Zentralität des Evangeliums weiß, die alle Bereiche des Lebens erreicht. Das Evangelium ist eben nicht nur das Mittel, durch das Menschen bekehrt werden, sondern auch das Mittel, durch das Christen ihre Probleme lösen und innerlich wachsen. Wir betrachten das Evangelium gerne lediglich als das „ABC des christlichen Glaubens", das auflistet, was man glauben und tun muss, um erlöst zu werden. Wir sehen es nur als Eingangstür und Aufnahmeprüfung, und für das Wachsen im christlichen Alltag sind angeblich andere Teile der Bibel zuständig – die Bibel für Fortgeschrittene sozusagen. Wenn dies so wäre, wäre es natürlich nicht möglich, in unseren Predigten gleichzeitig Evangelisation und christliche Lebens- und Jüngerschulung zu praktizieren. Aber das Evangelium ist eben nicht nur das Mittel zu unserer Erlösung, sondern auch die große Lösung jedes Problems in unserem Leben und das große Mittel zum Wachsen, in jedem Stadium des Christenlebens.

Hier ein Beispiel aus meiner eigenen Gemeindearbeit: Viele Christen in meiner Gemeinde sind asiatischer Herkunft und fühlen sich einem großen Leistungs- und Erfolgsdruck durch ihre Eltern ausgesetzt. Oft haben sie das Gefühl, schlechte Söhne bzw. Töchter zu sein. Dagegen haben viele junge angloamerikanische Erwachsene in unserer Gemeinde, die in einer viel individualistischeren Kultur aufgewachsen sind, mit Verbitterungsgefühlen gegenüber ihren Eltern zu kämpfen, weil sie den Eindruck haben, dass diese sie im Stich gelassen haben. Wie kann ich diese ganz unterschiedlichen Erfahrungen und Gefühle in ein und derselben Predigt ansprechen? Indem ich meine Zuhörer daran erinnere, dass die einzige elterliche Liebe, die sie nicht verlieren können, und die einzige, die sie wirklich brauchen, die unseres größten, himmlischen Vaters ist, der uns in Jesus Christus als seine Kinder angenommen hat. Obwohl Jesus Gottes Sohn war, erlitt er die Trennung vom Vater, damit Sie und ich seine Kinder werden können.

Wenn ich *das* begriffen habe, wird mir die Liebe des himmlischen Vaters das Wertvollste und Realste in meinem ganzen Leben. Jetzt kann ich, wenn die Verbitterung sich meldet, weil meine Eltern mir so wenig Liebe gaben, ihnen vergeben, weil sie mich ja nicht wirklich ärmer gemacht haben, denn in Gott erfahre ich jede Menge Vaterliebe. Und die unter uns, die sich gegenüber den Erwartungen ihrer Eltern als Versager fühlen, können aufatmen, weil der einzige Vater, dessen Meinung letztlich wirklich zählt, ja zu ihnen steht.

Wo der Prediger die Probleme der Christen unter seinen Zuhörern durch das Evangelium löst – also nicht, indem er sie auffordert, sich gefälligst anzustrengen, sondern indem er ihnen größer macht, was Christus für sie getan hat –, werden einerseits die Christen innerlich gestärkt und aufgebaut und die Nichtchristen hören das Evangelium. Dies gilt immer, egal, was das Thema der Predigt ist. Wenn Sie Christen dazu animieren wollen, freigebiger mit ihrem Geld zu sein, müssen Sie ihre Ängste und ihr Herz ansprechen, indem Sie ihnen Jesus zeigen, der reich war, aber arm wurde, damit wir durch seine Armut reich würden (2. Korinther 8,9). Wenn Sie Christen helfen wollen, damit fertigzuwerden, dass nicht alle ihre Gebete erhört werden, fordern Sie sie nicht einfach dazu auf, „dem Herrn zu vertrauen" (ein Appell, der Christen wenig hilft und Nichtchristen völlig fremd ist). Zeigen Sie ihnen den, der im Garten Gethsemane erleben musste, wie seine Herzensbitte nicht erhört wurde, und der trotzdem seinem Vater vertraute, wodurch wir letztlich gerettet wurden!

Wenn Sie so jede Woche die Probleme von Christen mit dem Evangelium lösen, hören die Nichtchristen unter Ihren Zuhörern das Evangelium nicht nur jede Woche neu und etwas anders, sodass sie es immer besser kennenlernen, sondern sie sehen auch, wie der Glaube an Christus im Alltag funktioniert und Leben verändert, und dies ist sehr wichtig. Auf diese Art werden sie nicht nur oberflächlich angesprochen, sondern in der Tiefe evangelisiert – und die Christen werden in ihrem Glauben gestärkt und aufgebaut.

Kapitel 5
Predigen und das (spät-)moderne Denken

Die einzige Predigt, die jeder Zeit gemäß ist, ist die Predigt dieser Ewigkeit, die sich uns allein in der Bibel öffnet – der Ewigkeit der heiligen Liebe, Gnade und Erlösung, der ewigen, unwandelbaren Moralität der rettenden Gnade für unsere unauslöschliche Sünde. ... Möge [der Prediger] das Problem ... mit Nachdruck darlegen ... und dann mit der für alle Zeit gültigen Antwort lösen, die Christus uns hinterlassen hat. ... Denn Er ist die Antwort, nach der die Menschen so suchen. (P.T. Forsyth)[130]

Wie können wir das Evangelium von Jesus Christus unserer modernen Kultur bringen? Einer der ersten Autoren, die diese Frage stellten, war der britische kongregationalistische Theologe Peter Taylor Forsyth, dessen Klassiker *Positive Preaching and the Modern Mind* 1907 herauskam und noch heute bemerkenswert aktuell ist. Forsyth identifizierte ein Schlüsselelement der Moderne; die modernen Menschen glauben: „Wir sind unsere eigene Autorität." Dies ist „die Popularversion [des modernen Denkens], mit der der Prediger es zu tun hat."[131] Indem er so einen der Hauptmythen der Moderne identifizierte und eine Methode beschrieb, ihn von innen heraus zu dekonstruieren, war Forsyth ein Pionier und Bahnbrecher.

So weitblickend Forsyth auch war, in dem Jahrhundert, das seit der Veröffentlichung seines Buches vergangen ist, haben sich die

Dinge grundlegend verändert.[132] Viele sprechen hier von der „postmodernen Wende". Die Moderne, so heißt es, hat an die Vernunft und die Wissenschaft geglaubt, während das postmoderne Zeitalter nicht mehr daran glaubt, dass es je uns gelingen kann, eine rationale, steuerbare Ordnung oder so etwas wie Gewissheit zu erreichen, und auf persönliches Erleben und Offenheit setzt. Dies alles stimmt, aber es übersieht die Tatsache, dass unter dem Bruch mit der Moderne eine noch stärkere Kontinuität liegt.

Die vielleicht tiefste Wurzel des modernen Denkens ist, wie Forsyth sah, die Ablehnung jeglicher Autoritäten, die außerhalb des eignen Ichs liegen. In der Frühphase der Moderne (17. bis 19. Jahrhundert) lautete die Devise, dass wir uns von aller Tradition und Religion freimachen und allein über unseren Verstand die Wahrheit finden sollten. Dies war ein historisch noch nie da gewesener Schritt in Richtung Individualismus, also der Vorstellung, dass der Einzelne fähig ist, die Wahrheit aus eigener Kraft zu erkennen, ohne die Hilfe überlieferter Weisheit oder göttlicher Offenbarung. Hatte es früher geheißen, dass es absolute, vorgegebene Natur- und Moralgesetze gab, denen der Mensch folgen musste, so konnte er jetzt mit seinen eigenen Kräften der Forschung und Beobachtung herausfinden, was die Welt im Innersten zusammenhält.

Nach dem 2. Weltkrieg sind wir in eine neue Phase eingetreten, in der das Gewicht und die Macht, die unsere Kultur dem Individuum einräumt, alle Grenzen sprengen. Jetzt heißt es nicht mehr nur, dass wir Menschen die Macht haben, die moralische Realität und die Wahrheit zu *entdecken*, sondern wir glauben, dass wir die Macht haben, sie selber zu *schaffen*. Ein berühmter Satz des Obersten Gerichtshofs der USA in dem Fall „Planned Parenthood vs. Casey", in dem es um die Legalität der Abtreibung ging, bringt dieses Prinzip gut zum Ausdruck: „Im Zentrum der Freiheit steht das Recht [jedes Bürgers], zu einer eigenen Definition von der Existenz, vom Sinn, vom Universum und vom Geheimnis des menschlichen Lebens zu kommen."[133] Unsere Kultur glaubt, dass es keine „außerhalb von uns liegende kosmische Ordnung gibt, … nach der wir uns richten müssen", sondern dass die Wahrheit „nach dem Willen des Einzelnen konstruiert werden kann"[134]. Von dem alten Prinzip, dass wir „die Seele mit der Wirklichkeit in Einklang" bringen müssen, haben wir uns verabschiedet, um in ein Zeitalter einzutreten, wo es gilt, „die Wirklichkeit den Wünschen der Menschen gefügig zu machen".[135] Wir erleben heute also nicht so sehr eine Abkehr von der Moderne als vielmehr eine Intensivierung ihrer tiefsten Strukturen,[136] und statt von der „Postmoderne" sollten wir vielleicht lieber von der „Spätmoderne" reden.

In den früheren Epochen der Moderne galt die Religion noch als etwas Gutes oder jedenfalls Positives. Man ging noch allgemein davon aus, dass eine Gesellschaft ihre Grundlage in gemeinsamen moralischen Normen hatte, denen sich der Einzelne zu fügen hatte, und eine der Instanzen, die den Menschen half, nach diesen Normen zu leben, war die Religion. Das ist heute nicht mehr so. Mark Lilla, Professor für Ideengeschichte an der Columbia University in New York City, schreibt: „Als Jesus in Johannes 3 zu Nikodemus sagt, dass dieser ‚von Neuem geboren werden' muss, meint er damit, dass Nikodemus sein menschliches Unvermögen erkennen muss – dass er seinem autonomen, scheinbar glücklichen Leben den Rücken kehren und als Mensch wiedergeboren werden muss, der um seine Abhängigkeit von etwas Größerem weiß … Dies sieht nach einer radikalen Infragestellung unserer Freiheit aus, und genau dies ist es auch."[137] Lilla geht von jener Art Autonomie aus, auf die die Spätmoderne ihre Hoffnungen setzt und für die die Religion so etwas wie die Mutter aller Feinde ist. Hier liegt der Grund dafür, dass für viele Zeitgenossen ein religiöser Glaube etwas schier Unvorstellbares, ja Verrücktes ist.

Wie predigen wir also den Menschen der Spätmoderne? Wir haben oben gesagt, dass der Schlüssel zum Erreichen einer Kultur darin besteht, dass wir die kulturellen Prämissen und Grundeinstellungen dieser Kultur identifizieren, und das wollen wir jetzt tun.

Der verborgene Glaube des Säkularismus

Das Denken der Spätmoderne sieht etwa folgendermaßen aus: Wir haben erkannt, dass wir, um die Welt zu erklären, Gott nicht brauchen; die Wissenschaft erledigt diese Aufgabe für uns. Wir brauchen auch keinen Gott und keine Religion, um uns moralisch zu verhalten, zu lieben und für eine bessere Welt zu arbeiten oder um einen Sinn im Leben zu finden. Das Einzige, was wir brauchen, ist die Freiheit, so zu leben, wie wir dies für richtig halten, und wir müssen gemeinsam die Ärmel hochkrempeln, um die Welt besser und gerechter zu machen. Die Religion wäre dabei nur hinderlich; sie beschränkt unsere Freiheit, so zu leben, wie wir wollen, und entzweit uns, sodass wir nicht zusammenarbeiten können.

Der Philosoph Charles Taylor nennt dies die „Subtraktionsgeschichte" des Säkularismus. Die Wissenschaft und die objektive Vernunft haben Gott aus dem Denken des modernen Menschen entfernt (subtrahiert) und nur noch den Säkularismus zurückgelassen. Dieser funktioniert objektiv, ohne dass es einen religiösen Glauben bräuchte; er befreit uns von Werturteilen, Engstirnigkeit und Vorurteilen, bietet moralische Unterstützung im Kampf um Gleichheit, Menschenrechte und eine bessere Zukunft und verspricht ein Leben, das sinnvoll, frei und glücklich ist – und all das allein mit unseren eigenen, menschlichen Mitteln. Taylor lässt sich von all dem nicht blenden. In *Ein säkulares Zeitalter* argumentiert er, dass säkulare Menschen keineswegs objektiver sind, sondern stattdessen schlicht ein neues, konstruiertes Glaubenssystem übernommen haben, das keineswegs für alle Menschen offensichtlich ist, das nicht beweisbarer ist als jedes andere religiöse System, ja das einen enormen Glauben erfordert und an einer ganzen Reihe von Punkten problematisch und angreifbar ist.[138]

Es ist nicht natürlich, nicht an Gott zu glauben. Mark Lilla schreibt, dass für die meisten Menschen ein tiefes Interesse am Übernatürlichen, am Leben nach dem Tod, an der Transzendenz und an Gott „der Normalzustand ist; diesen Dingen gleichgültig gegenüberzustehen, ist etwas, das man lernen muss."[139] Nehmen wir als Beispiel die spätmoderne Sicht vom Wesen des Menschen. Viele säkulare Menschen behaupten, dass der Mensch ein rein chemisches Gebilde ist, ohne eine Seele, dass Liebe nur eine chemische Reaktion im Organismus ist, die der Menschheit hilft, ihre Gene weiterzuvererben, dass die alte Mutter, die stirbt, anschließend halt nicht mehr existiert, und dass „gut“ und „böse“, „recht“ und „unrecht“ nur Zustände in unserem Gehirn sind. Das Universum ist ein riesiger seelenloser Mechanismus und die Wissenschaft eine Methode, herauszufinden, wie er funktioniert. „Der Verstand kann uns [folglich] keine ekstatische Erfüllung und kein Gemeinschaftserlebnis geben, er kann auch nicht die Tränen der Trauernden abwischen.“[140] Diese Sicht vom Kosmos geht gegen den Strich vieler unserer tiefsten Intuitionen über die Liebe, den Sinn und das Wesen des Menschen. Wir sollen also glauben, dass wir Zufallsprodukte eines unpersönlichen Universums sind – und trotzdem für die Menschenrechte kämpfen. Taylor und andere Autoren erklären, dass es viele Generationen brauchte, damit die Menschen sich an eine Art zu leben gewöhnten, die dermaßen jeder Intuition widerstreitet.[141]

Die Besonderheit der Spätmoderne auf dem Markt der Weltanschauungen besteht in Folgendem: Nicht säkulare Kulturen verbergen ihre Religion nicht; ihre Glieder geben offen zu, dass ihre Überzeugungen Glaubensstatus haben. Viele spätmoderne Säkularisten dagegen sehen nicht bzw. wollen nicht sehen, was für Glaubenswagnisse sie eingehen. Ihre Überzeugungen sind, in der Terminologie von Michel Foucault, „ungedachte Elemente“ – Glaubensvorstellungen, die vorgeben, kein Glaube zu sein, sondern unangreifbarer, offensichtlicher gesunder Menschenverstand.[142] Diese nicht als solche deklarierten Glaubenssätze kleiden sich in die Form von Slogans und Gemeinplätzen, die scheinbar unangreifbar und selbstverständlich sind, aber keine wirkliche Grundlage haben.[143] Charles Taylor zitiert hier aus Alan Ehrenhalts Studie über das Chicago der 1950er-Jahre:

> Die meisten Menschen in Amerika glauben ein paar simple Sätze, die so klar und so einleuchtend zu sein scheinen, dass sie kaum ausgesprochen werden müssen: Die Wahl haben ist etwas Positives, und je mehr man davon hat, desto zufriedener ist man. Autorität ist an und für sich verdächtig – niemand sollte das Recht haben, anderen Menschen vorzuschreiben, was sie denken sollen oder wie sie sich zu verhalten haben. … der Einzelmensch ist ein Produkt der Gesellschaft, in der er lebt.[144]

Diese Ansichten sind in der Tat weit verbreitet in unserer heutigen Kultur, aber Taylor zeigt auf, dass wir bei genauerem Hinsehen zu folgendem Schluss kommen müssen:

> Es ist absurd, einen dieser drei Sätze als allgemeingültige Wahrheit gelten zu lassen. Eine lebenswerte Gesellschaft ist klarerweise nur dann möglich, wenn die Wahlfreiheit in mancher Hinsicht eingeschränkt ist, wenn einige Autoritäten respektiert werden und ein gewisses Maß an individueller Verantwortung übernommen wird.[145]

Wenn wir vor säkularen Menschen predigen, müssen wir also dem Selbstverständnis des Säkularismus widerstehen. Säkularismus ist *nicht* einfach die Abwesenheit von Glauben. Viele Christen gehen der Gleichung „Säkularismus = Nichtglaube" auf den Leim und fangen sofort an, ihre Beweise für den Glauben und ihre anderen Argumente hervorzukramen. „Nicht so schnell!", sagen Taylor und viele andere. Der Säkularismus ist ein eigenes Glaubenssystem, das man untersuchen kann und muss. Was wir im Folgenden tun wollen.

Dabei sollten wir etwas im Hinterkopf behalten, was ich am Ende des vorigen Kapitels kurz gestreift habe. Ich rede hier, als ob das christliche Denken etwas ganz anderes ist als das spätmoderne Denken. Das ist es in der Tat, aber wir sollten uns auch darüber klar sein, dass die Christen, die im Zeitalter der Spätmoderne leben, alle in einem gewissen Grad von den im Folgenden dargestellten Denkprämissen und Mythen geprägt sind. Das muss nicht immer schlimm sein, denn diese Prämissen gründen zum Teil in christlichen Vorstellungen und sind daher zum Teil richtig. Aber die meisten Christen in den westlichen Gesellschaften sind zu stark von diesen Ideen beeinflusst, und wir wissen auch, warum: Sie sind so allgegenwärtig und scheinbar so selbstverständlich, dass *sie für die Menschen, die sie teilen, nicht als Glaubenssätze erkennbar sind.* Wir wollen sie im Folgenden „sichtbar" machen, und das nicht nur für unsere Auseinandersetzung mit den Nichtgläubigen, sondern auch, damit wir Christen uns nicht zu sehr von ihnen beeinflussen lassen.

Die unausgesprochenen Prämissen und Glaubenssätze der Spätmoderne

Was sind nun die kulturellen Prämissen und „ungedachten" Grundgedanken des spätmodernen Menschen? Ich möchte im Folgenden fünf beschreiben – fünf Glaubensüberzeugungen oder Narrative, „Geschichten", über die menschliche Vernunft, die menschliche Geschichte, die Gesellschaft, die Moral und die Identität. Aber vorher möchte ich den Ursprung dieser Überzeugungen skizzieren.

In seinem Buch *Ein säkulares Zeitalter* zeigt Taylor in dem Kapitel „Die unpersönliche Ordnung", dass diese fünf spätmodernen kulturellen Grundgedanken ihre historischen Wurzeln im Christentum und dessen Auseinandersetzung mit dem klassischen Heidentum der Antike hatten.[146] Mit der Sicht der griechischen Philosophen von der materiellen Welt, der Geschichte und vom Wesen des Menschen konfrontiert gaben die großen christlichen Lehrer neue Antworten, die in der Bibel und dem christlichen Glauben gründeten. Die Unterschiede zwischen Christentum und Heidentum liefen entlang dieser, wie Taylor sie nennt, fünf „Entwicklungsstränge":

Vor dem Aufkommen des Christentums	**Nach dem Aufkommen des Christentums im Abendland**
Der Leib und die materielle Welt sind weniger wichtig und real als die Welt der Ideen.	Der Leib und die materielle Welt sind gut. Es ist wichtig, sie zu pflegen. Wissenschaft ist möglich.
Die Geschichte verläuft zyklisch, ohne feste Richtung.	Die Geschichte verläuft linear, auf ein Ziel zu.
Der Einzelne ist unwichtig. Nur der Familienclan und der Stamm zählen.	Jeder Einzelne ist wichtig, hat Würde und verdient unsere Hilfe und Achtung.

Vor dem Aufkommen des Christentums	Nach dem Aufkommen des Christentums im Abendland
Die Entscheidungen des Menschen zählen nicht; alles ist letztlich Schicksal.	Unsere Entscheidungen sind wichtig; wir sind für unser Tun verantwortlich.
Gefühle und Emotionen sind dazu da, dass man sie überwindet.	Gefühle und Emotionen sind gut und wichtig. Wir sollten sie verstehen und recht lenken.

Viele Gelehrte sehen den Hauptgrund für diese Veränderung darin, dass vor dem Christentum praktisch alle Kulturen eine im Wesentlichen nicht persönliche Sicht vom Universum hatten. Die Griechen hielten den hinter dem Universum stehenden *Logos* für ein rationales, unpersönliches Prinzip und für die fernöstlichen Kulturen war das Personsein des Individuums eine vorübergehende Illusion. Dagegen sah das Christentum das Universum als das Ergebnis des liebevollen Schöpfungsaktes eines dreieinigen Gottes, der die Menschen als Wesen schuf, die eine persönliche Beziehung zu ihm haben und ewig existieren sollten. Alle christlichen Überzeugungen und Grundsätze waren die natürliche Folge der Grundidee, dass der Sinn und das Ziel aller Dinge die „Gemeinschaft" mit dem persönlichen Gott war.[147]

Keine dieser Ideen – die Vollwertigkeit des Materiellen, der Fortschritt der Geschichte, die Würde des Einzelnen, die Wichtigkeit unserer Entscheidungen und der Wert der Gefühle – ergibt in einem unpersönlichen Universum Sinn, und finden sich deshalb auch, abgesehen vom jüdisch-christlichen Kulturkreis, nirgends. Nietzsches berühmte Kritik am modernen säkularen Humanismus legt hier eine große Ironie der Geschichte bloß: Obwohl keine dieser (im Wesentlichen christlichen) moralischen Positionen gedanklich mit einem unpersönlichen Universum vereinbar ist, hat die Spätmoderne sie übernommen, intensiviert und absolut gesetzt – und dabei total von allen transzendenten Wurzeln abgekoppelt. Sie hat aus den Früchten des jüdisch-christlichen Gedankenbaumes ein moralisches Wertesystem geschaffen und gleichzeitig die Wurzeln des Baumes abgeschnitten, und jetzt sollen die Menschen diese Ideen in einem Universum hochhalten, das total unpersönlich ist – noch unpersönlicher als das, an das die heidnische Antike glaubte, weil es rein nichts mehr enthält, was übernatürlich oder spirituell wäre.[148]

Die spätmoderne Position zu diesen fünf Punkten zeigt sich in den folgenden fünf kulturellen Grundprämissen bzw. „ungedachten" Grundgedanken:

Rationalität

Die griechischen Philosophen betrachteten die materielle Welt einschließlich des menschlichen Körpers als nebensächlich, untergeordnet und letztlich nicht real, während das Christentum sie als gute Schöpfung Gottes sah, die eine eigene, ernst zu nehmende, objektive Realität hatte. Viele haben erkannt, dass diese christliche Sicht von der Welt als Werk eines rationalen, persönlichen Schöpfers eine wichtige Grundlage für die Entwicklung der modernen Wissenschaft war.[149] Die Spätmoderne hat diese christliche Sicht aufgegriffen und so umgebogen, dass sie die materielle Welt zur *einzigen* Realität erklärt hat. Die Spätmoderne glaubt, dass alles eine rein physische Ursache und Erklärung hat – selbst Liebe und moralische Gefühle sind nichts als Funktionen der Gehirnchemie – und dass die einzige Art Wohlergehen, die es gibt, das materielle ist. Diese Sicht bildet das Fundament der heute herrschenden Konsum- und Technologiekultur, in der es für alle unsere Probleme eine technische Lösung gibt, wenn wir nur genügend Zeit, Geld und Mühe investieren. Dieser utopische Mythos ist in der westlichen Kultur nach wie vor sehr stark. Allen Nöten kann durch den objektiven menschlichen Verstand begegnet werden. Psychologie und Medizin helfen uns, mit unseren emotionalen und körperlichen Leiden fertigzuwerden – wer braucht da noch einen Seelsorger? Die Soziologie hilft uns, endlich eine gerechte Gesellschaft zu schaffen – wer braucht da noch Gott um die rechte Tugend zu bitten? Die Technologie wird für Hunger, Alter, Armut und Umweltkatastrophen Lösungen entwickeln. Männer und

Frauen können ohne Religion genauso gesund, gut und gerecht leben wie mit ihr, wenn nicht sogar besser. Also: Lassen wir die Religion aus dem Spiel, machen wir sie zur reinen Privatsache.

Geschichte

Für die Menschen der Antike war die Geschichte zyklisch und ohne Ende, während sie für die Christen in der Hand Gottes lag, der sie durch Licht und Finsternis hindurch zu einem großen, endgültigen End- und Höhepunkt hin lenkte. Die Spätmoderne übernahm die Idee des Fortschritts in der Geschichte (daher der Ausdruck „progressiv" bzw. „fortschrittlich"), aber merzte das Element der göttlichen Lenkung rigoros aus. Aus der Geschichte, die in Gottes Hand ihrem Höhepunkt zugeht, wurde die Geschichte, die in sich selber und automatisch Fortschritt ist. Der heutige Mensch leidet an dem, was C. S. Lewis „chronologischen Snobismus" genannt hat: der „Annahme, dass alles, was nicht mehr aktuell ist, [allein] aus diesem Grunde diskreditiert sei."[150] Viele heutige Politiker attackieren bestimmte Aktionen oder Positionen als vorgestrig und des 21. Jahrhunderts nicht würdig, gerade so, als ob jedes neue Kapitel in der Menschheitsgeschichte nur besser sein könne als das vorherige. Was „neu" ist, muss automatisch „besser" sein.

Gesellschaft

Die Antike sah das Individuum als weniger wichtig als den Stamm oder die Sippe an und wäre nie auf die Idee gekommen, dass jeder Mensch, unabhängig von Rasse, Klasse oder Status die Hilfe und Achtung seiner Mitmenschen verdiente, einfach weil er ein Mensch war. Das Christentum dagegen sah jeden Menschen als Geschöpf Gottes, ja als nach Gottes Bild erschaffen und daher als Träger einer unantastbaren Würde. Der westliche Säkularismus ist über dieses Ziel weit hinausgeschossen und hat es zu einem immer radikaleren Individualismus pervertiert. In dieser Weltsicht ist das höchste Ziel einer Gesellschaft nicht das Voranbringen der Interessen einer bestimmten Gruppe oder die Pflege irgendwelcher Werte oder Tugenden, sondern die Befähigung aller Individuen, ungehindert so zu leben, wie sie dies wünschen, ohne durch ihre gesellschaftlichen Beziehungen eingeengt zu sein, solange sie damit nicht die Freiheit eines anderen, nach *seinen* Wünschen zu leben, beschneiden. Die Wahlfreiheit wird zur höchsten Tugend und die Diskriminierung zum einzigen Laster.

Moral und Gerechtigkeit

Die Menschen der Antike glaubten an das Schicksal. Die hinter dem Universum stehende Ordnung war unerbittlich; entweder man lernte es, sich ihr stoisch und tapfer zu fügen, oder man ging unter. Es war das Schicksal des Ödipus, seinen Vater zu töten und seine Mutter zu heiraten, und was er auch anstellte, er konnte ihm nicht entgehen. Das Christentum dagegen sah das Universum nicht als eine unpersönliche Ordnung, sondern als Schöpfung eines persönlichen Gottes, der die Menschen als moralische, zu Verantwortung fähige Wesen erschuf und dem es nicht egal war, wie sie sich verhielten. Der spätmoderne Säkularismus ist in vieler Hinsicht extrem moralisch. Er setzt sich mehr für soziale Gerechtigkeit, universales Wohlwollen und Menschenrechte ein, als das je eine Kultur getan hat. Doch gleichzeitig besteht er darauf, dass wir uns im Streben nach diesen Zielen nicht unter Gottes moralische Normen stellen, sondern selber die Normen schaffen. Unsere ethischen Ideale gründen nicht auf irgendwelchen absoluten, ewigen Normen, sondern wir legen sie selber fest. In Woody Allens Filmkomödie *Bullets over Broadway* spielt Rob Reiner einen Künstler, der an einer Stelle sagt: „Schuld ist kleinbürgerlicher Mist. Ein Künstler schafft sich sein eigenes moralisches Universum." Das ist eine gute Zusammenfassung von dem, was Taylor unsere „Geschichte von der [moralischen] Selbstermächtigung" nennt.[151]

Identität

Die antiken Kulturen glaubten (und manche Kulturen tun dies noch heute), dass der Einzelne seine Gefühle und Eigeninteressen grundsätzlich zu unterdrücken hatte, wenn es darum ging, die Pflichten gegenüber der Familie und dem Stamm zu erfüllen. In diesen Kulturen ergab sich der Selbstwert des Einzelnen aus der Ehre, den die Gemeinschaft ihm zuerkannte, wenn er seine persönlichen Wünsche ihrem Wohl unterordnete. Das Christentum bewertete die menschlichen Gefühle und Intuitionen wesentlich höher und gab Familie und Gesellschaft nicht diese absolute Kontrolle über das Individuum. Es lehrte seine Anhänger, ihre Gefühle zu prüfen und ihre höchste Liebe und Loyalität für Gott zu reservieren. Der westliche Säkularismus hat hier die Dinge auf den Kopf gestellt. Der spätmoderne Mensch findet seine Identität nicht mehr „draußen“ (in seinen Pflichten und Rollen in der Gesellschaft), sondern allein „drinnen“, in seinen Wünschen und Träumen. In dieser Sicht ergibt sich unser Selbstwert aus der Würde, die wir uns selber geben, indem wir unsere Wünsche und Ziele zum Ausdruck bringen und erfüllen, egal, was unsere Umgebung dazu sagt. Das höchste Ziel besteht darin, „man selbst zu sein“, egal, was die anderen von einem erwarten. Die große Heldensage unserer Gesellschaft handelt von dem Individuum, das sich auf die Hinterbeine stellt und mutig sich selber gegen alle äußeren Widerstände treu ist.

Diese fünf Narrativen funktionieren als nicht weiter hinterfragbare, selbstverständliche Wahrheiten, die gewöhnlich in Form von Gemeinplätzen und Parolen ausgedrückt werden, die keiner Begründung bedürfen. „Behalte deine Religion für dich.“ – „Ich kann leben, wie es mir passt, solange ich niemand damit schade.“ – „Woher nimmst du dir das Recht, anderen vorzuschreiben, was sie zu tun oder zu lassen haben?“ – „Man muss sich selber treu sein, egal, was die anderen sagen.“ – „Man muss doch mit der Zeit gehen.“ Und so weiter.

Wie sollte der christliche Prediger oder Lehrer diese kulturellen Prämissen und Mythen behandeln? Im Namen der Ehrlichkeit, Demut und Liebe sollten wir zunächst einmal viel von dem, was in diesen Positionen steckt, durchaus bejahen, weil wir seine christlichen Wurzeln sehen. Doch dann müssen wir ihre Fehler und Gefahren aufdecken und zeigen, dass sie viele an sich gute Dinge absolut setzen, ja vergöttern, weil sie nicht an den großen Urheber aller Dinge glauben. Und überall dort, wo diese kulturellen Grundannahmen uns im Regen stehen lassen, müssen wir den Menschen zeigen, was das Evangelium uns gibt.

Dem spätmodernen Identitätsverständnis begegnen: das souveräne Ich

Viele behaupten, dass die fundamentalste der spätmodernen Narrativen die von der Identität ist – dass wir unsere tiefsten Wünsche und Sehnsüchte entdecken und sodann alles daransetzen müssen, sie gegen jegliche Widerstände zu verwirklichen. Der Soziologe Robert N. Bellah hat dies als „expressiven Individualismus" bezeichnet;[152] ich möchte es das „souveräne Ich" nennen.

Fangen wir damit an, dass wir anerkennen, wie viel Gutes die Betonung des Individuums in der Moderne gebracht hat. Jahrhundertelang waren zahllose Menschen gefangen in strikt hierarchisch strukturierten Gesellschaften, in denen sie für immer auf den unteren Stufen der Leiter verharren mussten, weil dies „ihr Platz" und ihre Pflicht war.[153] Mein Großvater wurde 1880 in Italien geboren. Man sagte ihm, dass er beruflich nur drei Möglichkeiten hatte: Priester werden, Soldat werden oder den Beruf seines Vaters ergreifen. Das alles wollte er nicht, und so wanderte er in die USA aus, wo er in New York in eine mehr individualistisch orientierte Gesellschaft kam, in der er sich das Leben aufbaute, das ihm vorschwebte.

Das Christentum hat immer um die Bedeutung des menschlichen Herzens und seiner Lieben und Vorlieben gewusst. Die *Bekenntnisse* des Augustinus waren ein Novum in der Geistesgeschichte: eine eingehende Selbstanalyse der inneren Motive und Wünsche eines Menschen. Anders als die Denker der griechisch-römischen Antike betrachtete das Christentum die Gefühle nicht als etwas, das man ignorieren oder unterdrücken musste, sondern als etwas, das es zu untersuchen und auf Gott auszurichten galt. Unser heutiges Bild von den Gefühlen und dem Ich ist aus diesen christlichen Wurzeln erwachsen.[154]

Doch das spätmoderne Ich-Verständnis begnügt sich nicht damit, unsere Gefühle und Leidenschaften zu verstehen und in die richtigen Bahnen zu lenken; es vergöttert sie. Diese Eigenschaft des spätmodernen Ichs kommt gut in dem Text des Songs „Let it Go" in dem Disney-Film *Die Eiskönigin* zum Ausdruck. Das Lied wird von einer jungen Frau gesungen, die entschlossen ist, nicht mehr „das brave Mädchen" zu sein, das ihre Verwandten und die Gesellschaft gerne hätten. Ab jetzt wird sie endlich sie selber sein und all dem, was sie bisher zurückgehalten hat, freien Lauf lassen („let go").[155] Für sie gibt es „kein Richtig und Falsch, keine Regeln" mehr. Dies ist ein gutes Beispiel für den „expressiven Individualismus", den Bellah beschreibt. Wir finden unsere Identität nicht dadurch, dass wir unsere persönlichen Wünsche für das Wohl unserer Familie und Gesellschaft hintanstellen, sondern nur dadurch, dass wir sie gegen unsere Umgebung durchsetzen; es gilt, seine Gefühle auszudrücken und seine Träume zu erfüllen, egal, was die anderen sagen.

Doch diese Lebensphilosophie des souveränen Ichs ist hochproblematisch. Zunächst einmal geht sie davon aus, dass wir genau wissen, was wir wollen, dass also unsere verschiedenen Wünsche und Ziele irgendwo ein sinnvolles Ganzes ergeben. Aber oft stehen unsere tiefsten Wünsche und Sehnsüchte in Widerspruch zueinander. Die Traumkarriere im Beruf, aber gleichzeitig die große Ehe-Idylle? Beides zusammen geht oft nicht. Dazu kommt, dass unsere Gefühle sich ständig verändern. Was bedeutet, dass eine Identität, die sich auf Gefühle und Wünsche gründet, dazu verurteilt ist, labil und unsicher zu sein.[156]

Doch ein noch größeres Problem ist, dass eine Identität, die sich ganz auf sich selber gründet, ohne sich „von außen" etwas sagen zu lassen, eigentlich eine Illusion ist. Eine populäre Vertreterin des souveränen Ichs war die Amerikanerin Gail Sheehy mit ihren Büchern wie dem 1976 erschienenen *Passages* (deutsch: *In der Mitte des Lebens*). Sie betont, dass man nur man selber werden kann, wenn man in sich selbst hineinschaut und sich frei macht von jeglicher Wertung, Kritik und Beifall durch andere.[157] Aber genau dies ist definitiv unmöglich.

Stellen wir uns einen jungen angelsächsischen Krieger in Britannien um das Jahr 800 n. Chr. vor. Er hat zwei sehr starke innere Impulse. Der eine ist eine ausgeprägte Aggressivität. Er liebt es, Menschen, die ihm nicht den nötigen Respekt erweisen, den Schädel einzuschlagen. Da er in einer Ehrenkultur mit einer Kriegerethik lebt, identifiziert er sich mit dieser Aggressivität. Er sagt sich: *Das bin ich! So will ich leben!* Der zweite Impuls, den er spürt, ist, dass er sich sexuell nicht zu Frauen, sondern zu Männern hingezogen fühlt. Seine Reaktion? *Das bin nicht ich! Dieses Gefühl muss ich unterdrücken!* Und jetzt stellen wir uns einen anderen jungen Mann vor – einen modernen Amerikaner, der in Manhattan lebt. Er erlebt die gleichen beiden inneren Impulse; beide sind sie gleich stark und gleich schwierig unter Kontrolle zu bekommen, wie bei unserem Angelsachsen. Aber was macht er? Zu seiner Aggressivität sagt er: *So will ich nicht sein!* Spricht's und geht zu einem Psychiater, der Seminare in Aggressionsmanagement anbietet. Und zu seinen homosexuellen Neigungen sagt er: *Also gut, das bin ich, und dann will ich auch so leben!*

Was zeigt uns dieses Gedankenexperiment? Dass wir unsere Identität eben nicht allein „von innen" beziehen. Wir filtern vielmehr unsere Gefühle und Impulse durch ein von außen kommendes moralisches Bewertungsraster, das uns hilft, zu entscheiden, welche Gefühle zu meiner Identität gehören, sodass ich sie offen ausdrücken darf – und welche nicht. Es ist dieses moralische Raster oder „Sieb", und nicht meine nackten, unbearbeiteten Gefühle und Impulse, das meine Identität prägt und formt. Wir mögen noch so sehr das Gegenteil beteuern – tief innen wissen wir, dass das, was in den Tiefen unserer Seele liegt, nicht ausreicht, um uns Wegweisung für unser Leben zu geben. Wir brauchen irgendwelche Regeln und Normen von außen, die uns helfen, mit den widerstreitenden Impulsen in uns umzugehen.

Und woher beziehen unser angelsächsischer Krieger und unser junger Mann aus dem heutigen Manhattan ihre Beurteilungsraster? Aus ihren Kulturen, aus ihrer Gesellschaft und deren Werten,

Prämissen und Mythen. Sie beschließen eben *nicht*, „sie selber" zu sein; sie filtern und sieben ihre Gefühle und werfen die einen weg, um die anderen zu behalten. Sie wählen dasjenige „Ich", das ihre Kultur ihnen als mögliche Option erlaubt. Eine Identität, die sich rein aus der Innenschau der persönlichen Gefühle und Wünsche speist, ist schlicht unmöglich.

Wir können unsere Identität nicht aus uns selber beziehen. Und auch nicht unsere Würde. Beide gehören zusammen. In seinem Buch *Ein säkulares* Zeitalter zitiert Charles Taylor in dem Kapitel „Das Bedürfnis nach Anerkennung" Gail Sheehys Buch und ihren Rat, dass wir uns nicht darum scheren dürfen, was andere über uns denken, sondern „authentisch" unseren Wert in uns selber finden müssen.[158] Taylor führt aus, dass auch dies unmöglich ist.[159] Dass ich etwas bedeute und jemand bin, kann nicht aus mir selber kommen, sondern es kommt in hohem Maße von außen, von meinen Mitmenschen. Ich kann mir weder selber meinen Namen geben noch mich selber segnen. Ich kann eben *nicht* sagen: *Mir ist es egal, ob alle, die mich kennen, mich für ein Scheusal halten. Ich liebe mich selber, alles andere ist nicht wichtig.* Jemanden, der sich so seines Selbstwertes versichert, würde man als psychisch krank bezeichnen. Nein, wir brauchen jemanden von außen, der uns sagt, dass wir wertvoll sind – und je wichtiger diese Person ist, desto mehr bewirkt ihr Urteil für unsere Identitätsbildung. Wer allen Ernstes versucht, sich selber seine Identität und seinen Wert zuzusprechen, besteigt ein Karussell der Illusion, das ihn entweder in den totalen Narzissmus oder in den Ekel vor sich selber führen wird.

Dieses unerschütterliche Grundbedürfnis nach Anerkennung und Bejahung von außen einerseits und die Leugnung dieses Bedürfnisses in unserer Kultur andererseits bedeuten enormen Stress für den Menschen der Spätmoderne. Um von der Gesellschaft anerkannt zu werden, reichte es früher aus, dass man ein guter Sohn bzw. eine gute Tochter, ein guter Ehepartner oder ein guter Vater bzw. eine gute Mutter war. Das mochte kein sehr aufregendes Dasein sein, aber die Messlatte der Anerkennung lag nicht zu hoch. Aber jetzt, in der Spätmoderne, soll jeder in die Hände spucken und von der Pike auf seine Identität selber basteln. Erkenne deine Träume und mache sie wahr, oder du bist ein Versager. Es ist eine glatte Überforderung, die überall dort, wo Geld, Schönheit, Macht, Erfolg, Bildung und romantische Liebe von schönen Zugaben des Lebens zu unerlässlichen Identitätsbausteinen werden, ihre Opfer fordert und Menschen kaputt macht.[160]

Genau hier ist die Alternative, die das Christentum anbietet, so befreiend. In der biblischen Sicht vom Menschen sind wir Gemeinschaftswesen, die einen Wert haben, weil wir als Ebenbilder Gottes (*imago Dei*) erschaffen sind. Dies bedeutet, dass unser Wert sowohl von innen gegeben (die Philosophen sagen *inhärent*) als auch von außen bedingt (*kontingent*) ist; wir sind einfach dadurch, dass wir Menschen sind, wertvoll, und gleichzeitig ist unser Wert ganz von Gott abhängig. Dies ist eine Identität, die wir uns nicht erarbeiten müssen, sondern die uns geschenkt ist. Und dies geht noch weiter: Im Evangelium, in dem, was Christus für uns getan hat, wird diese Identität gleichsam in einen noch höheren Status hinein getauft. Wir erreichen diesen Status nicht durch die Erfüllung sozialer Rollen oder religiöser oder ethischer Standards und auch nicht dadurch, dass wir im Leben Erfolg haben und etwas aus uns machen, sondern dieser Status ist die ultimative Anerkennung, das größtmögliche „Ja“ – das „Ja“ Gottes, der uns so sieht, wie wir in Jesus Christus sind. Wir brauchen uns unseren Status nicht mehr durch Leistungen zu erarbeiten; wir bekommen ihn dadurch, dass Gott uns in Christus gerecht spricht, wenn wir an ihn glauben, und als seine Kinder annimmt (vgl. Philipper 3,9).

Es gibt viele biblische Texte und Themen, die sich als Anknüpfungspunkt für eine Predigt über die christliche Sicht der Identität eignen. Die fundamentalste Variante besteht darin, dass man herausarbeitet, was drei zentrale Dinge, die das Erlösungswerk Christi uns gebracht hat – die Rechtfertigung, die Adoption in die Familie Gottes und das „Eins Sein“ mit Christus –, für unsere Identität bedeuten. Jedes dieser drei großen theologischen Themen ist voller Bedeutung für unsere Identität als Geschenk Gottes (und nicht als erarbeitete Eigenleistung), und jedes stellt die spätmoderne Identitätssuche gründlich infrage – und ist gleichzeitig ihre Erfüllung. Ein Christ bekommt zum Beispiel ein viel höheres Selbstwertgefühl als andere Menschen, indem er sein altes Selbstwertgefühl fahren lässt. Nur dann, wenn wir in unserem Leben eine Kehrtwendung um 180 Grad machen und zugeben, dass wir viel schlechter sind, als wir immer gedacht haben, können wir von Gott gerechtfertigt und adoptiert und mit Christus vereinigt werden – und so viel mehr Liebe und Anerkennung bekommen, als wir uns je hätten träumen lassen. Die neue christliche Identität überschüttet uns mit Liebe und Selbstwertgefühl und macht uns eben dadurch zutiefst demütig. Auf diese Weise ist die christliche Identität beides: Kritik und Erfüllung der modernen Identitätssuche.

Aber es gibt noch andere biblische Themen, die Bezüge zur Identitätssuche haben. Gott hat seinen Namen auf uns gelegt (Jesaja 43,7; 2. Chronik 7,14; Matthäus 28,19). Die große Identitätsfrage lautet nicht: „Wer bin ich?", sondern: „Wessen bin ich (wem gehöre ich)?" Unsere Identität kommt immer aus der Anerkennung von außen, und damit hat der oder das, was uns diese Anerkennung gibt, unser Herz in seiner Hand. Wir gehören ihm. Wir bekommen nur dann sein „Ja", wenn wir die richtige Leistung bringen, mit dem Ergebnis, dass unser Selbstwertgefühl wild schwankt zwischen „himmelhoch jauchzend" und „zu Tode betrübt". Wir sind Sklaven. Nur dann, wenn Gott uns seinen Namen gibt und wir ihm dienen, werden wir freie Menschen, weil Gott uns seine Liebe nicht nach *unserer* Leistung gibt, sondern aufgrund dessen, was Jesus für uns getan hat. Wenn er uns mit Namen nennt, wenn wir ihm gehören, dann hat unsere Seele Ruhe in ihrer Identität als sein Kind.

Die Bibel spricht auch das typisch moderne Interesse an einer eigenen, unverwechselbaren Identität an. Sie sagt uns, dass Gott uns einen ganz persönlichen neuen Namen gibt (Jesaja 62,2; Offenbarung 2,17), der sich im Laufe unseres Lebens entfaltet, wenn Gott uns zeigt, zu was für Aufgaben er uns berufen hat (Epheser 2,10). Es gibt Taten, die nur wir tun, Hände, die nur wir halten, Wunden, die nur wir heilen können – weil wir die Personen sind, zu denen Gott uns macht. Und das biblische Bild von dem Ablegen des alten und dem Anziehen des neuen Ichs (Epheser 2,22-24) spricht den spätmodernen Menschen auf eine Art an, wie dies in anderen Kulturen vielleicht nicht möglich ist. Das kulturelle Klischee der Spätmoderne lautet ja, dass wir einfach unsere tiefsten Wünsche und Sehnsüchte nach draußen lassen sollen. Aber wir wissen doch ganz genau, dass es tief in unserem Herzen Dinge gibt, die uns daran hindern, die Identität zu bekommen, die wir eigentlich brauchen. Der Prozess des Christus-ähnlicher-Werdens (also der „Heiligung“, wie man dies auch nennt) ist nicht zuletzt auch der Prozess, durch den ich das wahre Ich bekomme, zu dem Gott mich erschaffen hat.

Der spätmodernen Gesellschaftsidee begegnen: Der Mythos von der absoluten Freiheit

Was in der spätmodernen Sicht vom Menschen können wir von der Bibel her bejahen? Sehr viel! Wie Taylor ausführt, bedeutete die Schüssellehre des Protestantismus von der Erlösung allein durch den Glauben (und nicht durch die Mitgliedschaft in der Kirche oder dadurch, dass wir durch das treue Verbleiben in einer sozialen Klasse oder Kaste die Ordnung des Kosmos zum Ausdruck bringen), dass jedes Individuum eine bewusste Glaubensentscheidung zu treffen hatte. Was bedeutet, dass die Bedeutung der persönlichen Freiheit und der Optionen des Einzelnen in den westlichen Gesellschaften (als Gegenentwurf zur Erfüllung der durch die Kultur oder den Stamm vorgegebenen Rollen) als eine Folge der protestantischen Theologie zu sehen ist.[161]

Doch die spätmoderne Weiterentwicklung dieser Idee geht über die einst revolutionäre biblische Freiheitssicht weit hinaus. Heute erlebt die buchstäblich grenzenlose Freiheit geradezu ihre Heiligsprechung. (Die Philosophen nennen dies übrigens „negative Freiheit“, also Freiheit *von* Beschränkungen, im Unterschied zur „positiven Freiheit“, also der Freiheit *zu* dem Verfolgen von Zielen, die gut sind.) Die absolute negative Freiheit wird zum höchsten sittlichen Gut erhoben, und die einzige Sünde, die nicht toleriert wird, ist die Intoleranz.[162]

Dies führt zu zahlreichen philosophischen wie praktischen

Problemen. Eines ist, dass diese Sakralisierung der persönlichen Wahlfreiheit zur Schwächung der Gemeinschaft und Fragmentierung der Gesellschaft führt. Wir erinnern uns an Taylors Urteil, dass eine „lebenswerte Gesellschaft" nur dann möglich ist, „wenn die Wahlfreiheit in mancher Hinsicht eingeschränkt ist, wenn einige Autoritäten respektiert werden und ein gewisses Maß an individueller Verantwortung übernommen wird."[163] Soziologen haben das sinkende bürgerliche und politische Engagement unter den jüngeren Erwachsenen im Westen dokumentiert.[164] Je mehr jemand an den spätmodernen Mythos des souveränen Ichs und an seinen jüngeren Bruder, die absolute negative Freiheit, glaubt, umso weniger fühlt er sich als ein loyales Glied des Gemeinwesens, zu dem er gehört.

Ein weiteres Problem dieses Freiheitsmythos ist, dass das, was manche das „Schadensprinzip" genannt haben, in der Praxis nicht funktioniert. Taylor beschreibt dieses Prinzip als den Grundsatz, dass „niemand das Recht hat, sich um meines Wohls willen in meine Angelegenheiten einzumischen, sondern nur, um andere vor Schaden zu bewahren."[165] Das Schadensprinzip macht aus der Wahlfreiheit des Einzelnen scheinbar ein sich selbst korrigierendes Prinzip, nach welchem eine Gesellschaft keinerlei Moralgesetze mehr braucht; sie kann ganz „wertfrei" sein. Jeder kann gerade so leben, wie er will, solange er damit nicht die Freiheit seiner Mitmenschen beeinträchtigt – was könnte einfacher sein? Doch diese Theorie hat eine Achillesferse – die Annahme, wir wüssten alle, was „Schaden" ist, oder dass man „Schaden" definieren könne, ohne auf fundamentale Vorstellungen von „richtig" und „falsch", „gut" und „böse" zurückzugreifen.

Da behaupten die einen, dass es nicht schädlich sei, wenn ein Mann sich zu Hause Pornofilme anschaut, während andere kontern, dass der regelmäßige Pornokonsum zwangsläufig die Art verändert, wie dieser Mann sich zu anderen Menschen (vor allem Frauen) verhält. Hinter diesen unterschiedlichen Meinungen darüber, was schädlich ist, liegen unterschiedliche Verständnisse, was für ein Verhalten des Einzelnen gegenüber seinen Mitmenschen „richtig" bzw. „falsch" ist. Mit anderen Worten: Was jemand unter „Schaden“ versteht, wurzelt in seinen spezifischen Ansichten über das Wesen des Menschen, das Glück oder „recht“ und „unrecht“ – lauter Dinge, die letztlich eine Sache des Glaubens sind. Wir können uns noch so sehr darauf einigen, dass Freiheit dort ihre Schranke findet, wo sie anderen Schaden zufügt – da es keine Einigkeit darüber gibt, was schädlich ist und was nicht, ist das Prinzip in der Praxis nutzlos.

Der spätmoderne Freiheitsmythos wirkt auch der Sinnfindung im Leben entgegen. Der Geologe und Harvard-Professor Stephen Jay Gould wurde einmal gefragt: „Was ist der Sinn des Lebens?“ Seine Antwort:

> Wir sind hier, weil vor mausgrauer Zeit ein paar komische Fische Flossen hatten, die anatomisch so beschaffen waren, dass sie sich zu Beinen für Landlebewesen entwickeln konnten. … Wir mögen uns nach einer „höheren“ Antwort sehnen, aber es gibt keine. Dieser Befund ist oberflächlich ärgerlich, aber letztlich befreiend. … Wir müssen uns diese Antworten selber konstruieren.[166]

Wenn es keinen Gott gibt, der uns zu einem bestimmten Zweck auf diesen Planeten gestellt hat, dann gibt es keinen Sinn im Leben, den man „entdecken“ könnte – keinen Sinn, der *da* ist, den es schon vor uns gab, für den wir erschaffen sind und nach dem wir unser Leben führen müssen. Gould sieht dies als Befreiung; jetzt können wir selber entscheiden, was für uns sinnvoll ist – zum Beispiel Häuser bauen, Bilder malen oder Familien gründen. Was unserem Leben Sinn gibt, bestimmen wir selber.

Doch für den atheistischen Philosophen Thomas Nagel ist ein Sinn, den man selber geschaffen hat, im Prinzip *weniger rational* als ein Sinn, den man entdeckt hat. Nagel argumentiert, dass wohl die meisten von uns dem Satz zustimmen, dass unser Leben nur dann sinnvoll ist, wenn wir den Eindruck haben, dass es etwas in der Welt verändert, dass wir etwas bewirken. Wenn es aber keinen Gott gibt, dann wird selbst dann, „wenn Sie ein großes literarisches Werk hervorbringen, das auch in tausend Jahren noch gelesen wird“, irgendwann „das Sonnensystem erkalten oder das Universum wird ausgehen oder zerplatzen, und jede Spur Ihrer

Bemühungen wird verschwinden. ... Und wenn es uns einmal nicht mehr gibt, so wird es egal sein, dass es uns gegeben hat."[167] Anders ausgedrückt: Wenn es keinen Gott oder sonst irgendetwas hinter dieser materiellen Welt gibt, wird es am Ende egal sein, ob ich ein guter Mensch war oder ein grausamer Tyrann oder Mörder, denn es wird niemand mehr da sein, der sich an mich erinnert. Was bedeutet, dass ich mit einem Weltbild, in welchem es keinen Gott gibt, nur dann ein sinnvolles Leben führen kann, wenn ich über die Konsequenzen dieses Weltbildes bewusst nicht nachdenke. Dies ist keine sehr rationale Art zu leben. Der Christ dagegen findet immer *mehr* Sinn im Leben, je mehr er über die Konsequenzen seines Weltbildes nachdenkt; Handlungen, die gut und richtig sind, zählen hier buchstäblich in alle Ewigkeit.

Ein anderer Atheist, Luc Ferry, bringt ein weiteres Argument: dass ein Lebenssinn, den man sich selber bastelt, nicht nur weniger rational ist, sondern auch egoistischer. Da beschließt jemand zum Beispiel, als Arzt in ein Entwicklungsland zu gehen, um dort den Armen zu dienen – aber warum ist das in einem säkularen Weltbild sinnvoll? Die korrekte Antwort des Freiheitsmythos ist, dass er das nicht tut, weil er dazu verpflichtet wäre, sondern weil er findet, dass diese Tätigkeit ihm persönlich Sinn und Erfüllung bringt. Doch dies, so Ferry, bedeutet, dass wir den Armen in dem Entwicklungsland nur deswegen helfen, weil *wir* etwas davon haben; wir tun es, weil es *uns* das Gefühl gibt, gut und wichtig zu sein.[168] Der Satz „Ich schaffe mir den Sinn meines Lebens selber" liegt verdächtig nahe an dem Satz „Ich mache mein eigenes Ding."

Der dritte Grund dafür, dass die spätmoderne Idee von der absoluten Freiheit nicht funktioniert, ist, dass sie schlicht eine Illusion ist. Wir erinnern uns: Es handelt sich um die absolute „negative" Freiheit, die Freiheit von jeglichen Schranken. Je weniger Grenzen es für meine Wünsche, Entscheidungen und Handlungen gibt, desto freier bin ich angeblich. Doch dies trägt der Komplexität der Freiheit mit ihren verschiedenen Aspekten und den Realitäten des Lebens, wie es nun einmal ist, nicht Rechnung.

Da liebt ein 60-jähriger Mann fettiges Fast Food, aber wenn er seine Freiheit, seine Ernährung entsprechend zu gestalten, zu oft ausübt, wird sein Leben beeinträchtigt werden. Er muss sich entscheiden: Will ich die kleine Freiheit, zu essen, was mir schmeckt, beibehalten und früher krank werden und sterben, oder will ich diese Freiheit aufgeben, um dadurch eine größere Freiheit (Gesundheit und ein längeres Leben) zu bekommen? Ein anderes Beispiel: Wenn Sie die Freiheiten bekommen wollen, die ein großer, erfolgreicher Musiker hat (also die Fähigkeit, die Herzen der Menschen mit seiner Musik zu bewegen und damit auch noch eine Familie zu ernähren), müssen Sie andere Freiheiten aufgeben, um jahrelang jeden Tag acht Stunden üben zu können. Freiheit ist eben nicht die Abwesenheit von Einschränkungen, sondern das Finden der richtigen, frei machenden Einschränkungen. Anders formuliert: Wir müssen bereit sein, taktische Freiheitsopfer zu bringen, um dadurch strategisch und langfristig Freiheit zu gewinnen. Die einzige Art, innerlich zu wachsen, besteht darin, kleinere Freiheiten aufzugeben, um größere zu bekommen. Die absolute negative Freiheit gibt es nicht.

Der letzte und größte Beweis, dass der Freiheitsmythos nicht funktioniert, ist – die Liebe. Keine Liebesbeziehung kann wachsen, wenn nicht beide Partner einen Teil ihrer Freiheit opfern, um dem anderen zu dienen, doch dieses Opfer, so es denn von beiden bejaht wird, führt zu jener Befreiung des Herzens und Denkens, die nur die Liebe bringen kann. Wohl die meisten Menschen werden zustimmen, dass sie sich dann am meisten „zu Hause" und wie „sie selber" fühlen, wenn sie lieben und geliebt werden – aber dies erfordert, dass ich den Traum von der schrankenlosen Selbstbestimmung aufgebe. Wir haben oben schon gesehen, wie der spätmoderne Freiheitsmythos den Zusammenhalt der Gesellschaft untergräbt, aber am allerzerstörerischsten ist er für die Ehe. Der spätmoderne Mensch mit seinem Freiheits- und Identitätswahn will einen Ehepartner haben, der „mich so annimmt, wie ich bin" und garantiert nie von mir verlangt, mich zu ändern oder irgendwelche Wünsche, Interessen oder Träume zu opfern. Diese Art Ehe gibt es höchstens in Romanen, aber nicht in der Realität.[169]

Dies ist für den Prediger die Hauptwaffe in der Auseinandersetzung mit dem spätmodernen Freiheitsmythos. Zeigen Sie Ihren

Zuhörern, dass der Narzissmus des spätmodernen Verständnisses von Freiheit und Wahl unsere Menschlichkeit und Mitmenschlichkeit blockiert, ja erstickt. Dies ergibt sich unter anderem aus Bibelabschnitten wie 1. Korinther 13 oder Kolosser 3, wo es um das Thema „Liebe" geht. Und wenn dies schon auf der zwischenmenschlichen Ebene so ist, wie viel mehr dann in unserer Beziehung zu Gott! So wie wir in der Ehe unsere Unabhängigkeit aufgeben, um dadurch eine neue Freiheit zu gewinnen, gewinnen wir durch die Hingabe an Gott unsere größte und eigentliche Liebe, mehr Freiheit, als wir uns je hatten vorstellen können. Wir werden frei von Angst, Unsicherheit und Schande. Wir bekommen die Freiheit, zu vergeben, andere zu lieben und Leiden auf eine Art zu bestehen, wie wir dies bisher nicht konnten.

Das ganze Thema des Reiches Gottes ist, wenn es richtig und ganz gepredigt wird, gleichzeitig Konfrontation und Erfüllung der spätmodernen Freiheitssehnsucht. Wir sehen doch in unserem Alltagsleben immer wieder, wie „Freiheitsverluste" (etwa das Üben eines Instrumentes oder das Halten einer Diät) zum Gewinn von anderen, wertvolleren Freiheiten führen. Wir wissen, dass dann, wenn Angestellte sich einem guten Chef unterordnen oder die Spieler einer Fußballmannschaft dem Trainer, jeder im Team sein Potenzial ausschöpft und es dem Team gut geht. Den rechten Regeln und dem rechten Leiter zu folgen kann alle möglichen wertvollen Freiheiten bringen. Und wenn dies schon im Beruf und im Sport so ist, wie viel mehr dann, wenn wir dem wahren König unserer Seele folgen? Die Bibel sagt, wenn Gott kommt, um die Erde zu richten, wird selbst die Schöpfung frei werden – frei von Tod und Verfall (Psalm 96,11-13; Römer 8,20-23).

All dies ist eine Illustration des berühmten Satzes von Jesus, dass er uns „frei macht" (Johannes 8,31-36). Wie es in einem Bibelkommentar heißt:

> Die tiefste Gefangenschaft ist ... die Rebellion gegen den Gott, der uns erschaffen hat. Der große Sklavenhalter ist nicht der römische Kaiser, sondern unsere schändliche Ichbezogenheit und eine böse, unfrei machende Hingabe an die erschaffenen Dinge, auf Kosten der Anbetung des Schöpfers.[170]

Die gleichen Themen können wir anhand von Bibelabschnitten wie Römer 6–8 und Galater 4–5 behandeln, wo es um die Freiheit von der Sünde geht, sowie mit Jakobus 1–2, wo wir erfahren, wie der Gehorsam gegenüber dem Gesetz Freiheit bringt. Wir sollten auch über die alttestamentliche Aussage predigen, dass das Gesetz Gottes letztlich befreiend wirkt und dass es uns frei macht (Psalm 119,45), wenn wir es aus freien Stücken wählen (Psalm 119,32).[171]

Der spätmodernen Vorstellung von Moral und Gerechtigkeit begegnen: sich selbst autorisierende Moralität

Säkulare Menschen reagieren allergisch, wenn Christen sie „Relativisten" nennen, und dies nicht ohne Grund. Charles Taylor erinnert uns:

> Wir leben in einer Moralkultur, die gemessen an der Norm der Menschheitsgeschichte ganz außergewöhnlich ist: Leiden und Tod durch Hungersnot, Überschwemmung, Erdbeben, Seuchen oder Krieg können weltweite Bewegungen der Sympathie und der praktischen Solidarität ins Leben rufen.[172]

In der Vergangenheit war das menschliche Leben billig und der Einzelne zählte kaum; in manchen Gebieten der Erde ist dies noch heute so. Da ist der säkulare Westen anders, und dafür sollten Christen dank barsein.

Doch eine Frage müssen wir dem Menschen der Spätmoderne hier stellen: *Warum* sollen wir denn die Welt verbessern und die Rechte aller Menschen achten? In der modernen Weltsicht kann man Ethik und Moral nicht auf irgendeine außerhalb des Menschen liegende Instanz gründen, zum Beispiel den Willen Gottes oder das Karma oder eine kosmische moralische Ordnung. Hier unterscheidet sich das spätmoderne Denken von jeder bisherigen Religion und Kultur in der Geschichte, ja die meisten bewusst säkularen Menschen würden sagen, dass es ihnen nicht so sehr um Moral, sondern um *Gerechtigkeit* geht. Wir müssen, so heißt es, unsere Wertmaßstäbe selber begründen;[173] die säkularen Moral- und Gerechtigkeitsideale sind „selbstermächtigend".[174] Dies ist möglicherweise die allerproblematischste der kulturellen Grundprämissen der Spätmoderne: Sie verfügt über keine ethischen Quellen oder Fundamente, auf die sie ihre Ideale stützen könnte. Dies führt zu drei großen Schwierigkeiten.

Das erste Problem ist das der ethischen *Motivation. Warum* sollen wir uns für die Armen und die Gerechtigkeit einsetzen? Die klassische christliche Motivation ist die radikale Liebe (*Agape*), die wir von Gott empfangen haben und die wir nun an andere weitergeben. Hier liegt die moralische Quelle aller christlichen Liebestätigkeit. Aber was soll die Motivation für die Wohltätigkeit des Säkularisten sein?

Eine häufige Motivation ist laut Luc Ferry „ein Gefühl der Befriedigung und Überlegenheit, wenn wir ... nicht liberale Gesellschaften betrachten."[175] Mit anderen Worten: Wir gründen unser moralisches Selbstwertgefühl darauf, dass unsere Werte liberaler sind als die anderer Menschen. Doch dies ist nicht nur eine egoistische und labile Motivation, sondern sie macht unsere Menschenfreundlichkeit auch abhängig von „den wechselnden Launen der Aufmerksamkeit der Medien und den verschiedenen Arten der moralischen Wellness-Werbung."[176] Wenn wir anderen Gutes tun, um unser Selbstwert- und Überlegenheitsgefühl zu stärken, verwandelt sich unsere Mildtätigkeit leicht in Zynismus, wenn wir mit den realen Frustrationen des Helfenwollens in der Welt, wie sie nun einmal ist, konfrontiert werden.[177] Die christliche *Agape* dagegen motiviert nicht zum Tun des Guten, indem sie unser moralisches Überlegenheitsgefühl kitzelt, sondern indem sie uns demütig macht und zeigt, dass wir von Gott geliebte Sünder sind. Christen praktizieren Nächstenliebe nicht, weil sie so gut sind, sondern weil sie vor Gott gelernt haben, dass sie es nicht sind.

Eine andere mögliche säkulare Motivation zur Mildtätigkeit ist die schlichte Wut auf die Ungerechtigkeit. „Wir kämpfen gegen Ungerechtigkeiten an, die ... nach Rache schreien. Wir sind angetrieben von flammender Empörung über diese Übel: Rassismus, Unterdrückung, Sexismus ..."[178] Das erfordert natürlich, dass wir, um den einen helfen zu können, die anderen dämonisieren. Für jeden Philosophen, der in der Tradition von Nietzsche steht, ist die Bloßlegung dieser Motivation ein gefundenes Fressen. Nietzsche sah den ganzen Wohltätigkeits- und Gerechtigkeitsaktivismus in der modernen Gesellschaft zu einem Großteil in Hass und Verachtung begründet.[179]

Das zweite große Problem ist das der moralischen *Pflicht*. Der Mythos von der sich selbst begründenden Moralität benutzt gerne den Satz: „Man braucht keinen Gott, um ein moralisches Leben zu führen und sich für das Allgemeinwohl einzusetzen." Zwei neuere Bücher, die in diese Richtung argumentieren, sind *Good Without God: What a Billion Nonreligious People Do Believe* [„Gut ohne Gott. Was eine Milliarde unreligiöse Menschen glaubt"] und *Atheist Mind, Humanist Heart* [„Atheistischer Verstand, humanistisches Herz"].[180] Ihre Autoren beteuern, dass Atheisten und Säkularisten durchaus Menschen sein können (und sind), die anständig leben, anderen aufopfernd helfen und Liebe und Gerechtigkeit vorleben.

Wenn Säkularisten behaupten, dass man sich auch ohne Gott moralisch anständig verhalten kann, haben sie recht. Christen wissen, dass jemand, der nicht an Gott glaubt, trotzdem fähig ist, seinen Nächsten zu lieben und vieles von dem, was Gottes Gesetz von uns verlangt, zu tun. Und dies gilt nicht nur in der Theorie, sondern zeigt sich im realen Alltag; wir alle kennen unreligiöse Menschen, die sehr großzügig, anständig und liebevoll sind. Aus der säkularen Perspektive können moralische Empfindungen viele mögliche Wurzeln haben. Sie können ein Produkt meiner evolutionären Biologie sein oder eine Funktion meines kulturellen Hintergrunds oder einfach das Produkt meines Charakters und meiner Entscheidungen.

Moralische Gefühle und ethisches Verhalten ohne Gott sind also möglich – aber auch moralische *Pflichten*? Auf welcher Basis kann ich sagen: „Das und das darfst du niemals tun, auch wenn es dich danach verlangt"? In einer Moral der Selbstermächtigung kann ich den persönlichen Eindruck haben, dass etwas falsch ist, und es daher sein lassen, aber mit was für einer Begründung kann ich den Regierungen in einem anderen Erdteil zum Beispiel sagen, dass sie den Frauen die gleichen Rechte geben sollten wie den Männern? Warum sollten *meine* moralischen Gefühle und Intuitionen richtiger sein als die anderer? Wir alle haben unsere moralischen Bewertungsmaßstäbe, aber was ist, wenn die meinen anders sind als die von Menschen in einer anderen Kultur? Oder als die meines Nachbarn oder meiner Geschwister? Die einzige Möglichkeit, von moralischen Gefühlen zu moralischen Pflichten zu gelangen, besteht darin, eine moralische Instanz oder Norm für Gut und Böse, Richtig und Falsch anzuerkennen, die über den verschiedenen Individuen und Kulturen steht und deren moralische Gefühle bejaht, verneint oder korrigiert. Alle Kulturen vor der unseren hatten solch einen Bewertungsmechanismus, der es ihnen ermöglichte, ihre Glieder zum „richtigen" Verhalten anzuhalten, weil alle früheren Kulturen eine moralische Quelle und Autorität außerhalb des Ichs anerkannten. In der Kultur der Spätmoderne ist dies nicht mehr der Fall.

An diesem Punkt hat der Säkularismus der Hauptbotschaft Friedrich Nietzsches nichts entgegenzusetzen. Nietzsche fand, dass die Welt voller Zerstörung, Chaos, Leiden, Ausbeutung und Brutalität war. Wenn aber diese Welt alles ist, was es gibt, kann es nichts geben, das „über" ihr steht, also auch keine Norm, nach der wir bestimmte Dinge als „gut" und „richtig" und andere als „falsch" und „böse" bezeichnen. Es gibt nichts Höheres als dieses physische Leben und damit keine ethischen Ideale, die irgendetwas in diesem Leben beurteilen oder korrigieren könnten. Nietzsche wurde nicht müde, zu betonen, dass der säkulare Humanismus schlicht zu feige war, um sich den Implikationen seiner säkularen Sicht vom Universum zu stellen. Wenn all unsere Moral nichts als das Produkt der Evolutionsbiologie ist, dann mag uns dies oder jenes als „falsch" *erscheinen*, aber es *ist* nicht falsch. Wir mögen den *Eindruck* haben, dass es verwerflich ist, dadurch reich zu werden, dass man die Armen noch ärmer macht, aber man kann nicht sagen, dass es tatsächlich falsch *ist*. Manche mögen behaupten, dass ein solches Verhalten nicht so sehr „falsch" ist, sondern (obwohl viele das bestreiten würden) „unpraktisch". Für Nietzsche gibt es, wenn keine moralische Autorität außerhalb des menschlichen Ichs existiert, nur *eine* Möglichkeit, diese unvermeidlichen Konflikte zwischen den verschiedenen ethischen Idealen aufzulösen: durch Anwendung von Macht. Ich sage den anderen: „Was ich sage, ist richtig und gilt, weil ich es sage und weil ich die Macht habe, es durchzusetzen."

Dies führt uns zu dem dritten ernsten Problem des modernen Moralmythos. Mari Ruti, Professorin an der Universität Toronto, hat die tiefe Spannung innerhalb der säkularen Moral auf den Punkt gebracht. Sie schreibt:

> Obwohl ich glaube, dass Werte soziale Konstrukte sind und nichts Gottgegebenes, ... glaube ich nicht, dass die Ungleichheit zwischen den Geschlechtern gerechtfertigter ist als die zwischen den Rassen, trotz wiederholter Versuche, sie als kulturspezifische „Sitte" und nicht als Ungerechtigkeit durchgehen zu lassen.[181]

Man beachte, das Ruti alle moralischen Werte als Konstruktionen des menschlichen Denkens und nicht als gottgegeben bezeichnet, und trotzdem sagt sie hier, dass das Gleichheitsverständnis ihrer (also der westlichen) Kultur etwas sei, dem gefälligst alle Menschen zu folgen hätten. Sie gibt keinen Grund dafür an, sie behauptet es einfach.

Dies ist ein typisches Beispiel für das, was Taylor die „außerordentliche Inartikuliertheit ... der modernen Kultur" genannt hat, und eine der Wurzeln dieses Schweigens sieht er in der „Anschauung, wonach moralische Standpunkte keineswegs in der Vernunft oder im Wesen der Dinge gründen, sondern letztlich nur deshalb von jedem von uns eingenommen werden, weil wir uns von ihnen angezogen fühlen."[182] Wenn ich auf dieser Grundlage den Standpunkt vertrete, dass eine bestimmte Art von Verhalten „falsch" ist und gestoppt gehört, gibt es keine Möglichkeit, einem Andersdenkenden gegenüber diesen Standpunkt zu begründen oder auch nur vernünftig darüber zu diskutieren; alles, was ich versuchen kann, ist, den anderen niederzubrüllen.

In seinem Artikel „Conditions of an Unforced Consensus on Human Rights" [„Bedingungen für einen nicht erzwungenen

Konsens über die Menschenrechte"] zeigt Taylor dieses Dilemma des westlichen Denkens auf. Da die säkulare Moderne glaubt, dass ihre Werte nicht aus dem Christentum stammen, sondern aus der objektiven Vernunft, hat sie keine Möglichkeit, andere Gesellschaften zur Annahme der Menschenrechte aufzufordern, ohne sie zuerst für rückständig zu erklären und zu verlangen, dass sie dem Hinduismus oder Islam oder Buddhismus oder ihrer Stammesreligion abschwören und sich zum Säkularismus bekehren. Taylor wörtlich: „Ein Hindernis auf dem Weg zu ... einem gegenseitigen Verständnis stammt aus dem Unvermögen vieler Menschen im Westen, ihre Kultur als eine unter vielen zu betrachten."[183] Westliche Säkularisten bestehen darauf, dass ihre Sicht von der Gleichberechtigung doch für jeden vernünftigen Menschen einsehbar sein muss, aber die nicht westlichen Kulturen sehen das anders. Die säkularen Ideale des universalen Wohlwollens und der universalen Rechte sind „alles andere als selbstverständlich und offensichtlich".[184] Weil die Säkularisten von den christlichen Wurzeln ihrer großen moralischen Werte nichts wissen wollen, werden sie zu moralischen Imperialisten.

Wie setzt sich der christliche Prediger mit diesem modernen Moralitätsmythos am besten auseinander? Indem er die heimlichen christlichen Wurzeln, aus denen so viele der säkularen moralischen Ideale kommen, offenlegt. Da stoßen wir zum Beispiel immer wieder auf das biblische Thema der Fürsorge für die Armen und Randsiedler. Die biblische Weisheitsliteratur (Hiob, die Psalmen und die Sprüche) spricht ständig davon, gerecht zu leben, an andere, denen es nicht so gut geht wie mir, abzugeben und für die Rechte und Bedürfnisse der Armen einzutreten.[185] Propheten wie Amos zeigen, dass Gott von allen Völkern soziale Gerechtigkeit erwartet (Amos 1,1–2,3). 1. Mose 1 und 9 demonstrieren, dass alle Menschen zum Ebenbild Gottes erschaffen sind. Es lässt sich gut aufzeigen, dass etwa die amerikanische Bürgerrechtsbewegung in Wort und Tat stark in dieser biblischen Vorstellung von unserer Gottesebenbildlichkeit (*imago Dei*) wurzelte.[186] Es geht um nichts weniger, als dass das biblische Engagement für die Armen und Entrechteten zutiefst etwas mit dem Wesen Gottes und der von ihm erschaffenen Welt zu tun hat. Wenn wir diese Arbeit leisten, tun wir in gewissem Sinne das, was Nietzsche getan hat, nur auf die richtige Weise: Wir zeigen den Menschen, wo all diese moralischen Vorstellungen herkommen und dass sie nur in einem persönlichen, von Gott erschaffenen Universum sinnvoll sind.

Der christliche Prediger sollte seinen Zuhörern auch zeigen, dass die persönliche Erfahrung der Liebe (*Agape*) Gottes, also seiner unverdienten Gnade in Christus, unweigerlich zu einem Leben in Gerechtigkeit und Barmherzigkeit führt. In Jakobus 2,14-17 erfahren wir, dass es unmöglich ist, wirklich die Erlösung durch Christus erfahren zu haben und gleichzeitig sein Herz vor den Armen zu verschließen. Jakobus 1,9-11 stellt klar, dass das Evangelium den Reichen vom hohen Ross seiner Selbstgefälligkeit herunterholt und den Armen aus seiner Selbstverachtung emporhebt. Das Evangelium ist für die Gesellschaft und für unsere Motive eine verwandelnde Kraft.[187] Säkulare Zuhörer wird dies überraschen, und viele werden, wenn sie ehrlich sind, zugeben müssen, dass ihre eigenen Motive für den Einsatz für die Gerechtigkeit vergleichsweise dünner und mehr von der negativen Sorte sind.

Ein weiteres biblisches Thema, das für die spätmoderne Moralitätsprämisse von großer Bedeutung ist, ist die Lehre von der Auferstehung. Christen haben nicht nur eine tiefere Motivation für das Engagement für Gerechtigkeit, sondern auch eine stärkere Hoffnung. Die Bibel lehrt, dass wir am Ende der Zeiten nicht für immer in einer Sphäre der reinen Geistigkeit leben werden, sondern dass diese unsere Welt erneuert werden wird; wir werden Auferstehungsleiber bekommen und alle Ungerechtigkeit, Leid, Krankheit und Tod wird für immer ausgelöscht sein. In Kapitel 4 habe ich erwähnt, wie nach dem Theologen Miroslav Volf der Glaube an den Jüngsten Tag, an dem Gott alles Böse richten wird, ein starkes Motiv für den Verzicht auf Rache und Gewalt in diesem Leben sein kann, in dem Wissen, dass es auf dieser Erde einmal für immer wahre Gerechtigkeit geben wird.

Und schließlich wird es Situationen geben, wo (wie oben in Kapitel 4 erwähnt) eine „apologetische Fußnote“ am Platze ist. Hier können Sie kurz, aber deutlich klarstellen, dass die säkularen Gerechtigkeitsvorstellungen keine moralischen Instanzen außerhalb des Individuums kennen – und wenn es keinen Gott gibt und Nietzsche recht hat, gibt es keinen vernünftigen Grund dafür, von jemandem zu verlangen, dass er selbstlos leben solle.

Geschichte und Rationalität: Die Wissenschaft als säkularer Hoffnungsträger

Die Erzählungen der Spätmoderne über die Geschichte und die Rationalität sind zum Teil miteinander verbunden. Es gibt nach wie vor einen starken Fortschrittsmythos in unserer Kultur, nach welchem Wissenschaft und Technik uns eine bessere Zukunft bringen werden. Das Epizentrum dieses Denkens liegt in Silicon Valley, und zahlreiche „prophetische" Stimmen versprechen uns eine Zukunft, in der die Probleme des Älterwerdens, der Krankheit, der Armut und der Ungleichheit alle gelöst bzw. transformiert sein werden.

Doch heute erleben wir in unserer Kultur eine starke Reaktion gegen diesen Optimismus. Erstaunlich viele neuere Filme schildern eine gar nicht utopische Zukunft, in der die Zivilisation fast ausgelöscht sein wird. Es gibt einen weitverbreiteten Pessimismus, dass die Technologie dabei ist, uns unser Privatleben und unsere Menschlichkeit wegzunehmen und uns in einem bisher noch nicht gekannten Maß dem Terrorismus und der Ausbeutung auszuliefern.

Die christliche Antwort auf diese Situation ist, dass die moderne Idee des Fortschritts sowohl die Geschichte als auch den Menschen zu optimistisch gesehen hat. Sie geht naiv davon aus, dass „neu" immer auch „besser" heißt – etwas, was unser gesunder Menschenverstand verneint. Die Geschichte ist als moralischer Leitstern denkbar untauglich. Die Nazis waren überzeugt davon, der Arm der Geschichte zu sein. Die Kommunisten auch. In der ersten Hälfte des 20. Jahrhunderts dürfte der Großteil der westlichen Intellektuellen den Sozialismus oder Kommunismus als „die Zukunft" betrachtet haben. Andererseits sind heute viele gar zu pessimistisch. Sie haben den Mythos des garantierten Fortschritts eingetauscht gegen das andere Extrem, dass die Geschichte, in den Worten Macbeths, „ein Mährchen (ist), das ein Dummkopf erzählt, voll Schall und Bombast, aber ohne Sinn“[188].

Die christliche Antwort auf den extremen Optimismus wie den extremen Pessimismus der spätmodernen Sicht von der Geschichte ist die Auferstehung. Der christliche Glaube ist sowohl wesentlich pessimistischer als jede andere Weltanschauung, was die Geschichte und den Menschen betrifft, als auch wesentlich optimistischer, was die Zukunft dieser Welt angeht. Unsere Zukunft ist ein erneuertes physisches Universum mit Auferstehungsleibern – aber jede Auferstehung setzt natürlich voraus, dass zunächst einmal Tod und Zerstörung kommen. Christen haben keinen Grund zu der Annahme, dass jedes Jahrzehnt und jede Phase in der Geschichte besser sein werden als die vorherigen, aber sie glauben und wissen, dass Gott alles souverän zu einem herrlichen Ende führen wird.

Die christliche Sicht von der Geschichte vermeidet also beides: den utopischen Optimismus der Moderne und den lähmenden Weltuntergangspessimismus.

Eine ähnliche Strategie sollte der christliche Prediger gegenüber der Rationalitätsprämisse verfolgen. Der Glaube, dass es für alles eine wissenschaftliche Erklärung und für jedes Problem eine technische Lösung gibt, ist hoffnungslos naiv; solche utopischen Träume sind noch immer gescheitert. Wo der christliche Prediger oder Lehrer im Bibeltext oder in der Realität mit der Tiefe und Komplexität des Bösen konfrontiert wird – mit dem Bösen des „Systems“ und der Gesellschaft (biblisch ausgedrückt: der „Welt“), mit dem Bösen in uns (dem „Fleisch“) oder mit dem übernatürlichen Bösen (dem „Teufel“) –, sollte er die Gelegenheit wahrnehmen, sich mit dem Rationalitätsmythos auseinanderzusetzen. Er sollte zeigen, dass es Psychologie, Soziologie und Technologie niemals gelingen wird, all das auszubügeln, was bei uns falsch ist, und dass der Verstand alleine niemals die Sinnfrage beantworten kann.[189]

Hier sollte der christliche Prediger auch das Thema der Weisheit einführen. Das Lied von der Weisheit Gottes in Hiob 28 ist ein gewaltiger Text, der den modernen Technologiemythos bei den

Hörnern packt. Nachdem das Lied die menschlichen Technologien des Bergbaus und der Metallförderung gebührend gefeiert hat, fragt es: „Wo will man aber die Weisheit finden? … sie wird nicht gefunden im Lande der Lebendigen“ (Hiob 28,12-13). Wissen ist nicht dasselbe wie Weisheit. Wissen – das sind Daten und Fakten; Weisheit bedeutet, dass ich weiß, wie ich richtig lebe. Weisheit ist ein Verstehen des Wesens der Realität, das mir keine Wissenschaft der Welt geben kann. Die Weisheitsliteratur in der Bibel liefert dem christlichen Prediger zahlreiche ergiebige Themen und Textabschnitte, die ihm in seiner Auseinandersetzung mit der spätmodernen Wissenschaftsgläubigkeit helfen.

Sich nicht entmutigen lassen

Aber ist es nicht ein bisschen kühn, die Konfrontation mit den kulturellen Grundprämissen und Mythen des spätmodernen Säkularismus zu suchen? Können wir das denn schaffen? Die Stimmen, die sich einbilden, erkannt zu haben, in welche Richtung der Zug der Geschichte fährt, und für die die Christen die „Ewiggestrigen“ sind, geben sich siegesgewiss. Aber der christliche Prediger oder Lehrer sollte hier nicht kleinlaut oder ängstlich sein. Vergessen Sie nicht, dass Sie ja nicht gegen irgendwelche Menschen kämpfen, sondern gegen eine Ideologie. Unsere Zeitgenossen sind weniger die Protagonisten des Denkens der Spätmoderne als vielmehr dessen Opfer, und so betrachtet ist das christliche Evangelium mehr der Ausbruch aus einem Gefängnis als eine Kriegserklärung.

In 1. Korinther 1,20 ruft Paulus aus: „Wie steht es denn mit ihnen, den Klugen, den Gebildeten, den Vordenkern unserer Welt? Hat Gott die Klugheit dieser Welt nicht als Torheit entlarvt?“ Die damals aktuellen Weltanschauungen konnten mit dem Kreuz und der Versöhnung nichts anfangen. Die Philosophen, zu denen Paulus in Apostelgeschichte 17 sprach, rümpften die Nase über ihn, und kaum einer glaubte seine Botschaft. Aber mal ganz im Ernst: Wo ist die Weisheit der damaligen Welt geblieben? Kein Mensch glaubt heute noch an die damalige Weltsicht, und so wird es immer sein. Die Philosophien der Welt werden kommen und gehen, aufsteigen und untergehen; die Weisheit, die wir predigen – das Wort Gottes – bleibt in Ewigkeit.

Kapitel 6
Christus dem Herzen predigen

Denn wo dein Reichtum ist, da wird auch dein Herz sein.
(Matthäus 6,21)

Die Wichtigkeit des Herzens

Es ist absolut wichtig, biblisch zu predigen und die Zuhörer in ihrer kulturellen Prägung anzusprechen, aber dies ist noch nicht genug. Solange die Zuhörer die Wahrheit lediglich *verstehen*, aber nicht auch *von ihr gepackt sind*, werden sie sie nicht wirklich annehmen. Es reicht nicht, dass eine Predigt inhaltlich solide ist, sie muss auch das Interesse und die Fantasie der Zuhörer ansprechen; sie muss überzeugend sein und ins Herz der Menschen vordringen. Ein Prediger mag noch so engagiert argumentieren und konfrontieren und „ein Kämpfer für die Wahrheit" sein – wenn er dies auf eine Art macht, die trocken oder langweilig ist, werden die Zuhörer nicht Buße tun und sich die rechte Lehre, die er ihnen da bringt, nicht zu eigen machen. Nein, wir müssen so predigen, dass es den Zuhörern wie in der Pfingstpredigt des Petrus „durchs Herz dringt" (vgl. Apostelgeschichte 2,37; ELB).

Der moderne Bibelleser versteht den biblischen Ausdruck „Herz" fast immer falsch. Er filtert ihn durch das Sieb seiner Kultur und kommt zu dem Schluss, dass damit unsere Gefühle gemeint sind. Doch die Bibel redet oft vom *Denken*, ja vom *Handeln* mit dem Herzen, was zu unserem modernen Verständnis überhaupt nicht passt. Aber auch die alten Griechen verstanden unter *Herz* nicht das, was die Bibel darunter versteht. Für sie war „Tugend" eine Sache des den Körper bändigenden Geistes; Wille und Verstand triumphierten über die nicht zu bändigenden Leidenschaften des Leibes. Noch heute betrachten wir Verstand und Gefühle als Rivalen, wobei wir jedoch den Spieß umgedreht haben: Als unser „eigentliches Ich" gelten heute die Gefühle und nicht die Vernunft und ihre Gedanken.

Die biblische Sicht vom Herzen ist „weder – noch". In der Bibel ist das „Herz" der Sitz unseres Verstandes, unseres Willens und unserer Gefühle – aller drei zusammen. In 1. Mose 6,5 heißt es über den Menschen, dass „alles Sinnen der Gedanken seines Herzens nur böse den ganzen Tag" ist (ELB). In einem Kommentar heißt es hierzu: „*Leb* (‚Herz') ist im Menschenbild der Bibel das Zentrum der menschlichen Person, der Ort, wo Wille und Gedanken ihren Ursprung haben; es ist nicht nur die Quelle der Gefühle wie im Englischen."[190]

Selbstverständlich ist das Herz *auch* der Ort der Gefühle, z. B. der Freude (5. Mose 28,47), der Traurigkeit (1. Samuel 1,8), des Zorns (2. Könige 6,11), der Sorgen (Johannes 14,1) und der Liebe (1. Petrus 1,22). Doch das Herz fühlt nicht nur, es denkt auch (Sprüche 23,7; Daniel 2,30; Apostelgeschichte 8,22) und es ist der Ort des Willens, der Pläne und Entscheidungen (Sprüche 16,1.9). Aus ihm kommen auch unsere Worte (Matthäus 12,33-34; Römer 10,9). Und nicht zuletzt ist es der Ort unseres Vertrauens (Sprüche 3,5). In der Bibel meint die „Liebe" des Herzens viel mehr als bloße emotionale Zuneigung; das, was unser Herz am meisten „liebt", ist das, worauf es am stärksten sein Vertrauen setzt (Sprüche 23,26).

Die Bibel kennt keinen Dualismus zwischen „Kopf" und „Herz". Laut 1. Mose 6,5 entspringen die Gedanken, Handlungen und Gefühle des Herzens aus seinem „Sinnen" (ELB; Luther: „Dichten und Trachten"). Ein Schlüsselvers ist hier Matthäus 6,21: „Denn wo dein Reichtum ist, da wird auch dein Herz sein." Ein Theologe hat zu diesem Vers kommentiert, dass das Herz das „Zentrum der Aufmerksamkeit und des Engagements einer

Person" ist.[191] Was wir in unserem Herzen am meisten schätzen, „wird unterschwellig, aber unfehlbar die ganze Ausrichtung und die Werte der Person kontrollieren."[192]

Kein Wunder, dass die Bibel feststellt, dass Gott sich nicht von Äußerlichkeiten beeindrucken lässt, sondern das Herz ansieht (1. Samuel 16,7; 1. Korinther 4,5; Jeremia 17,10). Kein Wunder, dass die Propheten sagen, dass alles Halten von Geboten und aller Lobpreis Gottes mit dem Mund nichts nützen, wenn unser Herz fern von Gott ist (Jesaja 29,13; Jeremia 12,2). Darum haben sie so betont, dass es nicht reicht, Gottes Gesetz äußerlich zu befolgen, sondern dass dieses Gesetz durch eine geistliche Wiedergeburt gleichsam in das Herz hineingeschrieben werden muss (vgl. Jeremia 31,33).

Was das Vertrauen und die Liebe unseres Herzens gewinnt, kontrolliert auch unsere Gefühle und unser Verhalten. Was unser Herzenswunsch ist, das findet unser Verstand vernünftig, das finden unsere Gefühle wertvoll und das findet unser Wille machbar. Es ist daher absolut wichtig, dass es der Predigt gelingt, die Herzen der Hörer dazu zu bringen, damit aufzuhören, irgendwelche Dinge mehr zu lieben und ihnen mehr zu vertrauen als Gott. Was uns zu dem macht, was wir sind, ist die Reihenfolge oder Hierarchie unserer Vorlieben: Was liebe ich am meisten, was viel, was weniger und was überhaupt nicht? Dies ist für meine Identität noch wichtiger als das, was ich an religiösen Lehren und Glaubensartikeln unterschreibe. Nicht das, was ich sage, sondern das, was ich liebe, zeigt, woran ich wirklich glaube, und die Menschen verändern sich nicht einfach dadurch, dass sie anfangen, anders zu denken, sondern dadurch, dass sie anfangen, etwas (oder jemand) anderes zu lieben. Doch, eine Veränderung des Denkens ist hier *auch* notwendig, aber eben noch viel mehr.

Das Ziel der Predigt kann also nicht einfach darin bestehen, die Wahrheit dem Verstand der Zuhörer plausibel zu machen, sondern die Wahrheit muss auch ihre Herzen ergreifen. Um einen Menschen zu verändern, reicht es nicht, seinem Verstand neue Argumente zu geben; ich muss auch seinem Herzen und seiner Fantasie neue Schönheiten zeigen.[193]

Die Predigt und die „Affektionen des Herzens"

Einer von Jonathan Edwards' nachhaltigsten Beiträgen zur Psychologie der Religion findet sich in seinem Buch *The Religious Affections*. Anstatt die typisch abendländische Unterscheidung zwischen „Wille" und „Gefühlen" zu akzeptieren (und damit die Unterteilung der Seele in die drei Bereiche des Denkens, Fühlens und Wollens), geht Edwards von nur zwei Grundfähigkeiten aus. Die erste ist die „Verständigkeit" (*understanding*), d. h. unsere Fähigkeit, das Wesen der Dinge zu erkennen und zu beurteilen. Die zweite ist die „Neigung" (*inclination*), das, was wir erkennen, zu mögen oder nicht, zu lieben oder abzulehnen. Diese Neigung nennt Edwards dann, wenn sie unser Handeln antreibt, den „Willen", und dann, wenn sie die Schönheit dessen spürt, was wir mit unserer Verständigkeit erkennen, das „Herz". Ihren stärksten Ausdruck findet die „Neigung" in den von Edwards so genannten „Affektionen" – dem, was wir lieben, was uns antreibt; den Dingen, denen unser Herz sich zuneigt. Das Neue Testament nennt dies die „Frucht des Geistes": Liebe, Freude, Eifer, Dankbarkeit, Demut.

Die Affektionen sind natürlich voll von Gefühlen, aber sie sind nicht identisch mit ihnen. Es geht um eine (Zu-)Neigung der ganzen Person, wenn sie die Schönheit und Erhabenheit von etwas spürt. Wenn unser Herz sich in Liebe zu etwas hinneigt, treibt es uns an, an ihm teilzuhaben und es zu beschützen. Reine Gefühle können durch alle möglichen physischen und psychischen Stimuli verursacht werden und sind oft nur flüchtig und führen zu wenig oder gar keiner Verhaltensänderung. Affektionen sind dauerhafter; bei ihnen tritt zu der inneren Überzeugung die sichtbare Veränderung im Verhalten und Leben. Edwards weigerte sich, Verständigkeit und Affektionen gegeneinander auszuspielen. Wenn jemand ihm sagte: „Ich weiß schon, dass Gott für mich sorgt, aber ich habe trotzdem diese schreckliche Angst", antwortete Edwards: „Das bedeutet, dass du *nicht* wirklich weißt, dass Gott für dich sorgt, denn sonst würde in dir Zuversicht und Hoffnung aufsteigen."[194]

Das Herz und die Affektionen sind für den Prediger außerordentlich wichtig. Wenn Edwards recht hat, dann gibt es keinen absoluten Gegensatz zwischen „Kopf" und „Herz". Wir dürfen zum Beispiel nicht denken, dass dann, wenn unsere Gemeinde materialistisch gesinnt ist, wir sie nur aufzufordern brauchen, mehr zu spenden. Damit würden wir nur den Willen ansprechen, und das Ergebnis wäre bei einigen ein vorübergehendes schlechtes Gewissen, was möglicherweise ganz gut für die Kollekte dieses Gottesdienstes wäre, aber das Leben dieser Menschen nicht nachhaltig verändern würde, weil wir ihr Herz nicht erreicht haben. Es reicht andererseits auch nicht aus, Beispielgeschichten von Menschen in Not zu erzählen, denen durch die Großzügigkeit anderer geholfen wurde. Damit sprechen wir nur das Gefühl unserer Gottesdienstbesucher an und rühren sie zu Mitleid (und vielleicht auch dazu, eine Spende an das Missionswerk XY zu überweisen), aber auch dieses Gefühl wird vorübergehen und es kommt zu keiner bleibenden Veränderung.[195]

Wenn Christen materialistisch und geizig sind, zeigt dies, dass sie noch nicht wirklich begriffen haben, dass Jesus, der so reich war, um ihretwillen arm wurde. Sie haben noch nicht begriffen, was es bedeutet, dass wir in Christus alle Reichtümer und Schätze haben. Sie mögen dies als Lehre unterschreiben, aber ihr Herz klammert sich noch an materielle Dinge und findet sie schöner und erhabener als Jesus selber. Sie mögen den geistlichen Schatz, den Jesus uns bringt, rein theoretisch begriffen haben, aber sie haben ihn nicht verinnerlicht. Für uns als Prediger bedeutet dies, dass wir Christus so darstellen müssen, dass er im Herzen und in der Liebe der Zuhörer an die Stelle der materiellen Schätze tritt. Dazu reichen verstandesmäßige Argumente und die rechte biblische Lehre nicht aus (obwohl beides notwendig ist); wir müssen den Menschen auch die *Schönheit* Christi, der für uns auf seinen Reichtum verzichtete, vor Augen malen.

Edwards glaubte, dass die Sympathien und Vorlieben des Herzens in dem Phänomen des „Schönen" und „Erhabenen" (*excellency*) gründen – in dem, was wir um seiner selbst willen schätzen und genießen.[196] Edwards definiert einen Namenschristen als jemanden, der Christus nützlich findet (um jene Dinge zu bekommen, die sein Herz „schön" findet), während ein wahrer Christ jemand ist, der Christus schön um seiner selbst willen findet. In seiner vielleicht besten Diskussion dieses Themas schreibt er:

> Es gibt eine zweifache Kenntnis des Guten, zu der Gott den menschlichen Geist befähigt hat. Zuerst die, welche bloß über die Gedanken erfolgt ... die andere besteht in der Regung des Herzens, welches angesichts der Vorstellung dieses Guten vor Freude warm wird. In ersterer wirkt bloß ... die Verständigkeit, und nicht die ... *Neigung* der Seele. Es ist also ein Unterschied, ob ich der *Meinung* bin, dass Gott heilig und gnädig ist, oder ob ich die Lieblichkeit und Schönheit dieser Heiligkeit und Gnade *spüre*. Es ist ein Unterschied zwischen dem gedanklichen Urteil, dass Honig süß ist, und dem Gespür dieser Süße. Jemand kann das Erstere haben, ohne zu wissen, wie Honig schmeckt, aber er kann nicht das Zweite haben, wenn er nicht eine Vorstellung vom Geschmack des Honigs in seiner Seele hat.[197]

Vor vielen Jahren, auf meiner ersten Pastorenstelle, hatte ich ein seelsorgerliches Gespräch mit einem Teenagermädchen aus unserer Gemeinde. Sie war damals vielleicht 16 Jahre alt und sehr niedergeschlagen. Ich versuchte sie aufzumuntern. Sie sagte: „Natürlich weiß ich, dass Jesus mich liebt, dass er mich erlöst hat und dass er mich einmal in den Himmel holen wird – aber was bringt mir das, wenn in der Schule keiner der Jungen mich auch nur anschaut?"

Es war ein Aha-Augenblick. Diese junge Dame sagte also, dass sie all diese Wahrheiten über das Christsein *kannte*, aber dass sie das nicht tröstete in ihrem Elend. Die (fehlende) Zuwendung eines attraktiven Jungen in der Schule war für ihre Lebensfreude und ihren Selbstwert viel wichtiger als die Liebe Christi. Dies ist natürlich eine völlig normale Reaktion für eine Teenagerin, aber auch ein gutes Beispiel dafür, wie unser Herz funktioniert. Edwards hätte gesagt, dass das Mädchen der Meinung war, dass Jesus sie liebte, dass sie dies aber nicht mit dem Herzen wusste. Die Liebe Christi war für sie bloß ein abstrakter Begriff, während die Zuneigung (oder Nichtzuneigung) der Jungen in ihrer Klasse ihr Herz berührte. *Das* war die Realität, die ihre Seele beschäftigte.

In Epheser 3,17-19 (LUT) betet Paulus darum, dass „Christus durch den Glauben in euren Herzen wohne" und dass seine Leser „die Liebe Christi erkennen, die alle Erkenntnis übertrifft, damit ihr erfüllt werdet mit der ganzen Gottesfülle." Er spricht hier zu Christen – und an anderer Stelle sagt er, dass dann, wenn jemand Christ ist, Christus bereits in seinem Herzen wohnt und dass er bereits Gottes Liebe kennt und zur Fülle des Lebens gelangt ist. Warum ist dies kein Widerspruch? Weil das, was für einen Christen objektiv wahr ist, nicht automatisch auch subjektiv wahr ist. Darum betet Paulus darum, dass die Christen in Ephesus durch den Heiligen Geist „stark werden … an dem inwendigen Menschen" (also in ihren Herzen) und die Liebe Christi „begreifen" und „erkennen" mögen (Epheser 3,16-19; LUT). Paulus betet hier genau um das, was das Ziel jeder Predigt sein sollte. Es gibt viele Dinge, die Christen wissen und doch nicht kennen. Sie haben sie theoretisch begriffen, aber nicht mit dem Herzen ergriffen und ihr Denken so von ihnen packen lassen, dass sie neue Menschen geworden sind.

Dieses Verständnis der Affektionen des Herzens hat auch Edwards' eigene Predigttätigkeit zutiefst geprägt. In einer Predigt über 1. Mose 19,14 sagt er: „Der Grund dafür, warum die Menschen Warnungen vor einer künftigen Strafe nicht mehr beachten, ist, dass diese Strafe für sie keine Realität ist."[198] Dies ist das geistliche Hauptproblem – und die Hauptaufgabe der Predigt. Die Menschen haben vielleicht einen oberflächlichen Begriff von Gottes Wahrheit, aber sie rückt ihnen innerlich nicht auf die Pelle. Wäre es anders, würde ihr Herz gepackt und ihr Verhalten würde sich ändern. Für den materialistischen Christen ist die finanzielle Sicherheit eine größere geistliche Realität als Gottes Liebe und weise Vorsehung. Wir leben nicht so, wie wir es als Christen sollten – und dies nicht so sehr, weil wir wissen, was wir tun sollten, und es dann doch nicht tun, sondern weil das, was wir zu wissen glauben, unser Herz nicht wirklich erfasst hat.

Menschen verändern

Wie können wir so predigen, dass wir die Wahrheit für die Herzen unserer Zuhörer aufschließen?

Laut Jonathan Edwards gibt es zwei Arten, „die Voreingenommenheit des [menschlichen] Wesens“ zu überwinden, um ihm die Wahrheiten Gottes nahezubringen. „Die folgenden beiden Dinge sind erforderlich, um etwas recht zu erkennen oder um es uns zu einer Realität werden zu lassen: 1. dass wir glauben, dass es wahr ist, und 2. dass wir eine sinnliche Vorstellung oder Bild davon haben.“[199] Der erste Aspekt verlangt von uns, überzeugend zu predigen. Zum Herz im biblischen Sinne gehören auch der Verstand und das Denken. Der Prediger darf nicht nur Geschichten erzählen oder die Gefühle der Zuhörer bearbeiten. Eine Predigt muss, wie D. M. Lloyd-Jones das oft ausgedrückt hat, „Logik sein, die lodert und brennt“. Wir müssen vernünftig und gut argumentieren, doch das ist nur der erste Schritt. Der zweite besteht darin, dass wir den Hörern helfen, „sinnliche Vorstellungen“ von dem zu bekommen, was wir ihnen sagen wollen; dies war ein großes Anliegen von Edwards. Wie wir unten sehen werden, geht es hier darum, abstrakte Begriffe mit sinnlichen Wahrnehmungen bzw. Erfahrungen der Zuhörer zu verbinden, um ihre Fantasie und Vorstellungskraft anzusprechen, und nicht nur ihren Intellekt.

Was bedeutet dies für unsere Predigt? Eine ganze Menge. Wenn es stimmt, dass wir das Produkt unserer Affektionen sind, sodass das, was wir am meisten lieben, das ist, was uns prägt, dann kann eine Predigt, die das Herz anspricht, die Zuhörer hier und jetzt verändern. Eine Predigt, die nur die grauen Zellen informiert, kann den Zuhörern Denkanstöße für später geben, wenn sie wieder zu Hause sind; eine Predigt, die das Herz dazu bringt, nicht mehr Karriere, Erfolg oder die große Unabhängigkeit zu lieben, sondern Gott und seinen Sohn, verändert die Zuhörer auf der Stelle.

Man erzählt sich, dass D. M. Lloyd-Jones es mit gemischten Gefühlen sah, wenn die Leute bei seinen Predigten mitschrieben. Er fand, dass Mitschreiben und Notizen machen eher zu einem Vortrag passe. Für ihn bestand die Aufgabe des Predigers darin, Wissen *lebendig* zu machen. Lloyd-Jones wie Edwards fanden, dass eine gute Predigt das Herz des Hörers treffen musste – und dies ist wichtiger, als dass „ich heute wieder etwas Neues gelernt habe“. Ich persönlich würde sagen, dass es in Ordnung ist, wenn die Zuhörer während des ersten Teils der Predigt mitschreiben, aber wenn sie dies bis zu ihrem Ende tun, dann haben wir Ihr Herz wahrscheinlich nicht erreicht.

Wie man zum Herzen predigt

Einer der Schlüssel zu einer Predigt, die das Herz anspricht, ist, dass man die Zuhörer in ihrer Kultur „abholt". Dies ist die sogenannte „Kontextualisierung", über die wir bereits ausführlich gesprochen haben. In unserer individualistischen westlichen Kultur leben die Menschen in der Illusion, dass ihr Herz das Produkt ihrer eigenen, bewussten Entscheidungen ist, während in Wirklichkeit die Wünsche und Fragen, die sie umtreiben, zutiefst von ihrer Zeit und ihrer Umgebung geprägt sind. Wir sind viel mehr das, was unsere Kultur uns einflüstert, als das, was wir selber sein wollen. Eine gute kontextuelle Predigt tritt den kulturellen Prämissen und Normen der Zuhörer gleichzeitig sympathisch und kritisch entgegen und öffnet ihnen die Augen für Dinge, die sie bislang nicht sehen konnten, aber die sie beherrschen. Gute Kontextualisierung kann sehr befreiend wirken.

Doch das Herz erreichen erfordert mehr als das Ansprechen dieser kulturellen Normen. Es müssen noch weitere Aspekte dazukommen, die mehr persönlicher und pastoraler Art sind. Die Predigt muss insbesondere a) herzlich, b) anschaulich, c) ins Staunen führend, d) einprägsam, e) christozentrisch und f) praktisch sein.

a) Herzlich

Wenn Sie mit Ihrer Predigt die Herzen Ihrer Zuhörer erreichen wollen, müssen Sie *aus dem Herzen* predigen. Ihre Zuhörer müssen deutlich spüren, dass Ihr eigenes Herz von der Wahrheit des Bibeltextes gepackt worden ist. Gefragt ist hier echte, nicht vorgespielte Transparenz. Ein Prediger, der die Herzen bewegt (nicht: sie manipuliert!), legt das, was sein eigenes Herz erfüllt und bewegt, quasi automatisch und unbewusst offen. Die Menschen, die ihm zuhören, merken auf hundert Weisen, dass er von den Wahrheiten, die er ihnen da vorträgt, selber gedemütigt, verwundet, geheilt, getröstet und aufgebaut worden ist und dass sie sein Leben wirklich prägen.

Die Alternativen zur herzlichen Predigt sind die folgenden drei Predigtstile: Erstens die „trockene“ Predigt. Hier ist allen offensichtlich, dass das Herz des Predigers nicht berührt ist. Er spult seine Predigt ab. Er wirkt entweder nervös oder routinemäßig, und von Freude, Ergriffensein oder Liebe ist rein nichts zu spüren. Zweitens gibt es die „aufgeregte“ Predigt. Der Prediger krempelt gleichsam die Ärmel hoch und setzt seine Siegermiene auf, wie ein Fußballer vor dem Endspiel. Hier ist er gefühlsmäßig mehr dabei, aber sein Motiv ist, ein gutes Spiel zu liefern, damit er bei seinen Zuhörern nicht durchfällt. Die dritte und schlimmste Alternative schließlich ist der bewusste Versuch, in eine Rolle zu schlüpfen und den hochgeistlichen Superprediger zu markieren. Bitte beachten Sie: Jeder Versuch, Freude oder Demut oder Liebe zu „machen“, wird von den Hörern unweigerlich durchschaut werden und das Gegenteil von dem bewirken, was wir vorhatten.

Die Menschen werden es ganz genau merken: Christen, die predigen oder Bibelstunden halten, sind oft so auf die Vorbereitung und Präsentation der Inhalte konzentriert, dass sie nicht merken, wie sehr die Menschen, zu denen sie da reden, nicht nur auf die Worte achten, sondern auch auf die Person, die da vor ihnen steht. Ohne es selber recht zu merken, prüfen die Zuhörer die Motive des Predigers; sie haben einen sechsten Sinn dafür, ob es ihm wichtiger ist, eine gute Figur zu machen und als der große Experte rüberzukommen, als Gott zu ehren und sie zu lieben.[200] Es kann sogar sein, dass sie auf einer Ebene von seiner Predigt durchaus angesprochen werden, aber, ohne dies selber zu merken, auf einer anderen Ebene ablehnend reagieren; das ist dann so ähnlich wie bei manchen sentimentalen Werbespots, auf die die Adressaten zynisch reagieren, obwohl sie sie fast zu Tränen rühren.

Also: Es bringt nichts, sich *anzustrengen*, herzlich zu predigen; dergleichen wird unweigerlich als Theater gedeutet werden. Wir müssen herzlich *sein*. Wir brauchen ein Herz, das weich und offen gegenüber Gott und gegenüber unseren Zuhörern ist. Wie ist eine ungekünstelt herzliche Predigt möglich? Ich glaube, dass es hierzu im Wesentlichen zwei Dinge braucht.

Das Erste ist, dass Sie mit dem, was Sie sagen wollen, so vertraut sind, dass Sie nie in Ihrem Gedächtnis graben müssen, wie Ihr nächster Punkt lautete. Wenn Sie die Predigt nicht innerlich parat haben, werden Sie entweder unnötig Energie darauf verschwenden, ja nichts zu vergessen, oder Sie werden die Predigt mechanisch ablesen. Beides bedeutet, dass Sie die geistliche Speise, die Sie Ihren Zuhörern vorsetzen, nicht persönlich schmecken und genießen können. Wenn Sie das, was Sie sagen wollen, nicht im Schlaf beherrschen, können Sie nicht aus dem Herzen predigen. Für mich persönlich bedeutet dieses Beherrschen nicht nur, dass ich mich gründlich vorbereite, sondern auch, dass ich die gesamte Predigt drei oder vier Mal innerlich durchgehe, bevor ich an die Kanzel trete. Aber egal, was *Ihr* Stil bei der Vorbereitung ist – die Menschen merken den Unterschied zwischen dem Prediger, der sich mit seiner Predigt abmüht, und dem, der sie einfach hält.

Die zweite Grundvoraussetzung für eine Predigt, die aus dem Herzen kommt, ist ein tiefes, reiches persönliches Gebetsleben. Wenn Ihr Herz sich nicht regelmäßig in Anbetung und Buße verliert, wenn Sie nicht in der Stille immer wieder von Gottes Gnade überwältigt sind, wird dies auch nicht in der Öffentlichkeit des Gottesdienstes geschehen. Sie werden keine Herzen berühren können, weil Ihr eigenes Herz nicht berührt worden ist.[201] Das, was geschieht, wenn Sie predigen, sollte ähnlich wie das sein, was geschieht, wenn Sie beten. Bei einem Bußgebet sage ich ja nicht mechanisch: „Herr, ich bekenne meine Sünden“, sondern ich bin traurig über diese Sünden. Ich sage auch nicht einfach: „Herr, wie groß bist du!“, sondern ich spüre eine tiefe Freude und Ehrfurcht dabei. Ich sage nicht einfach: „Danke“, sondern ich spüre diese Dankbarkeit und Liebe. Beim Gebet spürt mein Herz etwas von der Heiligkeit, Herrlichkeit und Liebe Gottes – und was hier im Gebet geschieht, kann auch beim Predigen geschehen. Und wenn es beim Beten nicht geschieht, wie soll es dann beim Predigen geschehen?

b) Anschaulich

Das Herz anzusprechen heißt auch, die Fantasie anzusprechen, und diese reagiert mehr auf Bilder als auf Sätze. Hier betreten wir das Territorium der meist so genannten „Predigtbeispiele" und „Illustrationen". Im Laufe der letzten Generation haben viele Prediger die Bedeutung der Beispielgeschichte wiederentdeckt. Schon der gesunde Menschenverstand sagt uns, dass Geschichten unser Interesse fesseln und im Gedächtnis haften bleiben, und so rät man Predigern oft dazu, ihre Predigten reichlich mit Geschichten zu würzen. Aber *woher* kommt diese Macht der Geschichten? Es lohnt sich, einmal genauer darüber nachzudenken. Eine Illustration ist ja etwas, was einen abstrakten Satz mit der Erinnerung an ein Erlebnis in der realen Welt der Sinne verknüpft, und hier können wir erneut einiges von Jonathan Edwards lernen. Edwards war wohlvertraut mit dem großen Problem des Predigers, dass es möglich ist, dass die Menschen alle möglichen Lehren und Sätze des christlichen Glaubens bejahen, ohne dadurch in ihrem Leben verändert zu werden, und fragte sich, woher das kam.

Seine Antwort: Wir Menschen sind nun einmal Wesen aus Fleisch und Blut, und aufgrund des Sündenfalls sind uns geistliche Realitäten nicht so „wirklich" wie Sinneserfahrungen (also das, was wir sehen, hören, betasten, riechen oder schmecken). Dinge, die wir durch unsere Sinnesorgane wahrnehmen, sind für uns automatisch Realitäten; wir speichern sie im Gedächtnis und empfangen bleibende Eindrücke von ihnen. Abstrakte Aussagen und Sätze können die Menschen für „wahr" halten; als „real" empfinden sie nur „Bilder" (will sagen: Dinge, die sie mit ihren Sinnen erfahren und erlebt haben).[202]

So „wissen" die meisten Menschen sehr wohl, dass sie einmal sterben werden, aber erst wenn sie dem Tod real begegnet bzw. von der Schippe gesprungen sind, wird diese Sterblichkeit eine Realität für sie, die die alltägliche Lebensgestaltung verändert. Für Edwards ist die Predigt ein Versuch, „ein verbales Gegenstück zu solch einer Begegnung zu konstruieren"[203]. In der Predigt versuchen wir, Menschen wachzurütteln für Realitäten, die sie mit ihrem Verstand bejahen, aber noch nicht mit ihrem Herzen ergriffen haben. Dieses Wachrütteln geschieht, indem wir eine geistliche Wahrheit mit der lebhaften Erinnerung an eine Sinneserfahrung verknüpfen, die der Hörer gehabt hat, und so „die geistliche Aussage in eine Sprache kleiden, die konkret ist und sie fast physisch greifbar macht.“[204]

Wenn Edwards in seiner berühmten Predigt „Sinners in the Hands of an Angry God“ [„Sünder in den Händen eines zornigen Gottes“] sagt, dass „all deine Gerechtigkeit nicht ausreicht, ... um dich zu retten und vor der Hölle zu bewahren“, macht er eine abstrakte Aussage. Es ist eine der Grundlehren des Protestantismus, dass niemand durch seine guten Werke errettet werden kann. Aber dabei bleibt Edwards nicht stehen, sondern er fährt fort, dass unsere eigene Gerechtigkeit gerade so schwach ist wie „ein Spinnennetz, in das ein schwerer Stein fällt“[205]. Was tut Edwards hier? Wir alle wissen, wie fein und dünn ein Spinnennetz ist; wir haben es alle schon einmal gesehen oder sogar gefühlt. Wir wissen: Wenn ein Stein in solch ein Netz fällt, prallt er nicht von ihm ab, sondern schneidet glatt hindurch, als ob es fast nur Luft wäre. Dies ist eine Sinneserfahrung, die wir alle schon gehabt haben oder uns jedenfalls leicht vorstellen können.

Indem Edwards die Lehraussage mit dieser Sinneserfahrung in Verbindung bringt, macht er sie für seine Zuhörer zu etwas, was sie sehen und fühlen können. Sie ist nicht mehr bloß ein abstrakter Gedanke. Die abstrakte Aussage quittieren wir vielleicht mit einem höflichen Nicken; das Bild von dem Stein und dem Spinnennetz geht uns unter die Haut. Edwards bringt hier zwei Bereiche zusammen: den des logischen Denkens und den der konkreten Erfahrung. Meine guten Taten sind wie ein Spinnennetz und meine Sünde ist wie ein Stein. Es ist ein Bild, das meine Vorstellungskraft anspricht und damit gleichzeitig meinen Verstand erleuchtet. Es hilft mir, die Lehre, dass meine guten Werke mich nicht erlösen können, ganz neu zu verstehen: Jawohl, es ist *unmöglich*, mir den Himmel zu verdienen. Dieses Bild packt mich und macht mein Herz empfänglicher für die Wahrheit.

Eine Beispielgeschichte kann auch eine Sinneserfahrung, die

ich nicht gehabt habe, aus Erfahrungen konstruieren, die ich sehr wohl gehabt habe. In 2. Samuel 11 hat David eine außereheliche Affäre mit Batseba; als sie schwanger wird, sorgt er dafür, dass ihr Ehemann, Uria, im Krieg fällt, und heiratet sie schließlich. David wird bestimmt Gewissensbisse gehabt haben, die er jedoch ruhiggestellt hat – möglicherweise durch Selbstmitleid: „Wer so viel Verantwortung trägt und so viele Opfer bringen muss wie ich, kann sich doch auch mal etwas gönnen …" Im nächsten Kapitel kommt der Prophet Nathan zu ihm, um ihn wegen seiner Sünde zur Rede zu stellen. Aber er fällt nicht mit der Tür ins Haus, sondern beginnt mit einer Beispielgeschichte, und erst dann kommt er zu seinem Schuldspruch.

Nathan erzählt dem König eine Geschichte von einem Reichen, der viele Schafe und Rinder hatte, und einem Armen, der nur ein einziges Schaf besaß. „Und er nährte es, dass es groß wurde bei ihm zugleich mit seinen Kindern. Es aß von seinem Bissen und trank aus seinem Becher und schlief in seinem Schoß, und er hielt's wie eine Tochter" (2. Samuel 12,3). Dann kommt eines Tages ein Gast, den der Reiche bewirten muss, und anstatt dazu eines von seinen zahlreichen eigenen Schafen zu schlachten, nimmt er dem Armen sein einziges Schaf weg. Was soll man machen mit diesem Mann, fragt Nathan den König. David, voller Zorn über den skrupellosen Reichen, ruft aus: „Der Mann ist ein Kind des Todes, der das getan hat!" Worauf Nathan zurückschießt: „*Du* bist der Mann!" (2. Samuel 12,5-7)

David ist voll von Ausreden für das Unrecht, das er gerade in seinem eigenen Leben begangen hat, und blind für seine Schuld. Also nimmt Nathan ihn in die erfundene Geschichte eines anderen Mannes mit hinein, wo er das Unrecht in seiner ganzen unverhüllten Hässlichkeit sieht und in helle Empörung gerät. Woran Nathan prompt anknüpft, um ihm sein eigenes Unrecht vorzuhalten: „Siehst du das schreiende Unrecht in dieser Geschichte? Genau so hast du auch gehandelt!" Das Gefühl des moralischen Entsetzens, das David in der fiktiven Geschichte erlebt hat, heftet sich jetzt an sein eigenes Verhalten. Er wird bis ins Herz getroffen – und tut Buße.

Lassen Sie mich Ihnen noch ein anderes biblisches Beispiel dafür geben, wie Illustrationen funktionieren. In 1. Mose 4,7 sagt Gott zu Kain: „Bist du aber nicht fromm, so lauert die Sünde vor der Tür, und nach dir hat sie Verlangen; du aber herrsche über sie." Im hebräischen Urtext steht hier ein Wort, das das Bild eines wilden Tieres malt, das sprungbereit auf dem Boden kauert (vielleicht im Schatten), und nur darauf wartet, zuzustoßen und zu töten. Gott sagt nicht einfach: „Sünde ist etwas Gefährliches, Kain! Hüte dich vor ihr!" Das wäre ein abstrakter Satz gewesen. Sondern Gott vergleicht die Sünde mit einem starken, heimtückischen Raubtier und spricht damit nicht nur Kains Herz an, sondern gibt ihm auch Informationen über das Wesen der Sünde, die ein einfacher allgemeiner Satz nicht hergegeben hätte. Gott sagt Kain hier, dass die Sünde ihn zum Schluss verzehren und vernichten wird, wenn er ihr nachgibt. Sünde ist ein Selbstmordakt der menschlichen Seele. Das Bild bedeutet weiter, dass Sünde nicht etwas Einmaliges, Vorübergehendes ist; sie schafft vielmehr eine finstere Realität in meinem Leben, die nicht mehr weggeht. Sünde schafft schlechte Angewohnheiten und pervertierte Vorlieben. Und diese Dinge fangen an, mich zu beherrschen, bis ich mich selber nicht mehr kontrollieren kann. Der Sünder gibt sich etwas hin, das ihn töten will.

Hier benutzt also Gott selber eine Illustration bzw. ein Beispiel; er verknüpft eine abstrakte Aussage mit einer Sinneserfahrung, um die Wahrheit für das Herz und das Leben aufzuschließen. Gott sagt, dass die Sünde wie ein sprungbereiter Panther oder Leopard ist, der darauf wartet, sich auf uns stürzen zu können. Wenn wir dies hören, stockt nicht nur der Atem, sondern es geht uns auch ein Licht auf: „Ach, so ist das also mit der Sünde …"

Eine gute Illustration funktioniert also so, dass sie eine Sinneserfahrung, die wir gehabt bzw. von der wir gehört haben, ins Gedächtnis holt und in Verbindung mit einem Prinzip, das wir illustrieren wollen, bringt. Damit macht sie dem Hörer dieses Prinzip oder diese Wahrheit auf doppelte Weise lebendig: indem sie ihm hilft, sie besser zu verstehen, und indem sie sein Herz stärker auf sie ausrichtet, sodass sie ihm lieber wird.

Dies ist das Ziel und der Sinn von Illustrationen und Beispielgeschichten in Predigten, und das sollten wir nie vergessen. Leider erzählen viele Prediger Geschichten, die diese Funktion nicht erfüllen. Manche Beispiele sprechen zwar die Gefühle der Hörer an, aber bringen argumentativ nichts. Sorgen Sie dafür, dass Ihre Geschichten echte Illustrationen sind, die beides leisten.

Eine Unterart der Illustration ist der *Vergleich* (Analogie). Mit einem Vergleich versucht man, eine Wahrheit mit einem für die Sinne greifbaren Bild zu verdeutlichen,[206] zum Beispiel so: „Dass Christus uns gerecht spricht, muss man sich so vorstellen, als ob man vor Gericht steht und zu einer Geldstrafe verurteilt wird, die man nie und nimmer aufbringen kann, aber dann sagt plötzlich der Richter, dass er selber für die gesamte Summe geradestehen wird." Dieser Vergleich hilft den Hörern, den Begriff der stellvertretenden Sühne zu verstehen, und er zeigt ihnen, dass der, der uns verurteilt, gleichzeitig der ist, der uns rettet. All dies lässt einerseits unserem Verstand ein Licht aufgehen, aber gleichzeitig spricht es auch unser Herz an, denn aufgrund ähnlicher Erfahrungen, die wir schon in unserem Leben gemacht haben, können wir uns leicht vorstellen, wie wir uns in solch einer Situation fühlen würden. Der Hörer lernt hier nicht nur einiges über die biblische Rechtfertigungslehre, sondern er kann auch die Erleichterung und die Freude nachempfinden, die der Angeklagte erlebt, der plötzlich hört, dass die Strafe schon bezahlt ist.

Man kann Vergleiche auch dazu benutzen, jemanden von etwas zu überzeugen, zum Beispiel so: „Wenn jemand Ihr Auto stehlen und zu Schrott fahren würde, würden Sie doch sicher nicht wollen, dass der Richter sagt: ‚Lassen Sie uns die Sache vergeben und vergessen', sondern Sie wollen Gerechtigkeit. Warum soll dann Gott all unsere falschen Taten einfach vergessen und beide Augen zudrücken?" Mit anderen Worten: „Wenn Sie A zustimmen, warum nicht auch B, das doch die logische Folge von A ist?"

Etwas anders verhält es sich mit dem *Beispiel*. Im Gegensatz zu dem Vergleich, der zwei Dinge einander gleichsetzt, gibt das Beispiel den Hörern eine verdaulichere „Scheibe" von dem Thema, über das Sie reden. Vergleiche können dazu benutzt werden, die praktischen Implikationen dessen, worüber wir gerade reden, klarzustellen. Wenn wir unsere Zuhörer zur Ehrlichkeit anhalten wollen, können wir ein paar gängige Beispiele für Lügen oder Halbwahrheiten geben. Wenn wir sie zu mehr Großzügigkeit anhalten wollen, können wir Beispiele für besondere Großzügigkeit anführen.

Das Risiko bei Beispielgeschichten ist, dass sie womöglich nur die Gefühlsebene ansprechen und nichts zum Verständnis des Prinzips, um das es geht, beitragen. Da erzählt jemand die rührende Geschichte von einer bitterarmen Familie, die um das wärmende Feuer sitzt und gerade ihr letztes bisschen Brot gegessen hat, als plötzlich ein Gast erscheint ... Geschichten können sehr direkt unsere Ängste, Schuldgefühle und Vorurteile ansprechen.

Die einfachste Variante der Illustration, die gerne übersehen wird, ist das *Wortbild*, bei dem man einen Halbsatz oder nur ein einziges Wort benutzt, um einen abstrakten Begriff mit einer konkreten Sinneserfahrung zu verknüpfen. Anstatt zu sagen: „Dies bedeutet Freiheit", sagen wir: „Dies ist Gottes Trompetenstoß der Freiheit." Oder anstatt zu sagen: „Die Auferstehung ist der Beweis, dass unsere Sünden vergeben sind", sagen wir: „Die Auferstehung hat auf die ganze Menschheitsgeschichte den Stempel ‚bezahlt' gedrückt." Solche Illustrationen machen unsere Predigten gleichsam sinnlich erfahrbar; sie lassen im Hörer Bilder, Klänge, ja Gerüche und Geschmäcke hochkommen. Edwards selber hat nicht besonders viele Geschichten erzählt. Er arbeitete deutlich mehr mit Wortbildern und erweiterten Metaphern, in denen er Gott zum Beispiel mit der Sonne oder Gottes Liebe mit einem Springbrunnen oder Feuer verglich.

c) Ins Staunen führend

Wenn wir so predigen wollen, dass die Herzen erreicht werden, müssen wir unsere Zuhörer auch zum Staunen bringen. In seinem berühmten Essay „Über Märchen" legt J. R. R. Tolkien dar, dass es tiefe, unauslöschliche Sehnsüchte im menschlichen Herzen gibt, die realistische Geschichten nicht stillen können. In der Welt der

Märchen-, Science-Fiction- und Fantasy-Literatur begegnen wir Figuren, die

- aus der Zeit hinaustreten
- dem Tod entkommen
- mit nicht menschlichen Wesen umgehen
- eine vollkommene Liebe finden, von der sie nie Abschied nehmen müssen
- schlussendlich über das Böse triumphieren.

Die Leser wissen natürlich, dass diese Geschichten erfunden sind, aber wenn sie gut gemacht sind und lebendig erzählt werden, bringen sie eine ganz besondere Art Trost und Befriedigung mit sich. „Fantasy"-Literatur ist heute sehr beliebt und dürfte von Milliarden gelesen bzw. als Verfilmung gesehen werden. Diese Geschichten sind Klassiker in der Publikumsgunst. Aber warum? Tolkien, der Christ war, glaubte, dass dies daran liegt, dass Märchen und ähnliche Geschichten eine andere, verborgene Realität bezeugen. Selbst wenn wir mit unserem Verstand nicht glauben, dass es einen Gott oder ein Leben nach dem Tod gibt, scheinen unsere Herzen („Herz" im christlichen Sinne verstanden) zu spüren, dass diese Dinge eigentlich zum Dasein dazugehören: „Ja, so war es einmal, so sollte es sein und so wird es eines Tages wieder sein …" – Wir sind deswegen so fasziniert von diesen Geschichten, weil wir eine Art intuitives Wissen um die Schöpfung, den Sündenfall, die Erlösung und die Heilung aller Dinge, die zusammen die große Geschichte der Bibel bilden, besitzen. Unsere grauen Zellen mögen diese große Geschichte hundert Mal verdrängen – unser Herz weiß um sie und wird von jedem Text, in dem sie anklingt, seltsam berührt.

Das englische Wort für „Evangelium" lautet bekanntlich *gospel*. Das Wort kommt aus dem mittelenglischen *godspell*, das wiederum zwei altenglische Wörter in sich vereint: *good* („gut") und *spell* („Erzählung"). Im heutigen Englisch bedeutet *spell* „Zauberspruch" oder „Bann" (im nicht negativen Sinne). Was heute „verzaubern" bzw. „in den Bann ziehen" bedeutet – nämlich die Wendung *to cast a spell* –, bedeutete im Altenglischen „eine Geschichte erzählen". Geschichten ziehen unser Herz und unsere Fantasie in ihren Bann und geben uns tiefe Freude. Das *godspell* aller *godspells* ist das Evangelium (*gospel*) von Jesus Christus. Es ist die große kosmische Geschichte, zu der alle anderen Geschichten, die uns Freude bringen, uns in ihren Bann ziehen und uns das Herz erwärmen, nur bescheidene Wegweiser sind. Was ist das Besondere an der Geschichte von Jesus Christus? Sie ist die eine und einzige Geschichte, die alle jene Sehnsüchte stillt – und die gleichzeitig historisch wahr ist.

Wenn Jesus Christus wirklich von den Toten auferstanden ist, wenn er wirklich der Sohn Gottes ist und wir an ihn glauben, dann sind all die Dinge, nach denen mein Herz sich so verzweifelt sehnt, Realitäten und werden sich eines Tages erfüllen. Jawohl, wir werden der Zeit und dem Tod entfliehen. Wir werden Liebe ohne Abschied erleben, wir werden sogar mit übermenschlichen Wesen Gemeinschaft haben und wir werden es erleben, wie das Böse für immer besiegt wird. Die besten Märchen sind Inseln der Hoffnung und des Luftholens in einem Leben, in welchem unsere tiefsten Sehnsüchte alle erstickt und niedergetrampelt werden. Aber wenn das Evangelium wahr ist – und es ist wahr –, dann werden all diese Sehnsüchte eines Tages gestillt werden.

Der christliche Prediger bzw. Lehrer muss so predigen, dass er den Menschen lebendig macht, was für eine absolut gute Nachricht diese Wahrheit beinhaltet. Er muss jede Gelegenheit nutzen, darauf hinzuweisen, und sollte etwas von dem freudigen Staunen vermitteln, das diesem Evangelium angemessen ist. Selbst diejenigen unter uns, die wirklich an das Evangelium glauben, können es eigentlich nicht fassen. Wir predigen nicht mit den Freudentränen, die wir so oft haben sollten. Wir sollten beim Predigen stets offene Herzen für das Wunder der Erlösung haben, damit wir, wie einst Mose, mit strahlendem Angesicht predigen (2. Mose 34,29-35; 2. Korinther 3,13).

d) Einprägsam

Manche heutigen Prediger verwenden so viel Zeit auf das Verstehen und Erklären des Bibeltextes, dass sie nur wenig Zeit für zwei andere Dinge haben: die praktische Anwendung im Leben der Hörer und eine einprägsame, flüssige, die Hörer fesselnde Darbietung. Ein Merkmal, das eine Predigt fesselnd macht, ist ihr Inhalt. Eine fesselnde Predigt erzählt den Zuhörern nicht lauter Dinge, die sie bereits wissen, in einer Sprache, die sie auswendig kennen, sondern sie ist voll von neuen, frischen, originellen Einsichten bzw. Formulierungen. Sie bietet dem Hörer Gedanken und Einsichten, die er im Prinzip vielleicht schon kennt, auf eine neue, interessante Art und Weise. Nach solch einer Predigt sagen bzw. denken die Hörer typischerweise: „*So* habe ich das noch nie gehört." Wie man dies erreicht? Ich fürchte, die Antwort würde ein Buch füllen. Wenn Sie ein, zwei Bücher über ein Thema oder einen Bibeltext lesen, haben sie nur eine oder zwei große, überraschende Einsichten, wenn Sie ein Dutzend Bücher lesen, einige mehr. Ich sehe hier keine Abkürzungen. Eine Predigt, von der man etwas Neues lernen kann, ist die Frucht intensiven Studiums und Lesens und Ausprobierens.

Ein Zweites, was eine Predigt fesselnd und einprägsam macht, ist die Benutzung der gesprochenen (also nicht geschriebenen) Sprache. Viele Prediger neigen dazu (jedenfalls beim Predigen bzw. wenn sie Vorträge halten), so zu sprechen, wie sie schreiben. Doch gesprochene und geschriebene Sprache sind zwei verschiedene Paar Stiefel. So sollte der Redner nicht so viele Gedanken bringen wie der Verfasser eines Artikels; er muss mehr wiederholen, da der Hörer nicht die Möglichkeit des Lesers hat, einfach „zurückzublättern" und über eine Stelle noch einmal in Ruhe nachzudenken. Der Redner braucht in seiner Argumentation meist nicht so viele Schritte zu bringen, um überzeugend zu wirken. Er muss ferner einen einfacheren Wortschatz benutzen. Er darf Sätze gerne (und wirkungsvoll) mit „aber" oder „und" beginnen und kann Silben zusammenziehen, ohne zu alltagsprachlich zu klingen.

Ein weiteres Mittel, eine Predigt einprägsam zu machen, ist eine Rhetorik, die auf die Kultur der Hörer Rücksicht nimmt. Es ist nur zu leicht, entweder in einen steifen, zu schriftsprachlichen Stil zu fallen oder so locker vom Hocker zu reden, dass es vom Inhalt der Predigt ablenkt. Keiner dieser beiden Kommunikationsstile fesselt die Aufmerksamkeit so wie Stilmittel, die die Kultur der

Zuhörer ansprechen. Solche Stilmittel gibt es haufenweise, und es ist besser, man eignet sie sich ganz spontan an (durch das Hören anderer Prediger), als dass man bewusst versucht sie zu „studieren“. Beispiele sind u. a. Assonanz, Alliteration und andere Arten von Parallelismen, z. B. „Lang war der Weg, kurz war der Kampf“. Es gibt noch viele andere, weniger auffällige und „originelle“ Arten, Sprache einprägsam und effektvoll einzusetzen. Man beachte dabei, dass die verschiedenen Kulturen und Altersstufen je unterschiedlich reagieren; was für die einen gerade richtig ist, wirkt bei den anderen vielleicht altbacken, schwülstig oder zu manipulativ.

e) Christozentrisch

Hier kann ich mich kurz fassen, da ich weiter oben bereits dargelegt habe, wie wichtig es ist, statt bloßer Moralappelle die verändernde Kraft des Evangeliums zu bezeugen – nicht nur biblische Wahrheiten und Geschichten zu predigen, sondern Christus, in dem alle Wahrheiten und Geschichten sich treffen. Hier möchte ich nur eines hinzufügen: Christus predigen ist nicht nur der Generalschlüssel zum rechten Verständnis eines Bibeltextes und die beste Methode, sowohl Christen wie Nichtchristen anzusprechen; es ist auch die beste Methode, um zu erreichen, dass unsere Predigt nicht ein trockener Vortrag ist, sondern eine lebendige Verkündigung der Wahrheit, die die Herzen der Zuhörer packt.

Sehr oft ist ein biblisches Thema (zum Beispiel das „Reich“ oder der „Bund“ oder die „Sühne für unsere Schuld“) zunächst einmal eine abstrakte Wahrheit – bis wir zeigen, wie dieses Thema seinen Höhepunkt und seine Erfüllung in Christus findet. Wenn wir den Zuhörern Jesus als den großen König, als den Herrn und gleichzeitig Diener des Bundes und als unser Sühneopfer groß machen, werden aus Abstraktionen mit einem Mal Realitäten, die die Herzen ergreifen. Das beste und stärkste Mittel, von der Information zur Ansprache des Herzens zu kommen, vom lehrreichen Vortrag zur Begeisterung über ein Kleinod, ist Jesus selber.

Widerstehen Sie der Versuchung, Ihre Predigt mit einem „So müsst ihr leben!“ zu beenden. Sagen Sie lieber etwas im Stil von:

„Kein Mensch schafft es, so zu leben. Aber es gibt einen, der es getan hat, und wenn ihr euch ihm anvertraut, dann könnt auch ihr anfangen, so zu leben." Sie werden merken, wie die ganze Atmosphäre im Saal anders wird, wenn nicht mehr die Gemeinde, sondern Jesus im Zentrum der Predigt steht. Ihre Zuhörer sind mit einem Mal nicht mehr Schüler, sondern Anbeter.

f) Praktisch

Zum Herzen predigen bedeutet schließlich auch, praktisch predigen. Im Prolog zu diesem Buch haben wir gesagt, dass der Prediger zwei Instanzen verantwortlich ist: der Wahrheit des Bibeltextes und dem Leben der Zuhörer. Das Erste erfordert die *Auslegung* des Textes im weitesten Sinne; wir haben dies in Teil I abgehandelt. Das Zweite erfordert die *Anwendung* des Textes im weitesten Sinne; wir haben dies in den ersten Kapiteln von Teil II behandelt. Ich möchte nun den II. Teil beschließen, indem ich einige Hinweise für die Anwendung im engeren Sinne gebe. Es geht hier darum, den Hörern der Predigt zu helfen, anhand des Evangeliums und des Predigttextes ihr Leben ganz praktisch zu verändern.

1. Erweitern Sie den Kreis Ihrer Gesprächspartner

Wenn wir die Bibel studieren, neigen wir dazu, Antworten auf die Fragen zu suchen, die wir (direkt oder indirekt) auf dem Herzen haben. Da wir begrenzte menschliche Wesen sind, die an einen bestimmten Ort und eine bestimmte Zeit gebunden sind, gibt es beim Bibellesen keinen „neutralen" Standpunkt. Wir treten immer mit ganz bestimmten Fragen, Problemen und Konflikten an den Text heran, und während wir ihn lesen, „hören" wir vor allem das, was er uns über diese Fragen, Probleme und Konflikte sagt.

Eines der Naturgesetze des Predigens ist daher, dass wir dazu neigen, für die Menschen zu predigen, denen wir im Laufe der Woche am meisten zuhören. Warum? Weil die Menschen, mit denen ich am meisten zu tun habe, ihre Fragen in mein Denken einbringen, sodass diese Fragen ein Teil des „Filters" werden, durch den ich die Bibel lese, und mir vor allem diejenigen biblischen Wahrheiten auffallen, die für diese Fragen relevant sind. Meine Predigten haben somit eine natürliche „Schlagseite" zu den Menschen hin, die mich in meinem Alltag am meisten beschäftigen. Diese Menschen werden auch diejenigen sein, denen meine Predigten am meisten zu sagen haben. Sie werden in den Gottesdienst kommen und andere Gleichgesinnte mitbringen. Und weil sie kommen, lerne ich noch mehr dieser Art Menschen kennen und unterhalte mich mit ihnen, worauf ich (halb unbewusst) meine Predigten noch mehr auf sie zuschneide. Je mehr ich mit diesen Menschen rede und ihnen zuhöre, desto mehr ziehen sie meine Predigten in ihre Richtung, und je mehr ich meine Predigten auf sie ausrichte, umso mehr von ihnen kommen in den Gottesdienst, und so weiter.

Es ist ein richtiger Kreislauf, und dieser kann negativ oder positiv sein. Der problematischste Fall sind jene evangelikalen Prediger, deren Welt fast ausschließlich aus anderen evangelikalen Predigern und Autoren besteht. Ob sie Bücher oder Artikel lesen, Predigten und Vorträge halten oder im Internet kommunizieren – fast immer haben sie es mit Menschen zu tun, die ihre Positionen teilen. Was bedeutet, dass ihre Predigten vor allem etwas für Studenten, Kollegen und andere Anhänger ihrer theologischen oder sonstigen „Schule" sind. Es ist nicht so (wie viele denken), dass diese Predigten zu sehr im theologischen Elfenbeinturm stecken bleiben, sondern der Prediger wendet den Text auf die Fragen und Probleme der Menschen an, die er am besten versteht: andere Akademiker.

Die meisten Prediger predigen allgemein für andere Christen. Dies ist schon besser, bedeutet aber natürlich, dass ihre Predigten nur für Mitchristen hilfreich sind. Sie hören dem Prediger gerne zu und haben den Eindruck, gute geistliche „Nahrung" von ihm zu bekommen, aber sie merken instinktiv, dass sie ihre nicht christlichen Freunde besser nicht mit in den Gottesdienst nehmen. Sie denken nie: „Ich wollte, mein nicht christlicher Nachbar wäre jetzt auch hier und könnte das hier hören."

Predigten halten, die die Hörer „abholen", kann man nicht in einem Seminar oder Handbuch lernen. Für wen ich predige, ergibt sich vielmehr wie von selber daraus, was für Gesprächspartner ich in meinem Alltag habe. Wenn ich die meiste Zeit Bücher lese, anstatt unter die Menschen zu gehen, werde ich für die Autoren der Bücher, die ich lese, predigen (was nicht sehr sinnvoll ist). Wenn ich den Großteil meiner Zeit in christlichen Versammlungen oder in der christlich-kirchlichen Subkultur verbringe, werde ich in meinen Predigten die Nöte und Bedürfnisse diese Subkultur ansprechen (was schon sehr viel besser, aber immer noch etwas einseitig ist). Will ich auch über diese Grenze hinausgehen, muss ich den Kreis meiner Bekannten und Gesprächspartner bewusst erweitern.

Wie macht man das? Fangen Sie damit an, verschiedene Tages- bzw. Wochenzeitungen und Magazine zu lesen, die das ganze politische Spektrum abdecken. Informieren Sie sich, was die „Rechten", die „Linken", die „Liberalen", die „Populisten" usw. denken. Lesen Sie auch Buchrezensionen und Feuilletonartikel, um sich über neue Trends und Meinungen zu informieren.

Achten Sie auch darauf, dass der Kreis Ihrer Gesprächspartner groß genug ist. Viele Pastoren finden dies schwierig, weil sie so beschäftigt sind und weil die meisten Menschen eine Maske aufsetzen, wenn sie einen Geistlichen vor sich haben. Aber wenn Sie Ihren Terminkalender kreativ pflegen und in Ihrem Viertel oder Ihrer Stadt neue Kontakte nicht scheuen, können Sie es hinbekommen, dass Sie Menschen aus verschiedenen Segmenten des religiösen Spektrums kennenlernen.

2. Denken Sie bei der Predigtvorbereitung bewusst an Menschen, die Sie kennen

Denken Sie bei Ihrer Predigtvorbereitung gezielt an Personen aus Ihrem Bekanntenkreis, die typisch für verschiedene geistliche Gruppen sind (zum Beispiel Nichtchrist, frisch bekehrter Christ, reifer Christ), die mit unterschiedlichen Sünden und Problemen zu kämpfen haben (zum Beispiel Stolz, Sex, Sorgen, Gier, Vorurteile, Nachtragen, Befangenheit, Depressionen, Angst, Schuldgefühle) und die sich in unterschiedlichen Situationen befinden (Einsamkeit, Verfolgung, Erschöpfung, Trauer, Krankheit, Versagen, Unschlüssigkeit, Verwirrung, körperliche Behinderung, Altersprobleme, Enttäuschung, Langeweile etc.). Und jetzt *holen Sie sich die Gesichter einiger dieser Menschen vor Ihr inneres Auge*, schauen Sie sich die biblische Wahrheit, die Sie Ihren Hörern bringen wollen, an und fragen Sie sich: *Was bedeutet dieser Text für diesen Menschen?* Stellen Sie sich vor, dass die Person bei Ihnen in der Seelsorge ist und Sie ihr anhand dieses Textes helfen wollen. Dies klingt nach Arbeit, aber man kann es so einüben, dass es einem in Fleisch und Blut übergeht. Diese Übung führt dazu, dass Ihre Textanwendung konkret, praktisch und persönlich ist. Sie wird Sie auch zu einem besseren Seelsorger machen.

Eine vereinfachte Version ist, dass Sie sich die folgende Frage stellen: *Was sagt dieser Bibeltext den vier Menschentypen, die in dem Gleichnis vom vierfachen Ackerfeld in Markus 4 dargestellt werden?* Diese vier Typen sind: die bewussten Skeptiker und Gegner des Glaubens; die Namenschristen, deren Glaube nicht in die Tiefe geht; jene Christen, deren Herz geteilt und deren Prioritäten falsch sind; die reifen, treuen Christen.[207] Sie können auch längere Typologien anfertigen, um mehr Gedankenanstöße zu bekommen.[208]

3. *Bauen Sie laufende praktische Anwendungen in die Predigt ein*

Die traditionelle puritanische Predigt bestand aus dem „Lehrteil", in welchem man den Text systematisch untersuchte und seine Lehraussagen ermittelte, und dem „Anwendungsteil", in welchem der Prediger aufzeigte, was diese Aussagen für das Leben der Gläubigen praktisch bedeuteten. Im Allgemeinen ist dies heute noch die beste Struktur für eine Predigt: Zuerst stellen wir dar, was der Predigttext aussagt, und danach sprechen wir die Herzen an und rufen die Hörer auf, ihr Leben zu ändern.

Doch der Prediger sollte dieser Struktur nicht zu sklavisch folgen. Man braucht nicht bis zum Ende der Predigt zu warten mit der praktischen Anwendung auf das Leben der Hörer; sie kann und sollte die ganze Predigt durchziehen, da man die biblischen Lehraussagen schlecht völlig abstrakt und losgelöst von der Praxis formulieren kann. Außerdem kann es sein, dass man manche Nebenthemen nur kurz streift und später nicht noch einmal aufnimmt, sodass man jeweils sofort ein, zwei Sätze zur Anwendung in der Lebenspraxis einflechten sollte.

Aber im Gesamtablauf der Predigt sollten wir durchaus zunehmend „praktischer" werden. Gegen Ende der Predigt ist es angebracht, die Anwendungen noch einmal zusammenfassend zu wiederholen und danach noch einmal mindestens einen Schritt spezifischer zu werden. Versuchen Sie, so lebendig und konkret wie möglich zu sein, natürlich ohne dass Sie sich erkennbar auf bestimmte Personen in der Gemeinde beziehen. Hier ein Beispiel aus einer meiner eigenen Predigten, die über das Thema „Ehrlichkeit" ging:

> Es gibt Höflichkeitslügen. „Ich würde ja so gerne kommen, aber an dem Tag hab ich schon was anderes vor." (Ich habe natürlich nichts vor.) „Ich glaube, mit dem Kapitel überfordern Sie Ihre Leser etwas." (Ich finde das Kapitel total schlecht.) Es gibt politische Lügen: „Das verstehen die kleinen Leute nicht." Dann die geschäftlichen Lügen. Sagen Sie niemals öffentlich: „Wir stehen für Fairness und Gleichbehandlung", wenn Sie in Wirklichkeit Ihre Angestellten ausbeuten und jeder, der Sie kennt, sich ausrechnen kann, dass Ihnen Fairness und Gleichbehandlung schnurzegal sind. Nehmen Sie keine Freunde auf die Firmentribüne mit, wenn Sie genau wissen, dass Sie nur Kunden mitnehmen dürfen. Sagen Sie nicht öffentlich, dass es Ihrer Firma gut geht, wenn die Angestellten genau wissen, dass das nicht stimmt. Tragen Sie nicht kurz vor Ende des Quartals noch ein paar Dutzend Bestellungen in die Bilanz ein, weil sich das gut macht, obwohl Sie wissen, dass die Kunden die Bestellungen stornieren werden.

Vergessen Sie dabei aber nicht das Folgende: So legitim und wichtig es ist, dass Sie am Ende der Predigt intensiv auf die praktische Anwendung des Bibeltextes im Alltag zu sprechen kommen – ganz am Schluss sollte nicht die Aufforderung stehen: „Das müsst ihr tun", sondern die Einladung: „Hier ist der, der alles für euch getan hat, damit ihr zu Gott kommen könnt – Jesus Christus."[209]

4. Variieren Sie die Arten der Anwendung

Stellen Sie direkte Fragen. Die besten Prediger sprechen jeden Zuhörertyp persönlich an. Sie können dies erreichen, indem Sie direkte Fragen an Ihre Zuhörer stellen, die eine Antwort im Herzen erfordern. Fragen Sie zum Beispiel: „Wie viele von Ihnen wissen genau, dass Sie in der letzten Woche die Wahrheit verdreht oder zum Teil verschwiegen haben, um besser dazustehen?“ Machen Sie danach eine Pause. Dies ist viel persönlicher und aufrüttelnder als die allgemeine Feststellung: „Viele Menschen verdrehen die Wahrheit oder erzählen Halbwahrheiten, um ihre Ziele besser zu erreichen.“ Sprechen Sie die Menschen an; stellen Sie direkte Fragen. Seien Sie darauf gefasst, dass möglicherweise jemand tatsächlich einmal laut antwortet! Das Ziel dieser Methode ist es, den Menschen Gelegenheit zu geben, die Antwort in ihrem Herzen zu geben – eine Art inneren Dialog mit dem Prediger zu führen.

Ermuntern Sie zur Selbstprüfung. Unterschätzen Sie nicht unsere menschliche Fähigkeit, das Wissen um unsere Sünden zu verdrängen. Jedes menschliche Herz beherrscht unzählige bewährte Tipps und Tricks, um der Konfrontation mit dem Bösen in ihm auszuweichen. Wenn Sie die Predigt gut vorbereitet haben, werden Sie viele dieser Tricks in der Woche vor der Predigt bei sich selber bemerkt haben. Rechnen Sie bei Ihren Zuhörern mit gedanklichen Reaktionen wie den folgenden:

> Das sagt sich leicht – Sie sind halt nicht mit meiner Frau verheiratet!
>
> Das mag ja bei anderen so sein, aber doch nicht bei mir!
>
> Schade, dass meine Nachbarin nicht da ist, die müsste das mal hören!

Um solchen Ausreden zu begegnen, ist es nützlich, den Hörern kurze Tests zur Selbstprüfung vorzuschlagen, zum Beispiel so:

> Stolz ist etwas Schlechtes und Demut etwas Gutes. Das sehen Sie auch so, nicht wahr? Aber vielleicht denken Sie jetzt: *Also, bei mir ist Stolz aber kein großes Problem.* Wirklich nicht? Fragen Sie sich einmal: Traue ich mich nicht, anderen Menschen von meinem

Glauben zu erzählen? Bin ich zu gehemmt, um die Wahrheit zu sagen? Was ist das anderes als eine Art Stolz – die Angst davor, in den Augen der anderen schlecht auszusehen?

Achten Sie auf eine ausgewogene Mischung der verschiedenen Arten der Anwendung auf das Leben der Zuhörer. Diese verschiedenen Arten sind (mindestens) a) warnen und ermahnen, b) ermutigen und moralisch unterstützen, c) Trost zusprechen, d) auffordern und aufrütteln. Die meisten Prediger haben eine fatale Neigung, aufgrund ihres persönlichen Temperaments nur eine dieser Kategorien zu pflegen. Der eine ist halt von Natur aus eher sanft und zurückhaltend, der zweite fröhlich und optimistisch, der dritte ein eher ernsthafter Mensch. Unser persönlicher Charakter kann uns so beeinflussen, dass wir immer nur warnen und ermahnen, immer nur Mut machen und trösten usw. Dies schmälert auf Dauer unsere Überzeugungskraft. Eine Predigt entfaltet viel mehr Wirkung, wenn der Prediger vom einen Satz zum nächsten von Sonnenschein zu Blitz und Donner wechseln kann. Lassen Sie sich vom Bibeltext leiten und nicht von Ihrem Charakter! Lernen Sie es, „laute" Wahrheiten laut rüberzubringen, „harte" Wahrheiten hart und „liebliche" Wahrheiten lieblich.

5. Seien Sie sensibel für die Gefühle Ihrer Zuhörer

Verpassen Sie nicht den „richtigen Augenblick". Manchmal kommt in einer Predigt ein Punkt, wo Sie merken, wie die Menschen Ihnen wie gebannt zuhören und dem halben Saal ein Stück Wahrheit aufgeht. Oft ist es richtig spürbar, dass die Zuhörer in ihrem Gewissen getroffen sind. Es wird zum Beispiel plötzlich ganz still; man hört kein Füßescharren und Husten mehr. Dies ist für den Prediger ein Schlüsselmoment, ein Augenblick, wo er Zugang zu den Herzen der Zuhörer hat. Nutzen Sie ihn! Kleben Sie nicht so sehr an Ihrer Predigtgliederung, dass Sie die Chance verpassen, die Menschen hier und jetzt anzusprechen und abzuholen. Vielleicht machen Sie eine kurze Pause und schauen den Menschen vor Ihnen in die Augen, während sie über das, was Sie da gerade gesagt haben, nachdenken.

Seien Sie beides: liebevoll und energisch. Wenn es in Ihrer Predigt ernst wird und um das konkrete Verhalten und Denken Ihrer Zuhörer geht, nehmen Sie kein Blatt vor den Mund, aber signalisieren Sie den Menschen gleichzeitig, dass Sie sie nicht ablehnen. Seien Sie konsequent, aber auch herzlich, wenn es um die persönlichen Fragen geht, die Ihren Zuhörern vielleicht gerade durch den Kopf gehen. Niemals schimpfen, nicht einmal sich enttäuscht über die Hörer zeigen. Und wenn Sie einer Frage dadurch begegnen, dass sie sie lächerlich machen, werden die Menschen Sie als von oben herab und unnahbar empfinden (was schlimmstenfalls sogar stimmt!).

Teil III
Das Wirken und die Kraft des Heiligen Geistes

Kapitel 7
Die Predigt und der Heilige Geist

Was meine Verkündigung kennzeichnete,
waren nicht Überredungskunst und kluge Worte;
es war das machtvolle Wirken von Gottes Geist.
Denn euer Glaube sollte sich nicht auf Menschenweisheit gründen,
sondern auf Gottes Kraft. (1. Korinther 2,4-5)

Wir haben weiter oben gesagt, dass unsere Zuhörer nur dann von unserer Botschaft überzeugt sein werden, wenn sie von uns als Person überzeugt sind. Daran führt kein Weg vorbei. Die Menschen hören unsere Worte, Argumente und Appelle nicht im luftleeren Raum, sondern sie spüren (und testen) ständig den, der da zu ihnen spricht. Wenn sie den Prediger noch nicht kennen, versuchen sie (meist unbewusst), herauszufinden, was für einer er ist und ob sie ihn mögen, ernst nehmen und respektieren können. Ihre Hörer merken es, ob Sie ein fröhlicher oder ein mürrischer Mensch sind, ruhig oder nervös, freundlich oder hart oder selbstgefällig. Was sie suchen, ist Liebe, Demut, Überzeugung, Freude und Kraft und ein hinreichendes Maß an Übereinstimmung zwischen dem, was wir sagen und was wir sind. Unsere Zuhörer spüren es, was für eine Kraft hinter unseren Worten steckt (das kann auch gar keine sein), und jeder Anschein von Unsicherheit, Imponiergehabe oder Selbstgerechtigkeit lässt bei ihnen sofort eine Tür zugehen.

Unsere Zuhörer werden auf unsere Begabung, unsere Vorbereitung, unseren Charakter und unsere Überzeugungskraft reagieren. Diese Dinge sind unerlässlich für jede gute Kommunikation und damit auch für Predigt und Lehre. Aber bei der Predigt gibt es etwas, das noch wichtiger für den „Erfolg" ist: dass unsere Hörer den Eindruck haben, dass in uns und durch uns der Heilige Geist wirkt. Wie können wir den Heiligen Geist einladen, in unseren Predigten zu wirken?

Der Heilige Geist und der Prediger

Als man George Whitefield vorschlug, doch seine Predigten drucken zu lassen, soll er gesagt haben: „Von mir aus gerne, aber den Blitz und den Donner werdet ihr nie auf eine Buchseite kriegen."[210]

Im Prolog habe ich erwähnt, was ein älterer Amtskollege einmal über Whitefields Predigten sagte: dass Whitefield vollmächtig predigte, aber dass seine Predigten rein handwerklich nicht immer gut gemacht waren. Bei Whitefields Predigten war die Gegenwart des Geistes Gottes spürbar. In Kolosser 1,25-29 heißt es zu diesem Thema:[211]

> [Gott hat mir] die Aufgabe anvertraut, euch seine Botschaft in ihrem ganzen Umfang bekannt zu machen. … Ihn, Christus, verkünden wir; wir zeigen jedem Menschen den richtigen Weg und unterrichten jeden Menschen in der Lehre Christi; wir tun es mit der ganzen Weisheit, die Gott uns gegeben hat. Denn wir möchten jeden dahin bringen, dass er durch die Zugehörigkeit zu Christus als geistlich reifer Mensch vor Gott treten kann. Das ist das Ziel meiner Arbeit; dafür mühe ich mich ab, und dafür kämpfe ich im Vertrauen auf Gottes Kraft, die in meinem Leben so mächtig am Werk ist.

Wir finden hier die beiden zentralen Aufgaben der Predigt wieder, die wir in diesem Buch behandelt haben: das ganze Wort Gottes predigen und die Herzen erreichen. Aber dabei bleibt Paulus mit seiner Beschreibung seines Predigtdienstes nicht stehen. Er spricht von einer mächtigen geistlichen Kraft in seiner Seele, die ihn beim Predigen unermüdlich antreibt: „Dafür mühe ich mich ab, und dafür kämpfe ich im Vertrauen auf Gottes Kraft, die in meinem Leben so mächtig am Werk ist." Für Paulus ist Predigen mehr als eine Übung für die grauen Zellen, ja mehr als die Frucht menschlicher Kreativität. Er sagt, dass er sich beim Predigen buchstäblich „abmüht" und „kämpft". Das Wort, das hier im griechischen Urtext steht – *energia* – benutzt er ein paar Verse später, um die Kraft zu beschreiben, mit der Gott Jesus von den Toten auferweckte.[212] Es muss Paulus' Zuhörer tief beeindruckt haben, dass das Evangelium, das er verkündete, eine Kraft war, die in seinem eigenen Leben bereits eine tief greifende Wirkung entfaltet hatte. Er argumentierte und appellierte nicht nur, sondern brachte Menschen dazu, ein neues Leben zu beginnen (als „geistlich reife Menschen vor Gott")[213] – und das nicht nur durch das, was er sagte, sondern durch das, was er war.

Was war es an Whitefield und Paulus, das es dem Heiligen Geist ermöglichte, so durch sie zu wirken?

Erstens war es *das, was sie taten.* Sie hielten nicht nur Vorträge über Christus, sondern machten ihn ihren Zuhörern groß, zeigten ihnen seine Herrlichkeit und ließen sie teilhaben an ihrer eigenen Freude und ihrem Staunen. Wir haben uns weiter oben 1. Korinther 2,4 angeschaut, das vom „machtvollen Wirken von Gottes Geist" redet. Anthony Thiselton schreibt, dass aus dem unmittelbar folgenden Abschnitt (1. Korinther 2,16–3,4) hervorgeht, dass der Heilige Geist die Aufgabe hat, von sich selber weg und auf Christus und seine Schönheit zu zeigen (vgl. Johannes 16,12-15).[214] Wo Prediger das Gleiche tun – also nicht nur Informationen weitergeben oder ihr Wissen demonstrieren, sondern Christus groß machen und den Menschen seine Schönheit und Herrlichkeit zeigen –, ziehen sie gleichsam an einem Strang mit dem Geist, sodass dieser zu ihrer Botschaft steht.

Zweitens wirkte der Geist durch das, was Whitefield und Paulus *waren* – durch ihre geistliche Reife und ihr ganzes Wesen. Oft hört man, dass jemand ein großer Prediger ist, weil er in besonderem Maße die Gabe des Predigens und des Redens in der Öffentlichkeit hat. Das stimmt, aber für das „machtvolle Wirken von Gottes Geist" sind die *Früchte* des Geistes in uns (Liebe, Freude, Geduld, Demut, Güte etc.) wichtiger als unsere Talente und Gaben. Gaben sind Dinge, die wir *tun*; geistliche Früchte sind Dinge, die wir *sind.*

Gaben und Talente kann auch ein Prediger haben, der geistlich unreif ist oder dessen Herz fern von Gott ist. Wenn ich zum Beispiel die Gabe des Lehrens habe, fühle ich mich in einer Unterrichtssituation in meinem Element und bin womöglich sehr „erfolgreich", aber dies sagt nichts über die Qualität meines Lebens mit Gott aus. Jonathan Edwards sagt in einer Predigt über 1. Korinther 13:

> Viele böse Menschen haben in ihrem Leben diese Gaben [des Predigens und des Pastorenamts] gehabt, und viele werden am Jüngsten Tag sagen: „Herr, Herr, haben wir nicht in deinem Namen geweissagt? Haben wir nicht in deinem Namen böse Geister ausgetrieben? Haben wir nicht in deinem Namen viele Wunder getan?" [Matthäus 7,22; Luther] Wie diese, die … Gaben des Geistes hatten, aber in denen der Geist nicht erlösend wirkte. … Diese [Gaben] sind etwas Vorzügliches, aber … keine Herzens- und Wesenseigenschaft des Menschen wie echte Gnade und Heiligkeit. … Besondere Geistesgaben sind gleichsam wie kostbare Edelsteine, die jemand bei sich trägt. Aber echte Gnade im Herzen, das ist die Kostbarkeit des Herzens, die … aus der Seele selber einen kostbaren Juwel macht. … Der Geist Gottes kann auf viele Dinge Einfluss ausüben, ohne sich ihnen selber mitzuteilen, so wie er einst über die Wasser fuhr, ohne sich selber in sie hineinzugeben. Aber wenn der Geist … [jemandem] die Gnade der Erlösung schenkt, teilt er sich selber der Seele mit. … Gnade, das ist gewissermaßen die Heiligkeit des Geistes Gottes, die der menschlichen Seele zuteilwird.[215]

Diese Unterscheidung zwischen „Gabenwirkungen" und „Gnadenwirkungen" (oder „Früchten des Geistes") ist sehr wichtig. Nicht nur die Hörer, sondern auch viele Prediger neigen dazu, Gaben und Talente mit geistlicher Reife zu verwechseln. Wenn die Menschen uns wie gebannt zuhören, nehmen wir dies gerne als Beweis, dass Gott mit unserem Herzen und unserer Beziehung zu ihm zufrieden ist, obwohl das möglicherweise gar nicht stimmt, und wir Heutigen stehen hier vielleicht in größerer Gefahr als die Generationen vor uns, leben wir doch im „technologischen Zeitalter". Keine Gesellschaft und Kultur hat je so viel Wert auf Erfolg, Kompetenz und Charisma gelegt wie die unsere – und so wenig Wert auf Charakter, Besonnenheit und Tiefgang. Das ist ein

Hauptgrund dafür, warum so viele unserer Topprediger ihre Sex-, Finanz- oder sonstigen Affären erleben: Ihre erstaunlichen Gaben haben sie (und andere) blind gemacht für die geistliche Armut in ihrem Leben.

Doch es gibt auch das umgekehrte Phänomen: dass eine nur mäßige Begabung durch starke Gnadenwirkungen und eine hohe geistliche Reife kompensiert wird. Ein Pastor hat drei Hauptaufgaben: Predigt, Seelsorge und Gemeindeleitung. Niemand ist auf allen drei Gebieten gleich begabt, aber das hilft nichts: Er muss diese Aufgaben erfüllen. Und wie „gut" ein Pastor langfristig ist, hängt vor allem daran, ob und wie die Defizite in seinen Begabungen und Fertigkeiten dadurch kompensiert werden, dass Gottes Geist an seinem Charakter arbeitet. In Büchern zum Thema Leitung lesen wir, dass wir unsere Schwächen und mangelnden Gaben kennen und uns mit einem Team von Mitarbeitern umgeben sollten, die unsere Defizite ausgleichen. Das ist ohne Zweifel sehr vernünftig, wenn man denn die Möglichkeit dazu hat. Aber es ist nicht ausreichend, denn unsere „Minderbegabungen" werden unseren Dienst torpedieren, sofern sie nicht durch unsere Gottesbeziehung kompensiert werden. Wie meine ich das?

Sie mögen nicht der geborene Redner sein, aber wenn Sie mit Gott leben, werden Ihre Weisheit, Ihre Liebe und Ihr Mut Sie zu einem Prediger machen, dem die Leute zuhören. Sie mögen nicht der geborene Seelsorger sein (zum Beispiel weil Sie sehr schüchtern oder introvertiert sind), aber wenn Sie eine starke Gottesbeziehung haben, werden Ihre Weisheit, Ihre Liebe und Ihr Mut Sie befähigen, Menschen zu trösten und zu beraten. Sie mögen nicht der geborene Leiter sein (zum Beispiel weil Sie von Natur aus ein kleiner Chaot oder übervorsichtig sind), aber wenn Sie sich von Gott prägen lassen, werden die Weisheit, die Liebe und der Mut, die Sie ausstrahlen, die Menschen dazu bringen, Sie zu achten und Ihnen zu folgen.

Die „Gnadenwirkungen" des Heiligen Geistes, die in uns einen Charakter produzieren, der Gott immer ähnlicher wird, sind unerlässlich – nicht nur, weil sie gewisse Begabungsdefizite kompensieren können, sondern auch weil man als Pastor dauernd in Gefahr steht, in die Falle der Heuchelei zu tappen. Zu den Aufgaben eines Pastors gehört es ja, den Menschen jeden Tag zu sagen, wie groß und toll Gott ist. In welchem anderen Beruf muss man das schon? Aber für einen Pastor geht es täglich darum, anderen Menschen auf hundert Arten Gott groß zu machen.

Doch nur zu oft ist uns nicht danach zumute, weil uns das Herz aus irgendeinem Grunde schwer ist, und dann haben wir zwei Möglichkeiten: Entweder wir lernen es, ständig auf unser Herz zu achten, sodass wir den Menschen das predigen können, was wir selber praktizieren, oder wir lernen es, eine Berufschristen-Miene aufzusetzen, die etwas vortäuscht, was wir tief drinnen nicht sind. Der niederländische Theologe und Politiker Abraham Kuyper hat einmal das Pharisäertum (also die religiöse Heuchelei) mit einem Schatten verglichen und gesagt, dass ein Schatten umso schwärzer ist, je näher er dem Licht ist. Ich persönlich mache immer wieder die Erfahrung, dass der Pastorenberuf den geistlichen Zustand eines Menschen gleichsam verstärkt; er macht diesen Menschen entweder zu einem viel besseren oder zu einem viel schlechteren Christen, als er dies sonst gewesen wäre, aber er lässt niemanden unverändert!

Herzlichkeit und Autorität verbinden

In einem tief von Gott geprägten Wesen bzw. geistlich reifen Herz kommen Eigenschaften zusammen, die nur der Heilige Geist in einem Menschen zusammenführen kann. Dies ist das Thema von Jonathan Edwards' meisterhafter Predigt „The Excellency of Jesus Christ" [„Die überaus große Erhabenheit Jesu Christi"].[216] In ihr zeigt Edwards auf, dass sich in der Person Jesu Christi verschiedene Superlative vereinigen: unendliche Majestät und Herrlichkeit mit tiefster Demut und Sanftmut, unendliche Gerechtigkeit mit grenzenloser Gnade, absolute Souveränität und Herrschaft mit vollkommener Unterordnung und Gehorsam, transzendente Unabhängigkeit mit totalem Vertrauen auf den Vater. Christus ist das Lamm Gottes und der Löwe Gottes. Wenn ich zu ihm als dem Lamm Gottes komme, wird er der Löwe, der mich beschützt; wenn ich ihn als Lamm Gottes verwerfe, habe ich ihn als Löwen gegen mich stehen. „Erweist Ehre seinem Sohn, damit er nicht zornig wird und ihr auf eurem falschen Weg umkommt“ (Psalm 2,12; NGÜ).

Es ist kein Zufall, dass in der Literatur und im Denken des christlichen Abendlandes der ideale Held immer beides war: gnädig und freundlich und kühn und stark. In Sir Thomas Malorys Geschichte des sagenumwobenen König Artus sagt Sir Ector über Launcelot: „Du warst der sanftmütigste und liebenswürdigste Mann, der je in der Halle mit Damen speiste, und der unerbittlichste Ritter gegen deinen Todfeind, der je die Lanze einlegte.“[217] C. S. Lewis, Experte in der Literatur des Mittelalters, erklärt, dass hier das Ideal des christlichen Helden und Ritters zum Ausdruck kommt. Er schreibt:

> Das Wichtige an diesem Ideal ist natürlich die zweifache Forderung, die es an das Herz des Menschen stellt. Der Ritter ist ein Mann aus Blut und Eisen, ein Mann, der vertraut ist mit dem Anblick eingeschlagener Gesichter und der blutigen Stümpfe abgetrennter Gliedmaßen, und gleichzeitig ein sittsamer, fast damenhafter Gast in einem Bankettsaal, ein sanfter, zurückhaltender, bescheidener Mann. Er ist nicht ein Kompromiss oder die goldene Mitte zwischen Ungestüm und Sanftmut, sondern ungestüm bis zum Äußersten und sanft bis zum Äußersten. … Was bedeutet dieses Ideal für die moderne Welt? Alles. … Das Mittelalter entschied sich für die einzige Hoffnung für die Welt. Ist es möglich, Tausende von Männern zu schaffen, die die beiden Seiten von Launcelots Wesen in sich vereinen? Vielleicht, vielleicht auch nicht. Aber wenn es nicht möglich ist, dann ist alles Reden von bleibendem Glück und Würde in der menschlichen Gesellschaft nur viel heiße Luft.[218]

Lewis zeigt in diesem Essay auf, dass der Mensch selber nicht die Kraft hat, diese beiden Wesenszüge in sich zu vereinigen. Er wusste, dass nur dann, wenn der Heilige Geist in unseren Herzen Christus Gestalt gewinnen lässt, dieses Ideal Wirklichkeit werden kann: der Mensch, der gleichzeitig demütig und stark ist, gerecht und gnädig, vollmächtig und barmherzig.

Dies ist das Geheimnis der Ausstrahlung aller großen Prediger. Die Menschen spüren in ihnen jene absolut faszinierende Vereinigung von Liebe, Demut und Sanftheit mit Kraft, Autorität und Mut. Die Predigten und Lebensgeschichten von Männern wie Spurgeon, Whitefield und M'Cheyne zeigen genau diese Prägung. Es waren barmherzige, ja in gewissem Sinne schwache und verletzliche Menschen. Sie waren transparent; sie gaben ihre eigenen Schwächen bereitwillig zu und begegneten ihren Gemeindegliedern mit Liebe, ja zeigten, dass sie sich um sie sorgten. Doch wenn sie auf der Kanzel standen, waren sie die Donnerstimme Gottes.

Wohl das beste Beispiel hierfür ist der Apostel Paulus. Sein Erfolg unter den Christen in Thessalonich war ein Ergebnis seines Wesens. Lesen Sie einmal 1. Thessalonicher 2, wo Paulus über sein Wirken in dieser Stadt berichtet. Wir lesen von seinem Mut und seiner Entschlossenheit, das Evangelium zu predigen, auch gegen „heftigen Widerstand" (Vers 2). Wir spüren einen Edelmut, der Achtung gebietet, aber dabei demütig ist und nicht aufgeblasen oder kalt: „Ebenso wenig ging es uns darum, von Menschen geehrt zu werden, weder von euch noch von irgendjemand anders" (V. 6). „Tag und Nacht" arbeitete Paulus selber für seinen Lebensunterhalt, „um nur ja keinem von euch zur Last zu fallen" (V. 9). Paulus steht für Ehrlichkeit und Geradlinigkeit, auch in seinen Worten („Wir haben ... nie versucht, uns mit schönen Worten bei euch einzuschmeicheln", V. 5), sowie für Liebe und Fürsorge („... stattdessen sind wir behutsam mit euch umgegangen wie eine Mutter, die liebevoll für ihre Kinder sorgt – so sehr hatten wir euch ins Herz geschlossen. Ihr wart uns so lieb geworden, dass wir mit ebenso viel Freude, wie wir euch das Evangelium weitergaben, auch unser ganzes Leben mit euch teilten", V. 7-8).

Wo ein Prediger diese gleiche liebevolle Beherztheit hat, wird seine Predigt vollmächtig sein. Diese wunderbare Vereinigung scheinbar gegensätzlicher Eigenschaften, die nur Christus schenken kann, lässt sich weder verstecken noch imitieren. Fassen wir zusammen: Bei einem guten Prediger kommen Herzlichkeit und Autorität zusammen. Ich glaube, ohne die Hilfe des Heiligen Geistes neigen wir alle dazu, auf der Kanzel entweder vor allem herzlich und sanft zu sein oder in erster Linie nachdrücklich und streng. Hier müssen wir unsere innere Unausgewogenheit erkennen und den Herrn bitten, uns seinem heiligen Wesen ähnlicher zu machen.

Der Test des „dritten Texts"

Man kann sich das Predigen als ein Ineinander von drei verschiedenen „Texten" vorstellen: dem biblischen *Text*, dem *Kontext* des Hörers und dem *Subtext* des Herzens des Predigers. Wir haben in diesem Buch vor allem den Text (die Predigt des Wortes Gottes) und den Kontext (das Reden zu den Herzen und zur Kultur) behandelt. Wie wir in diesem Kapitel gesehen haben, können wir zwar mit dem Einsatz unserer Gaben und Talente zu Predigten kommen, die das Wort korrekt auslegen und die Herzen der Hörer erreichen, aber es geht auch um unsere geistliche Reife und die Gegenwart des Heiligen Geistes, wenn wir predigen, und ein exzellenter Test dafür ist der „Subtext" in unserer Predigt.

Dieser Subtext ist die Botschaft hinter der Botschaft – das, was wir (bewusst oder unbewusst) „eigentlich" meinen, unterhalb der sprachlichen Oberfläche unserer Worte. Da wird jemand gefragt, wie es ihm geht, und er erwidert: „Danke, gut." Dies kann bedeuten: „Ich habe gerade keine Probleme, danke der Nachfrage", aber auch: „Ich habe ein Problem, aber ich möchte nicht so direkt darüber reden." Was wir „eigentlich" meinen, signalisieren wir zu einem großen Teil durch solche Dinge wie unsere Stimmlage, Gestik und Mimik, und diese eigentliche Bedeutung kann sich selbstständig machen und unsere schöne Predigt „kapern".[219] Die folgenden „Subtexte" sind nicht die einzigen, die man in Predigten findet, aber die typischsten.

Der Subtext der gegenseitigen Bestärkung

Ein typischer Subtext lautet: „Wir gehören zusammen." Es handelt sich um ein kommunikatives Ritual, mit dem wir unsere Gruppe von anderen abgrenzen und ein Gefühl der Sicherheit und des Dazugehörens schaffen. Ein Ritual ist es in dem Sinne, dass seine Hauptfunktion darin besteht, das Zusammengehörigkeitsgefühl zu stärken. Die Botschaft, die der Prediger meint, lautet hier: „Wir sind hier als Gleichgesinnte zusammengekommen, um unsere Solidarität zueinander, zu Gott und zu diesem Verein zu demonstrieren. Wir sind eine Glaubens- und Lebensgemeinschaft.“[220] Es ist natürlich ein gutes Ziel, einer Gruppe ein Identitäts- und Zusammengehörigkeitsgefühl zu geben. Aber wenn dies das Hauptziel, der eigentliche „Subtext“ wird, verliert unsere Predigt ihre lebensverändernde Kraft, und wir werden nicht Christus ähnlicher, sondern immer selbstgefälliger.

Diese Art Kommunikation ist ein Ritual in dem Sinne, dass bei ihr keine neuen Informationen gegeben und auch nicht erwartet werden. Das häufigste Beispiel für rituelle Kommunikation in unserer Kultur ist der als Begrüßung verwendete Kurzdialog: „Wie geht's dir?“ – „Danke, gut.“ In aller Regel sind weder die Frage noch die Antwort wörtlich gemeint; der Subtext lautet vielmehr: „Ich habe nichts gegen dich, und du nicht gegen mich.“ Doch im Munde unseres Hausarztes ist die Frage „Wie geht es Ihnen?“ kein bloßes Ritual; er will wirklich wissen, wie es uns geht. Wenn in dem Falle des Begrüßungsrituals der Angesprochene mit einer Liste seiner Wehwehchen antwortet, hat er die Frage sehr wahrscheinlich missverstanden.

Viele Kirchengemeinden pflegen diesen Subtext der Identitätspflege, der eine Art „Torwächterfunktion“ hat. Diese Gemeinden wollen es nicht, dass man sie hinterfragt oder ihnen Neues zumutet. Sie sind möglicherweise ehrlich davon überzeugt, dass sie „für die Wahrheit kämpfen“, aber da sie immer nur Insider ansprechen, die bereits gläubig sind, gibt es kaum jemanden, der mit dieser Wahrheit erreicht, geschweige denn konfrontiert wird. Das Motiv und der Schwerpunkt solcher Kommunikation ist es, die, die „drinnen“ sind, aufzubauen und vor denen „da draußen“ zu schützen, und die Hauptqualifikation, die man für diesen Subtext benötigt, ist eine gute Beherrschung des Insider-Jargons.

Der Subtext der Selbstvermarktung

Ein weiterer Subtext lautet: „Bin ich nicht toll?“ Der Prediger versucht, seine Kompetenz zu demonstrieren und die „Produkte“ seiner Gemeinde zu „verkaufen“. In ihrer vollständigen Form lautet die Botschaft: „Findet ihr nicht, dass ich ein toller Prediger bin und dass dies eine tolle Gemeinde ist? Ihr kommt doch sicher gerne wieder, bringt eure Freunde mit und tut kräftig etwas in die Kollekte …“ Das Ziel seiner Darbietung ist: „Schaut mich an, hört mir zu, seht, wie sehr ich euren Respekt verdiene.“ Nun ist es ohne Zweifel so, dass jeder Kommunikator darauf angewiesen ist, dass seine Zuhörer ihn glaubwürdig finden, aber wenn dies zum Hauptziel der Predigt wird, kann diese nicht mehr Menschenleben verändern. Der Prediger, der auf sich selber starrt, lenkt die Aufmerksamkeit der Hörer auf sich und nicht auf Christus. Und seine Zuhörer merken das. Sie spüren, dass es dem Prediger nicht eigentlich um sie geht, sondern darum, einen guten Eindruck zu machen.

Dieser Subtext beinhaltet echte Lehre und Informationsvermittlung, will der Prediger doch seinen Zuhörern Dinge beibringen, die sie noch nicht wissen. Doch der tiefere Sinn der Übung besteht darin, Menschen für die Gemeinde oder den „Verein“ zu gewinnen. Dieser Subtext ist im Kern eine Form der *Vermarktung*. Er richtet sich mehr an Gäste und „Neue“, doch indirekt geht es auch hier darum, die Insider zu stärken (indem die Gemeinde wächst). Die rhetorischen Anforderungen an den Prediger sind höher als bei dem ersten Subtext (der Identitätspflege).

Der Subtext des „Trainings für den Alltag“

Ein dritter Subtext lautet: „Wusstet ihr das schon?“ Hier geht es darum, den Hörern Wissen zu vermitteln, damit sie ihr Leben entsprechend führen können – „Tipps für den Alltag“ gewissermaßen. Wie der zweite Subtext beinhaltet auch dieser echte Informationsvermittlung, wobei das Ziel weniger egoistisch und auf die Person des Predigers bezogen ist.

In vielen Gemeinden wird diese Funktion der Predigt großgeschrieben. Die Gemeindeglieder wollen Informationen und Erkenntnisse bekommen, die sie bisher noch nicht hatten. Auch sie wollen geistlich inspiriert werden, aber noch wichtiger ist ihnen, dass sie in der Predigt Schwarzbrot zu essen bekommen. Auch dieser Subtext richtet sich ganz an die „Insider" (die, die noch „draußen" sind, müssen sich ja erst einmal bekehren, bevor sie lernen und wachsen können). Der Prediger braucht hier vor allem solides Wissen und die Fähigkeit, dieses zu vermitteln.

Der Subtext der Anbetung

Der Subtext könnte auch lauten: „Jesus ist König und Herr!" Dies ist der vielschichtigste und vollständigste aller Subtexte, und er verlangt dem Prediger am meisten an Können ab. Er geht über die Informationsvermittlung, ja über das Ansprechen der Gefühle und sogar über die Lebensveränderung hinaus und setzt sich zum Ziel, den tiefsten Schatz unseres Herzens zu ändern. Der Prediger signalisiert seinen Zuhörern: „Schaut her, wie groß und wunderbar Christus ist – viel größer und wunderbarer, als ihr bisher gedacht habt! Alle eure Probleme kommen eigentlich daher, dass ihr dies nicht seht!"

Meiner Meinung nach sollten alle Kirchen und Gemeinden sich dieser Botschaft verschreiben, die das Herz aller echten, guten Predigt ist. Sie spricht sowohl die Insider als auch die Gäste an (wir rufen beide dazu auf, Jesus anzubeten und ihre alten Götter fahren zu lassen) und will beide aufbauen. Dieser Subtext verlangt vom Prediger solides Wissen, rhetorische Begabung und die Fähigkeit zur Kontextualisierung.

Aber Vorsicht: Diesen Subtext kann man nicht „lernen". Die richtige „Technik" reicht nicht; gefragt ist die Qualität des geistlichen Lebens des Predigers. Spüren wir bei unserer Predigt Christus im Herzen? Denken wir über ihn nach und beten ihn an, während wir predigen? Loben wir ihn selber, wenn wir dazu aufrufen, ihn zu loben? Demütigen wir uns unter seine Hand, wenn wir über unsere Sündhaftigkeit reden? Der aufmerksame Zuhörer wird die Antwort deutlich spüren. Um so zu predigen, reicht die normale Predigtvorbereitung nicht aus; ich muss diese Dinge im Alltag meines Glaubens, im täglichen Gebet und Bibellesen und Meditieren einüben.

Machen Sie nicht den Fehler, sich von der Kanzel zum Wort Gottes führen lassen zu wollen. Machen Sie es umgekehrt: Lassen Sie sich vom Wort zur Kanzel treiben. Bereiten Sie nicht nur die Predigt vor, sondern mehr noch sich selbst als Prediger.

Aus dem Herzen predigen

Die Hälfte dieses Buches handelt davon, zu den Herzen zu predigen. Inzwischen ist Ihnen sicher klar geworden, dass dies nur dann möglich ist, wenn man konsequent *aus* dem eigenen Herzen predigt. Das, wozu wir unsere Gemeinden aufrufen, müssen wir selber erleben bzw. erlebt haben. Was der Heilige Geist in den Herzen unserer Predigthörer tun soll, wird er normalerweise zuerst in uns und durch uns selber tun. Ein guter Prediger ist wie eine Glasscheibe, durch die die Menschen eine zerbrochene und vom Evangelium verwandelte Seele sehen und sagen: „So möchte ich auch werden!"

Hier einige abschließende Bemerkungen darüber, wie das ist, wenn man aus dem Herzen predigt:

Predigen mit Vollmacht. Selbstbewusst und Autorität ausstrahlend, ohne dabei autoritär zu wirken. Weder angeberisch noch unsicher und nervös. Das bedeutet, sein Thema zu beherrschen und nicht zu versuchen, den Hörern nach dem Mund zu reden oder eine Show abzuziehen.

Auf eine Art predigen, die zum Staunen führt. Unsere Zuhörer merken, mit welcher Ehrfurcht wir vor dem Einen stehen, zu dem wir sie hinführen wollen. Sie spüren, ob wir die Erlösung, zu der wir einladen, selber gleichsam mit allen Sinnen erleben.

Herzlich predigen. Transparent und ungekünstelt. Dies kann man nicht „machen", indem man zum Beispiel Anekdoten aus seinem Leben erzählt, sondern was es dazu braucht, ist ein zerbrochenes Herz, das vom Evangelium heil gemacht worden ist.

Authentisch predigen. Eines der Paradoxe der Predigt aus dem Herzen ist, dass sie ohne die Sprache des salbungsvollen Profis auskommt, die so viele Prediger gelernt haben und die die Zuhörer instinktiv erwarten. Unsere Ausdrucksweise und unsere Stimme sind schlicht und ungekünstelt.

Anbetend predigen. Wenn wir Jesus und das, was er für uns getan hat, beschreiben, bringen wir nicht trockene Fakten und Abstraktionen, sondern machen ihn richtig lebendig, sodass viele unserer Zuhörer ihn geradezu vor sich sehen und gar nicht anders können, als ihn zu bewundern und anzubeten.

Sie finden das ein bisschen viel? Ich auch. Aber der Schlüssel zum Erwerb dieser Eigenschaften besteht unter anderem darin, dass man eben *nicht* verbissen versucht, sie zu bekommen. Machen Sie es wie Paulus: Rühmen Sie Ihre Schwachheiten, weil gerade dann die Kraft Christi in Ihnen wohnt (2. Korinther 12,9). Dies ist eine gute Übung, sich daran zu erinnern, wie wenig wir mit unserer eigenen Kraft vermögen. Wer dies tut, klammert sich wie ein Ertrinkender an den Heiligen Geist – und erkennt voller Staunen und Freude, dass es ja letztlich gar nicht auf *seine* Redekunst, *seine* Weisheit und *sein* Können ankommt! Jeder Erfolg, jeder Segen, jede Frucht, die wir je erlebt haben, kommt von Jesus Christus. Dies ist eine Erkenntnis, die einen frei macht.

Ja, es ist ungeheuer befreiend, wenn wir über uns selber lachen können und flüstern: „Herr Jesus! Bist *Du* das also die ganze Zeit gewesen!" In diesem Augenblick beginnt unsere Karriere als Prediger und Lehrer des Wortes Gottes gewissermaßen erst richtig.

Eine Stimme Gottes werden

Johannes der Täufer war ein populärer Prediger. Die Menschen strömten nur so zu ihm. Seine Botschaft: Der Messias kommt. Das beunruhigte die religiösen Autoritäten seiner Zeit. Was, wenn dieser Mann sich auf einmal selber zum Messias erklärte – oder zu dem „Elia" aus Maleachi 3 oder dem „Propheten" von 5. Mose 18, die viele damalige Theologen für Wegbereiter des Messias hielten? Und so schickte man eine Delegation zu Johannes, die ihn fragen sollte, wer er war. Wir können die Fragen und Johannes' Antworten in Johannes 1,19-26 nachlesen:

Die führenden Männer des jüdischen Volkes schickten aus Jerusalem Priester und Leviten zu Johannes und ließen ihn fragen, wer er selbst eigentlich sei. Johannes wies alle falschen Vorstellungen zurück; unmissverständlich erklärte er: „Ich bin nicht der Messias." – „Wer bist du dann?", wollten sie wissen. „Bist du Elia?" – „Nein", antwortete er, „der bin ich nicht." – „Bist du der Prophet, der kommen soll?" – „Nein", erwiderte er. Da sagten sie zu ihm: „Wer bist du denn? Wir müssen doch denen, die uns geschickt haben, eine Antwort geben. Was sagst du selbst, wer du bist?" Johannes antwortete: „Ich bin, wie der Prophet Jesaja gesagt hat, ‚eine Stimme, die in der Wüste ruft: Ebnet den Weg für den Herrn!'"

Es waren auch Abgesandte der Pharisäer gekommen. Sie fragten ihn: „Wenn du weder der Messias bist noch Elia, noch der verheißene Prophet, warum taufst du dann?" – „*Ich* taufe mit Wasser", erwiderte Johannes. „Aber mitten unter euch steht einer, den ihr nicht kennt. Es ist der, der nach mir kommt. Ich bin nicht einmal würdig, ihm die Riemen seiner Sandalen zu öffnen."

Was wir hier bei Johannes sehen, ist eine bemerkenswerte Mischung von Mut und Demut. Er weigert sich, zu glauben, dass er der verheißene Elia sein kann, obwohl Jesus selber ihn später genau als diesen bezeichnete (vgl. Matthäus 11,14). Johannes konnte sich nicht vorstellen, ein so wichtiger Mann zu sein. Nein, er war unwürdig, dem Messias auch nur die Sandalen zu öffnen.

Johannes war zu demütig, um in sich den Großen zu sehen, den Jesus sah und den wir sehen. Doch gleichzeitig bewies er eine erstaunliche Zivilcourage. Er hatte keine Angst vor den hohen Herren, die da zu ihm kamen. Sie wollten wissen, warum er taufte. Die Taufe des Johannes war etwas ungewöhnlich Radikales. Damals musste ein Heide, der zum Judentum konvertieren wollte, sich mit Wasser taufen lassen, zum Zeichen, dass hier jemand, der rituell unrein war, ins Volk Gottes aufgenommen wurde. Doch Johannes verlangte, dass *alle* sich taufen ließen, auch die Juden, um sich auf den Messias vorzubereiten. Womit er nicht weniger sagte, als dass alle Menschen unrein und Gottes unwürdig waren. Es war ein mutiger Akt, dies in aller Öffentlichkeit zu sagen.

Die Frage ist, wie ein so demütiger, seiner eigenen Größe unbewusster Mann so mutig und furchtlos sein konnte. Er selber gibt uns die Antwort, indem er auf Jesaja 40 verweist; er sagt: „Ich bin eine *Stimme* – eine einfache Stimme, die auf den zeigt, der kommen wird." Mit anderen Worten: „Ich bin nichts, aber der, dem ich diene, ist der Größte in der Welt." Johannes kann deswegen so selbstbewusst auftreten, weil er nicht auf sich selber sieht, sondern auf „das Opferlamm Gottes, das die Sünde der ganzen Welt wegnimmt" (Johannes 1,29). Er war gleichsam ein Kanal der Größe Jesu, der es wie Paulus machte, der schrieb: „Bei unserer Verkündigung geht es schließlich nicht um uns, sondern um Jesus Christus, den Herrn; *wir* sind nur Diener – eure Diener, weil Jesus uns damit beauftragt hat" (2. Korinther 4,5).

Wir können die Stimme des Täufers heute noch hören. Ich liebe die Szene in dem monumentalen Jesusfilm *The Greatest Story Ever Told* („Die größte Geschichte aller Zeiten"), wo Herodes Johannes zu seiner Hinrichtung abführen lässt. Man hört noch, wie er im Hintergrund ruft: „Tu Buße! Tu Buße!", und dann kommt das dumpfe Geräusch des herabsausenden Henkerbeils, das einem das Blut in den Adern gefrieren lässt.

Dann schwenkt die Kamera zu dem schweigend auf seinem Thron sitzenden Herodes hin, und plötzlich hört man eine Stimme, die ihm ins Ohr flüstert: „Tu Buße!" Der Film zeigt, dass die Menschen zwar Johannes töten konnten, aber nicht seine Stimme, seinen Einfluss, seine Botschaft.

Wenn Sie nicht sich selber, sondern Christus verkündigen und durch Ihre Person Gottes Wort zu den Menschen kommen lassen, können auch Sie eine Stimme Gottes werden, wie Johannes der Täufer. Und wenn Sie denken: *Das kann ich nicht, ich bin so schwach* – umso besser.

Danke!

Als Erstes möchte ich den Gliedern der West Hopewell Presbyterian Church in Hopewell (Virginia, USA) danken, meiner ersten Pastorenstelle von 1975 bis 1984. Mit ganzen 24 Jahren kam ich nach Hopewell, frisch aus dem Seminar, wo ich in „Predigen" verdientermaßen nur die Note „C" („genügend") bekommen hatte. In West Hopewell musste ich pro Woche drei Auslegungspredigten halten – am Sonntagmorgen, Sonntagabend und Mittwochabend. Dazu kamen pro Monat im Schnitt zwei weitere Predigten auf Hochzeiten und Beerdigungen, in Pflegeheimen und Schulen sowie auf Freizeiten. Das war eine Menge Holz und in den nächsten neun Jahren schrieb und hielt ich an die 1.500 Predigten und Bibelauslegungen. Doch die Menschen in meiner Gemeinde standen in Liebe und Solidarität zu mir und waren dankbar für meine definitiv wackligen ersten Schritte beim Predigen. In den typischen Kleinstadtgemeinden in Amerika sind für den Pastor die menschlichen Beziehungen fast alles. Ich konnte mit fast allen Gottesdienstteilnehmern ausgiebig Gespräche darüber führen, wie sie meine Predigten gehört hatten, und so lernte ich, wo ich meine Zuhörer verwirrte oder an ihren Problemen vorbeiredete oder nicht auf ihre Fragen und Einwände einging. Und in der Seelsorge merkte ich, wo meine Predigten Frucht in Form eines veränderten Lebens brachten – oder auch nicht. Diese Kombination aus Predigtpraxis, ehrlicher Rückmeldung und liebevoller Unterstützung durch die Gemeinde machte mich zu einem viel besseren Prediger, als es möglich gewesen wäre, wenn ich in einer anderen Gemeinde gewesen wäre, wo ich weniger strapaziert und weniger geliebt worden wäre.

Ich möchte ferner den Studenten und Dozenten des Westminster Seminary in Philadelphia danken, wo ich fünf Jahre lang (1984–1989) das Fach „Predigen" unterrichten konnte.

Als aktiver Prediger hatte ich schon lange den Wunsch gehabt, ein Buch über dieses Thema zu schreiben, aber es war eine schwere Geburt. Wie viele andere Leute aus der Praxis sprühe ich vor Ratschlägen zu Detailfragen, und mein Kollege bei Redeemer City to City, Scott Kauffmann, sowie mein langjähriger Lektor bei Penguin Random House, Brian Tart, hatten einiges zu tun, um mir zu helfen, das große Bild zu sehen und zu erkennen, vor welcher Aufgabe der Prediger in unserer Zeit steht.

Wie immer möchte ich auch den Personen danken, die es mir jedes Jahr möglich machen, mich mehrere Wochen lang in landschaftlich reizvoller Umgebung zum Schreiben zurückzuziehen – Lynn Land, Mary Courtney Brooks, Janice Worth, John und Carolyn Twiname. Und nicht zuletzt danke ich meiner Frau, Kathy, die meine beste Kritikerin ist und die engagierteste Unterstützerin meiner Arbeit und meines Lebens als Prediger des Wortes Gottes.

Anhang

Wie man eine Auslegungspredigt schreibt

Dieses Buch ist weit davon entfernt, ein Predigthandbuch zu sein. Sie werden bemerkt haben, dass ich in ihm vor allem der Frage nachgegangen bin, *warum* eine bestimmte Art der Predigt notwendig ist und wie diese Predigt sich vom Grundsatz her gestaltet (mit einigen Beispielen), aber relativ wenig der Frage, *wie* man eine gute Predigt vorbereitet. Immer wieder rief ich es mir beim Schreiben dieses Buches in Erinnerung: Du willst ein Manifest schreiben und keine Anleitung.

Aber ganz konnte ich dem Drang, dem Leser auch etwas „Praktisches" zu bieten, doch nicht widerstehen. Dieser Anhang ist als eine Art Mini-Handbuch über die erste große Aufgabe des Predigers gedacht – die treue Predigt des Wortes Gottes. Es gibt viele gute Bücher, die im Detail beschreiben, wie man eine Auslegungspredigt über einen biblischen Text verfasst und hält.[221] Ein vergleichendes Studium dieser Bücher (die einen bereits sehr alt, andere brandneu) ergibt erstaunliche Übereinstimmungen, was die Methode des Predigens betrifft. Eine systematische Zusammenstellung dieser Gemeinsamkeiten führt zu einer sehr hilfreichen Liste von unverzichtbaren Schritten zum Verfassen einer guten Auslegungspredigt. Die verschiedenen Autoren unterscheiden sich in den Details, aber alle bringen sie in irgendeiner Form die folgenden vier Schritte:[222]

1. Ermitteln Sie die *Absicht* des Textes, indem Sie seine Aussagen auflisten und nach dem Hauptgedanken suchen, auf den alle anderen Gedanken zulaufen.

2. Wählen Sie ein *Thema* für Ihre Predigt, das den Hauptgedanken des Textes wiedergibt und auf Ihre konkreten Zuhörer abgestimmt ist.
3. Entwerfen Sie, vom Predigtthema ausgehend, ein *Predigtkonzept*, das dem Text gerecht wird, das in jedem Punkt Dinge, die Sie aus dem Text gelernt haben, wiedergibt und das insgesamt eine Steigerung hin zu einem Höhepunkt ist.
4. Arbeiten Sie jeden Punkt Ihres Konzeptes aus – durch Argumente, Illustrationen, Beispiele, Bilder, andere Bibeltexte und (sehr wichtig!) Anwendungen auf das Leben der Hörer.

Ermitteln Sie die Absicht des Textes[223]

Als Erstes müssen Sie die Ziele ermitteln, die der biblische Autor mit diesem Text verfolgt hat. Was sollten seine ursprünglichen Adressaten lernen, denken, fühlen und tun? Hierzu muss man sich tief in den Text „hineingraben", ihn mehrfach lesen und untersuchen, alles, was einem auffällt, schriftlich notieren und alles festhalten, was der Text wörtlich oder auch indirekt sagt. Welche Gedanken in ihm sind zentral und welche nicht? Was sind die Hauptaussagen, die von den übrigen Aussagen erklärt oder gestützt werden? Hier ein vereinfachtes Schema für diesen Schritt, das ich wieder den besten Büchern über die Auslegungspredigt entnommen und durch meine eigene Erfahrung angereichert habe.[224]

Erster Durchgang: Lesen Sie den deutschen[225] Bibeltext mehrere Male; schreiben Sie dabei alles auf, das Ihnen auffällt oder Anlass zu Fragen gibt.[226]

Zweiter Durchgang: Lesen Sie den Text weitere zwei bis drei Mal durch. Halten Sie diesmal nach dreierlei Ausschau: a) Wiederholungen von Wörtern, Gedanken oder grammatischen Konstruktionen; b) Verbindungsworte, die Satzteile und Gedanken miteinander verknüpfen (z. B. „daher", „weil", „denn", „da", „wenn" und „dann"); c) Bilder und Metaphern. Fragen Sie sich dabei jedes Mal: Warum hat der Textautor sich so ausgedrückt? Was wollte er damit sagen? Was würde sich an der Bedeutung des Abschnitts ändern, wenn dieses Stilelement nicht da wäre?

Die Verbindungsworte beleuchten die verschiedenen Komponenten (also Wortgruppen, Sätze und Absätze) des Textes und die Beziehungen zwischen ihnen. Die Beziehung kann z. B. eine Ursache-Wirkung-Beziehung sein, die die Folgen eines Verhaltens oder Zustands illustriert, oder eine „Allgemein"-„besonders"-Beziehung (eine Aussage wird durch den folgenden Textteil erläutert oder erhellt bzw. – umgekehrt – verschiedene Aussagen oder Beispiele werden nachträglich zusammengefasst).

Dritter Durchgang: Lesen Sie den Text nochmals. Legen Sie diesmal einen Bibelkommentar oder andere Hilfsmittel daneben, die Ihnen helfen, den Text in der Ursprache zu verstehen. Es gibt inzwischen entsprechende Software für das Bibelstudium, die dies zumindest zum Teil auch für Personen möglich macht, die die Ursprachen der Bibel nicht studiert haben.[227] Ich versuche in diesem Durchgang immer fünf Dinge zu tun.

1. Ermitteln Sie die Bedeutung jedes für den Text wichtigen Wortes. Was ist seine Bedeutung in diesem Text? Was anderswo in der Bibel?
2. Achten Sie auf Wiederholungen im Urtext, die in der deutschen Übersetzung verloren gegangen sind. Oft haben die Übersetzer aus Gründen des Stils oder der Lesbarkeit wiederholte Vorkommen desselben hebräischen bzw. griechischen Wortes verschieden übersetzt.
3. Benutzen Sie die Kommentare, um „dunkle" Stellen im Text zu erhellen. Gute Bibelkommentare geben hier Auskunft.
4. Analysieren Sie anhand von Kommentaren und anderen Hilfsmitteln die Bilder in dem Text; wie werden sie im Rest der Bibel benutzt und was bedeuten sie dort?[228]
5. Halten Sie Ausschau nach Stellen im Predigttext, die sich wörtlich oder indirekt auf andere Bibelstellen beziehen (vor allem auf solche im AT, wenn der Text aus dem NT ist, oder im NT, wenn der Text aus dem AT ist).[229]

Punkt 4 und 5 helfen Ihnen, zu entdecken, wie Ihr Predigttext auf Christus hinweist. Nehmen Sie das, was Sie hier lernen, in Ihre persönlichen Anmerkungen zu dem Predigttext auf.

Vierter Durchgang: Stellen Sie jetzt die Kontext-Fragen an Ihren Text. Beginnen Sie mit dem Kontext des biblischen Buches, in welchem er steht. Fragen Sie: Wie verhält sich dieser Textabschnitt zum Rest des Buches? Was ist die Botschaft des ganzen Buches und wie trägt dieser Abschnitt zu ihr bei? Warum steht er an dieser Stelle in dem Buch? Was würde an der Gesamtbotschaft des Buches anders oder weniger, wenn es diesen Abschnitt nicht gäbe?

Sie müssen weiter fragen, wie dieser Text (und das Buch, zu dem er gehört) sich zu dem Rest der Bibel und ihrer Botschaft verhalten. Was für Lehren spricht er an, die im Rest der Bibel ausgeführt werden? Was für Themen in dem Text durchziehen den ganzen biblischen Kanon? Vor allem aber: Wie weisen die biblischen Themen in dem Predigttext auf Christus hin bzw. finden in ihm ihre Erfüllung? Die von Ihnen im dritten Durchgang konsultierten Kommentare und Hilfsmittel werden Ihnen bereits viele der Antworten auf diese Kontextfragen gegeben haben. Fügen Sie alles Neue, was Sie gelernt haben, Ihren Anmerkungen zu dem Predigttext hinzu.

Stellen Sie danach als letzte Frage eine abschließende „thematische Schlüsselfrage", die Ihnen hilft, das bisher Gelernte und Entdeckte zusammenzuführen. J. Alec Motyer formuliert diese Frage so: „Was ist das Eine, worum es bei allen anderen Dingen in dem Text geht?"[230] Haddon Robinson gliedert die Frage in zwei Teile auf: „Thema: Worum geht es in diesem Text? Ergänzende Frage: Was sagt der Text über dieses Thema?"[231] Andere formulieren die Frage folgendermaßen: Was wollte der Autor des Textes seinen ursprünglichen Adressaten sagen? Was sollten sie lernen, spüren und/oder tun? Was ist das Ziel bzw. der Sinn des Abschnitts? Fangen Sie mit einer dieser Versionen an; im Laufe der Zeit können Sie dann eine eigene formulieren.

Wie auch immer Sie die „thematische Schlüsselfrage" formulieren, die Antwort finden Sie gewöhnlich in einem der folgenden beiden Bereiche: Einmal in den Wiederholungen in dem Text und ihren Beziehungen zueinander. Wenn in dem Text vier oder fünf Mal das Wort „Mut" oder „Angst" erscheint, ist dies wahrscheinlich das zentrale Thema. Und der zweite Bereich sind die

Antworten auf die Kontextfragen, wie der Predigttext sich zu dem entsprechenden Kapitel, biblischen Buch und der ganzen Bibel verhält. Über das „Hohelied der Liebe" in 1. Korinther 13 wird gerne auf Hochzeiten gepredigt, aber ein Blick auf seinen Kontext (1. Korinther 12 und 14) zeigt, dass es hier nicht um Romantik und Verliebtsein geht, sondern darum, wie man in einer zerstrittenen Gemeinde Frieden schaffen kann. Die Aussage Jesu „Ich bin das Licht der Welt" in Johannes 8 wird uns klarer, wenn wir bedenken, dass er sie laut Johannes 7 während des Laubhüttenfestes machte, das zur Erinnerung an die Wolke der Herrlichkeit Gottes begangen wurde, die die Israeliten durch die Wüste führte. Jesus redet hier also nicht davon, dass er die Macht hat, in einem allgemeinen Sinne zu erleuchten, sondern er identifiziert sich mit der Herrlichkeit Israels, mit dem Gott Moses, der Mensch geworden ist.

Schreiben Sie die Antwort auf die thematische Schlüsselfrage in ein, zwei Sätzen nieder. Dies sollte der „frisch gepresste Kerninhalt des Textes" sein.[232] Um sicherzugehen, dass Sie Ihr gesamtes Material berücksichtigen, geben Sie dem Predigttext eine Überschrift. Wenn es ein längerer Text mit mehreren Teilen und Absätzen ist, geben Sie jedem von diesen ebenfalls eine Überschrift.

Wählen Sie ein Thema für Ihre Predigt

Wählen Sie als Nächstes ein Haupt*thema* für Ihre Predigt, das sowohl die zentralen Gedanken des Textes wiedergibt als auch Ihre Zuhörer und deren Voraussetzungen und Bedürfnisse berücksichtigt. Je nachdem, ob Sie lauter Christen vor sich haben oder eine Mischung aus Christen und Nichtchristen, werden Sie vielleicht unterschiedliche Aspekte des Predigttextes hervorheben wollen. Auch der Anlass der Predigt kann unterschiedlich sein – zum Beispiel ein Sonntagsgottesdienst, eine Freizeit oder eine Trauung.

Selbst wenn (was nicht immer der Fall ist) die Hauptaussage des Textes eindeutig ist, bedeutet dies nicht, dass Ihre Predigt nur *ein* Thema haben kann. In der Regel kann die Hauptaussage des Textes durchaus durch mehrere Predigtthemen zum Ausdruck kommen. Sinclair Ferguson schreibt hierzu:

> Zu dieser objektiven Aufgabe [der Herausarbeitung der zentralen Textaussage] kommt eine Aufgabe in Sachen geistlicher Sensibilität. … Der Prediger ist kein systematischer Theologe. … Er ist ein Pastor. … Unser Predigen darf nicht *bedürfnisbestimmt* sein, aber es muss *menschenorientiert* sein.[233]

Ferguson sagt hier, dass wir, um das Predigtthema festzulegen, sowohl die Hauptaussage des Textes (unsere erste Aufgabe) als auch die Bedürfnisse und Aufnahmefähigkeit unserer Hörer (die zweite Aufgabe) berücksichtigen müssen. Alan Stibbs sagt mit anderen Worten das Gleiche:

> Manche Bibelabschnitte sind ausgesprochen fruchtbar. Man kann sie ganz unterschiedlich angehen, je nachdem, welche Dinge in ihnen man hervorhebt und was für Ziele der Prediger in Bezug auf die praktische Anwendung im Leben seiner Zuhörer verfolgt.[234]

In einem anderen Buch schreibt David Jackman, dass der Prediger nicht nur eine Formulierung der Hauptaussage des Textes haben sollte, sondern auch eine „Zielformulierung“, d. h. die Benennung der „als Ergebnis der Predigt stattfindenden Veränderungen im Leben der Zuhörer, um die Sie den Heiligen Geist bitten“[235]. Die Hauptaussage des Textes und das pastorale Ziel zusammen ergeben das Predigtthema.[236]

Um die Herausarbeitung des Themas zu illustrieren, nimmt Stibbs einen Beispieltext: das Weinwunder auf der Hochzeit von Kana (Johannes 2,1-11). Die Hauptaussage des Textes findet sich in Vers 11: Das Wunder demonstriert die Herrlichkeit Jesu, indem es auf seinen Tod hinweist, der uns reinigt und uns die Teilnahme an Gottes großem Fest garantiert. Die inhaltliche Spannung in der kurzen Geschichte ergibt sich aus Jesu ebenso schroffer wie rätselhafter Antwort an seine Mutter Maria, die ihm eröffnet, dass der Wein ausgegangen ist, sowie dem folgenden Wunder, das die Festfreude rettet. Jesus benutzt für dieses Wunder Wasser, das eigentlich der kultischen Reinigung von Sünde diente – eine Vorwegnahme der Erlösung durch sein Blut. Er will uns mit diesem Wunder sagen, dass er alle Freude verlieren muss, damit wir sie bekommen können.

Das Weinwunder in Kana enthüllt also die Herrlichkeit Jesu

und seiner Erlösungstat. Doch diese Herrlichkeit hat in dieser Geschichte verschiedene Aspekte, und Stibbs zeigt, wie wir hier zu unterschiedlichen Predigtthemen kommen können, je nach der Situation und den Zuhörern. Stibbs schreibt, dass er in einer Traupredigt den Schwerpunkt auf Vers 2 legen würde („... und Jesus selbst und seine Jünger waren ebenfalls unter den Gästen"); das Thema könnte dann etwa lauten: „Lade Jesus in deine Ehe ein." In einem Gebetsgottesdienst könnte der Schwerpunkt auf Vers 3 liegen, wo Maria zu Jesus sagt: „Sie haben keinen Wein mehr!", und das Thema der Predigt könnte lauten: „Warum und wie wir beten sollen." In einer Ansprache an christliche Leiter und Mitarbeiter könnte Vers 5 im Mittelpunkt stehen („Tut, was immer er euch befiehlt!"), mit dem Thema: „Wie wir gute Mitarbeiter Christi werden". In einer normalen Sonntagspredigt, zu der auch Kirchendistanzierte und Nichtchristen kommen, könnte der Schwerpunkt auf Vers 10 liegen („Du aber hast den besseren Wein bis zum Schluss zurückbehalten!"), und das Thema könnte lauten: „Die Freude, die Jesus bringt".

Hier wird die gleiche zentrale Aussage (die Herrlichkeit des Opfertodes Jesu für unsere Sünden) jeweils auf eine andere Art beleuchtet. Jesus bietet uns an, in unsere Ehe zu kommen, er erhört unsere Gebete, er segnet die Arbeit seiner treuen Mitarbeiter und bringt uns die Freude, nach der wir uns schon unser ganzes Leben lang sehnen. Und wie tut er das? Durch seinen Tod, der etwas Herrliches ist.[237]

Der Theologe Alec Motyer benutzt zur Illustration der Herausarbeitung des Themas eine andere Bibelstelle, 1. Johannes 2,1-2:

> Meine lieben Kinder, ich schreibe euch diese Dinge, damit ihr nicht sündigt. Und wenn jemand doch eine Sünde begeht, haben wir einen Anwalt, der beim Vater für uns eintritt: Jesus Christus, den Gerechten. Er, der nie etwas Unrechtes getan hat, ist durch seinen Tod zum Sühneopfer für unsere Sünden geworden, und nicht nur für unsere Sünden, sondern für die der ganzen Welt.

Motyer schreibt, dass diese Verse mindestens sechs Wahrheiten über Jesus enthalten: Vers 1a: Jesus möchte, dass die Sünde in unserem Leben weniger wird. 1b: Aber wenn wir trotzdem sündigen, lässt er uns nicht fallen. 1c: Jesus ist im Himmel unser Anwalt vor dem Vater. 1d: Jesus ist absolut gerecht. Vers 2a: Jesus hat durch sein Opfer am Kreuz Gottes Zorn über unsere Sünde abgewendet. 2b: Er bringt uns, ja der ganzen Welt die Vergebung der Sünden.

Motyer findet, dass die Hauptaussage dieses Textes, an der alle anderen hängen, die zweite ist – dass Jesus uns nie als hoffnungslose Fälle abschreiben wird. Die Pointe dieser Bibelstelle ist, dass wir als Christen nicht sündigen sollten, aber wenn wir es doch tun, wird Jesus immer noch unser Fürsprecher und Anwalt sein, der Vater wird uns immer noch lieben, wir bekommen immer noch seine Vergebung. Motyer wörtlich: „Jede dieser sechs Wahrheiten strahlt die Geborgenheit des Himmels aus. … In unserem Kampf mit der Sünde, in dem wir immer wieder Niederlagen erleiden, [können wir] uns trotzdem mit allem Recht als Erben und Besitzer dieser großen Erlösung betrachten.“[238]

Ganz ähnlich wie Ferguson und Stibbs sagt Motyer, dass die Hauptaussage des Predigttextes als ein Predigtthema formuliert werden muss, das „auf die Gemeinde, der wir dienen, zugeschnitten ist“. Er erinnert uns daran, dass wir beim Predigen nicht eine, sondern zwei Aufgaben haben: „Erstens sind wir der Wahrheit [verantwortlich] und zweitens dieser spezifischen Gruppe von Menschen. Wie können sie die Wahrheit am besten hören? Wie können wir sie so formulieren und ausdrücken, dass sie sie auf eine Art erreicht, die verdaulich ist, das bestmögliche Hören garantiert und … unnötige Verletzungen vermeidet?“[239] Motyer fährt fort, dass es daher nie nur das *eine* mögliche Predigtthema gibt. Dass die Hauptaussage von 1. Johannes 2,1-2 in dem Satz „Warum wir unseres Heils gewiss sein können“ zusammengefasst werden kann, bedeutet nicht notwendigerweise, dass dies das Thema der Predigt sein muss. Falls die Gemeinde mehr Unterweisung in christlicher Theologie benötigt, könnte der Prediger mehr auf die Tatsache abheben, dass Jesus unser himmlischer Anwalt und Fürsprecher ist, weil er zum Thron des Vaters aufgestiegen ist. Das Predigtthema könnte dann lauten: „Die Realität und Bedeutung der Himmelfahrt unseres Herrn“, und die Predigt könnte darlegen, was diese biblische Lehre für die Gläubigen bedeutet. Es kann auch diverse pastorale Gründe dafür geben, die Predigt auf den Begriff „Sühneopfer" zu fokussieren, also darauf, dass Jesus am Kreuz Gottes Zorn über unsere Sünden abgewendet hat.[240] Hier würde die Predigt betonen, wie gründlich und tief unsere Vergebung durch das Kreuz Christi ist. Das Thema könnte hier lauten: „Wie Jesus uns errettet." Eine weitere, seelsorgerlichere Variante könnte lauten: „Was tun mit unserer Sünde, die immer wieder kommt?" In all diesen Fällen geht es darum, darzulegen, wie gewiss unsere Erlösung durch Jesus ist, aber mit verschiedenen Schwerpunkten, je nachdem wie vertraut die Hörer mit der biblischen Lehre sind und vor welchen Problemen sie gerade in ihrem Leben stehen.

Viele Autoren schlagen also vor, bei der Erarbeitung des Predigtthemas die Hauptaussage des Textes und das pastorale Ziel des Predigers zu kombinieren. Vergessen wir dabei aber nicht, dass man einen Text nur dann „richtig" predigen kann, wenn man ihn auch in den Gesamtkontext der Bibel stellt und aufzeigt, wie er auf Christus hinweist. Von daher sollte man vor der Festlegung des Predigtthemas vielleicht die folgenden drei Fragen beantworten:

- *Die Frage nach der Hauptaussage des Textes:* Von was handelt dieser Text und was sagt er konkret darüber?
- *Die pastorale Frage:* Was hat diese Aussage bzw. Lehre im Leben der ursprünglichen Adressaten des Textes verändert und was sollte sie heute bei uns verändern?
- *Die Frage nach Christus:* Inwiefern weist dieser Text uns auf Christus hin, und wie hilft uns die Erlösung, die Christus gebracht hat, uns im Sinne des pastoralen Predigtziels zu ändern?

Wenn Sie diese Fragen beantwortet haben, formulieren Sie das Thema Ihrer Predigt. Es sollte eine hörerorientierte Umsetzung der Hauptaussage des Textes sein. Es hilft, wenn Sie das Thema in Form eines Aussagesatzes formulieren, der im grammatischen Aktiv und nicht im Passiv verfasst ist. Nehmen wir an, Sie haben Johannes 16,16-23 studiert und als Kernaussage ermittelt: „Jesus tröstet seine Jünger mit Ausführungen über seine Wiederkunft."

Dann könnte das Predigtthema lauten: „Dank der Hoffnung, die Christus gibt, brauchen Christen vor nichts Angst zu haben."

Entwerfen Sie, vom Predigtthema ausgehend, ein Predigtkonzept

Wenn Sie Ihr Thema gewählt haben, erarbeiten Sie als Nächstes ein *Konzept* (Predigtentwurf, Gliederung), das die Bedeutung des Predigttextes entfaltet (wobei jeder Unterpunkt sich aus dem Text selber ergeben sollte) und eine erzählerische Spannung aufbaut, die sich zu einem Höhepunkt hin steigert. Eine Art Konzept ist ähnlich wie ein Plädoyer vor Gericht aufgebaut: Auflistung der Fakten, Formulierung einer These und Begründung dieser These. Eine andere Art Konzept ist mehr wie das Erzählen einer Geschichte: Man beginnt mit einem Ereignis, das das Leben durcheinandergebracht hat, und erzählt sodann, wie versucht wird, dieses Problem zu lösen, und was das Ende der Geschichte war.

In den ersten Jahrhunderten der Kirchengeschichte arbeiteten viele Auslegungsprediger ohne solche Gliederungen und gingen einfach versweise am Bibeltext entlang. Auch in dieser Methode steckte natürlich so etwas wie ein Konzept. Der Prediger unterteilte den Text in argumentative oder gedankliche Blöcke von jeweils drei oder vier Versen, und wenn er mit einem Block fertig war, ging er zum nächsten über; am Ende des Predigttextes fasste er möglicherweise die Hauptthemen und -lehren zusammen. Anders ausgedrückt: Das Predigtkonzept war identisch mit dem linearen Aufbau des Predigttextes und mögliche andere Strukturierungen der Aussagen des Textes spielten so gut wie keine Rolle. Erst im Mittelalter setzte sich die Idee der gedanklich gegliederten Predigt durch.[241] Calvin versuchte zwar eine Renaissance der „fortlaufenden" Auslegungspraxis des Johannes Chrysostomos und anderer früher christlicher Prediger, doch die meisten anderen Reformatoren waren mehr an einem Einsatz der Rhetorik der Griechen und Römer für die Zwecke der Kirche interessiert. Die Puritaner und ihre Erben führten diese Linie weiter und entwickelten ein ausgeprägt scholastisch-klassisches Predigtkonzept, das aus der Formulierung einer einzigen These, deren gründlicher Analyse und deren erschöpfender Verteidigung und Anwendung bestand.[242]

In den letzten zweihundert Jahren hat sich ein gewisser Konsens darüber herausgebildet, was ein gutes Predigtkonzept ist. Es sollte erstens in sich *geschlossen* sein, d. h., jeder Punkt sollte auf das Predigtthema ausgerichtet sein. Es sollte zweitens *proportional ausgewogen* sein, d. h., jeder Punkt sollte etwa gleich viel Zeit und Aufmerksamkeit erhalten, sodass die Predigt weder zu „schnell" noch zu „langsam" wird. Es sollte drittens *durchstrukturiert* sein, d. h., jeder Einzelpunkt sollte nicht nur auf das Gesamtthema bezogen sein, sondern auch die vorhergehenden Punkte aufnehmen und den Gang der Argumentation vorantreiben und nicht nur bisher Gesagtes wiederholen. Und viertens sollte in dem Predigtkonzept eine *Dynamik*, eine Bewegung erkennbar werden, d. h., es sollte nicht nur gedanklich geordnet sein oder ein „Plädoyer" für eine These bieten, sondern es sollte den Hörern das Gefühl vermitteln, dass sie mitgenommen werden auf eine Reise, hinein in ein Abenteuer, das auf einen Höhepunkt zusteuert, auf welchem sie Gott selber begegnen. (Dies gilt übrigens auch für Auslegungspredigten über nicht-narrative Texte; ich werde mich dem Thema der Dynamik der Predigt im nächsten Abschnitt zuwenden.)[243]

Jeder Punkt in Ihrem Konzept sollte die Konturen Ihres Themas schärfen, sodass es im Laufe der Predigt immer klarer, vielschichtiger und zwingender wird. Hier bringt Ihr Predigtkonzept Ihnen nicht nur Ordnung, sondern auch Disziplin; es zwingt Sie, die hohe Kunst des Auslassens einzuüben. Haben Sie sich vor Kurzem einige Zitate und Beispiele notiert, die sich wunderbar zur Verwendung in einer Predigt eignen? Wenn sie nicht in Ihr Predigtkonzept passen, in dem ja jeder Abschnitt dem Gesamtthema zu dienen hat, lassen Sie sie weg; vielleicht können Sie sie in einer späteren Predigt einsetzen.

Ihr Predigtkonzept hilft Ihnen auch, sicherzustellen, dass Ihre Hauptpunkte in einer Auslegungspredigt aus dem Text selber stammen. Bei Ihrem Studium des Predigttextes haben Sie zunächst einmal eine Menge interessanter Gedanken zusammengetragen. Danach haben Sie die thematische Schlüsselfrage gestellt und festgelegt, welche dieser Gedanken sozusagen den „Stamm" des „Predigtbaumes" bilden und welche die „Äste" sind. Sie können jetzt in einem weiteren Schritt aus den „Ästen" die Unterpunkte Ihrer Predigt machen, die jeweils den Hauptgedanken (den „Stamm") erklären oder vertiefen.

Es ist offensichtlich, dass es in der Geschichte von dem Gelähmten in Markus 2,1-12 um die Vergebung der Sünden geht. Das Wort „vergeben" erscheint in dem Text vier Mal, und das ganze Drama der Szene dreht sich darum, ob Jesus das Recht hat, Sünden zu vergeben oder (wie die Schriftgelehrten meinen) nicht. Doch es gibt in dem Text noch anderes Bemerkenswertes. So gibt Jesus dem Kranken zunächst nicht das, weswegen seine Freunde ihn eigentlich gebracht haben, nämlich körperliche Heilung. Es fällt auch auf, dass Jesus den inneren Zustand des Kranken intuitiv zu erkennen scheint, denn Vergebung erfordert Reue, und die äußert der Kranke nicht mit Worten. Dann die Frage Jesu: „Was ist leichter – zu dem Gelähmten zu sagen: ‚Deine Sünden sind dir vergeben' oder: ‚Steh auf, nimm deine Matte und geh umher!'?" (V. 9). Dies ist eine Fangfrage, denn auf den ersten Blick erscheint es leichter zu vergeben als eine Lähmung zu heilen, aber es wird nicht weniger als Jesu Tod am Kreuz brauchen, um unsere Sünden zu vergeben.

Alle diese Punkte können in das Predigtkonzept eingehen. Das Thema der Predigt könnte lauten: „Vergebung – die wahre Heilung" und die Gliederung könnte so aussehen: 1. Wir brauchen Vergebung. – 2. Die Gnade der Vergebung. – 3. Der Preis der Vergebung. Dass wir Vergebung brauchen, zeigen die ersten vier Verse. Indem Jesus vergibt, bevor er heilt, zeigt er, dass unser inneres Bedürfnis nach der richtigen Beziehung zu Gott fundamentaler ist als jegliches Bedürfnis nach körperlicher Heilung oder nach was auch immer. Vers 5 zeigt die ganze Gnade der Vergebung. Jesus reagiert bereits auf die bloße diffuse Herzenssehnsucht des Gelähmten, d. h. ich muss nicht gedanklich alles klar und ausformuliert in meinem Kopf haben, um Gottes Vergebung zu bekommen; es reicht, dass ich sie im Herzen will. Alles, was ich brauche, ist meine Bedürftigkeit. Und Jesu merkwürdige Frage in Vers 9 führt uns in den Schatten des Kreuzes. Für die Heilung von Krankheiten reicht es, ungewöhnlich große Macht zu haben, aber für die Vergebung unserer Sünden wird Jesus durch unendliches Leiden, ja durch den Tod gehen – und uns unendlich lieben müssen. Doch wenn wir diese Vergebung annehmen, werden wir heil von der einzigen Krankheit, die uns wirklich für immer umbringen kann.

Alec Motyer bringt als weiteres Beispiel Psalm 51[244]. Er weist auf neun Schlüsselwörter in dem Text hin: „gnädig", „Gnade", „Barmherzigkeit", „tilgen", „Vergehen", „reinwaschen", „Schuld", „reinigen", „Sünde" (so in der deutschen revidierten Elberfelder Übersetzung). Der Hauptgedanke dieses Textes ist, was Gott mit unserer Sünde macht. Motyer analysiert jedes Schlüsselwort, um zu sehen, was es im Rest der Bibel bedeutet. Sein Ergebnis: Drei der Wörter definieren, was Sünde ist, drei beschreiben, was wir als Sünder von Gott brauchen, und drei, was wir Gott sagen müssen, um dieses zu bekommen. Motyer fährt fort, dass alle diese Punkte in der Predigt zentral sind, aber dass die genaue Ausarbeitung vom Predigtthema abhängt. Richtet die Predigt sich an Christen, und geht es um das Gebet? Dann könnte das Thema lauten. „Wie man seine Sünden bekennt" und das Konzept könnte so aussehen: 1. Warum wir unsere Sünde bekennen müssen. – 2. Was wir bekennen müssen. – 3. Wie wir bekennen müssen. Dabei könnte jeder der Punkte anhand der entsprechenden drei Schlüsselwörter ausgeführt werden.

Oder sind unter den Zuhörern viele Menschen, die nicht glauben bzw. nicht wissen, was sie glauben? Dann könnte die Predigtüberschrift zum Beispiel so lauten: „Wenn unser Leben uns um den Kopf fliegt." Die Gliederung könnte dann so aussehen: 1. Wir sind nicht das, was wir sein sollten. – 2. Warum wir nicht das sind, was wir sein sollten. – 3. Wie wir das ändern können. Diese Predigt würde mehr auf den Anlass des 51. Psalms eingehen und darstellen, wie David (der beste König, den Israel je hatte) große Defizite in seinem Herzen hatte und sein Leben durch eine außereheliche Affäre „an die Wand fuhr". Im ersten Punkt der Predigt könnte man darstellen, dass wir schwächer und gefährdeter sind, als wir zugeben wollen. Das meist mit „Sünde" übersetzte hebräische Wort bedeutet eigentlich, dass man das Ziel verfehlt. Es geht nicht nur um einen Regelverstoß, sondern darum, dass wir nicht das sind, was wir (wie wir sehr wohl wissen) sein sollten. Der zweite Punkt (warum wir so oft das Ziel verfehlen) könnte zwei Unterpunkte enthalten: a) dass wir uns um uns selber drehen, in uns selbst zusammengekrümmt sind (das hebräische Wort für „Schuld" bedeutet wörtlich „verbogen/verzerrt sein") und b) unseren Eigenwillen („Vergehen" beinhaltet Sturheit und Eigensinn). Beide Eigenschaften sind Dinge, die unsere Welt zur Hölle machen. Für den dritten Predigtpunkt brauchen wir nicht auf alle sechs übrigen Schlüsselbegriffe einzugehen, sollten aber mindestens das mit „austilgen" übersetzte hebräische Wort erklären. Es gibt eine Art geistliches Reinigungsmittel, das Sünde gewissermaßen rückstandslos entfernen kann (vgl. Hebräer 9,14) – eine mögliche Brücke zu Hebräer 9 und dem Erlösungswerk Christi.

Die Dynamik der Predigt

Das Predigtkonzept sollte Bewegung, Spannung, ein Element des Fortschreitens enthalten.[245] Ich höre viele Predigten, die nur eine Aufzählung erbaulicher Gedanken sind, auch wenn diese alle treu aus dem Predigttext entnommen sind und etwas mit dem Predigtthema zu tun haben. Solche Predigten sind eigentlich eine Zusammenstellung von mehreren Mini-Predigten und wirken unweigerlich langweilig, und wenn der Prediger es noch so ernst meint. Nein, in einer Predigt, die die Aufmerksamkeit der Hörer fesselt, muss jeder Unterpunkt auf den vorherigen Punkten aufbauen und etwas Neues für das Predigtthema bringen, wobei der Prediger gerne auch Andeutungen und Nebenbemerkungen aus früheren Predigtabschnitten aufgreifen und genau an der richtigen Stelle thematisieren kann. Wir müssen versuchen, in unseren Predigten einen Spannungsbogen aufzubauen, der den Hörer die Ohren spitzen lässt und ihm das Gefühl gibt, zu einem Ziel und Höhepunkt hin unterwegs zu sein. Ein geschickter Prediger versteht es, in den ersten Abschnitten seiner Predigt Aussagen so zu formulieren, dass die Zuhörer unwillkürlich anfangen, Fragen zu stellen: „Wenn *das* stimmt, ist das dann nicht ein Widerspruch zu *dem*?“ Oder: „Wenn das wirklich in der Bibel steht, was machen Sie dann mit den oder den Einwänden, die hier kommen?“ Oder: „*Das* soll ich machen? Wie soll das denn gehen? Das kann ich doch gar nicht!“ Auf diese Weise kann der Prediger im Laufe der Predigt die Fragen beantworten, die in den Herzen der Zuhörer hochkommen.

Eugene Lowry schreibt, dass selbst dann, wenn ein Prediger nicht über eine biblische Geschichte predigt, die verschiedenen Predigtpunkte wie die Teile einer Geschichte wirken sollten.[246] Eine Geschichte *beginnt* typischerweise damit, dass irgendein Ereignis das Leben aus dem Lot bringt; plötzlich ist es nicht mehr so, wie es sein sollte. „Rotkäppchen besuchte seine Großmutter und brachte ihr ein paar Leckereien mit“ – das ist eine Feststellung. Aber „Als Rotkäppchen seine Großmutter besuchen ging, lauerte ihm ein böser Wolf auf, der es fressen wollte“ – das ist eine Geschichte. Nach dem Krisenereignis versuchen die Helden in der Geschichte, die ursprüngliche Balance wiederherzustellen. Aber sie haben auch ihre Gegner, die diesen Versuch vereiteln wollen. Die Verwicklungen und die Dramatik nehmen zu, bis die Geschichte ihr Ende erreicht, das entweder darin besteht, dass die ursprüngliche Balance wiederhergestellt wird und die Wünsche der „Guten“ in der Geschichte (und die der Hörer bzw. Leser) Realität werden, oder darin, dass die Wiederherstellungsversuche scheitern. Also: In jeder Geschichte finden wir eine Annahme darüber, wie das Leben sein sollte, ein Problem oder eine Kraft, die das Leben daran hindert, so zu sein, und einen Weg, wie das „richtige“ Leben wiederhergestellt werden kann.[247]

Lowry findet, dass der Gang und die Dynamik der Predigt dieser allgemeinen Struktur folgen sollte (auch wenn diese nicht unbedingt durch entsprechende Überschriften explizit gemacht werden muss). Also: Beginnen Sie damit, dass Sie das Problem darstellen. Auf welche Weise hat in unserem Predigttext die Sünde das Leben aus dem Lot gebracht? Bryan Chapell nennt dies den „Sündenfall-Fokus“.[248]

Bauen Sie sodann eine Spannung auf, indem Sie tiefer graben

und der Frage nachgehen, warum dieses Problem so schwierig und so hartnäckig ist. Dazu müssen Sie hinter dem persönlichen und sozialen Verhalten der Personen die Beweggründe des Herzens suchen[249] – „Wir mögen, wo es um das Geld geht, Geizhälse sein, aber bloße moralische Appelle helfen hier nicht weiter, weil das Geld für uns mehr ist als Geld; es steht für Identität und Sicherheit." Dieser zweite Schritt muss immer die Evangeliumsbotschaft rekapitulieren, dass wir nicht die Mittel haben, uns selber zu erlösen. Unsere Selbsterlösungsversuche sehen hoffnungslos aus, weil sie hoffnungslos *sind*.

Zeigen Sie als Nächstes, wie Jesus, die Erlösung, die er bringt, und der Glaube an ihn das Problem, vor dem wir hier stehen, objektiv wie subjektiv lösen. Jesus ist der, der das menschliche Leben so gelebt hat, wie wir es leben sollten. Er ist gestorben, um uns von unserer Schuld und ihren Folgen zu erlösen. Doch mehr noch: Der Glaube an Christus löst auch unser „Herzproblem", das die Wurzel unseres Elends ist. „Wir können erst dann unser Geld spenden, wenn wir unsere Sicherheit und Identität in Jesus neu gefunden haben. Wir können unsere Ehefrau/unseren Ehemann erst dann recht lieben, wenn wir unsere innere Leere mit der Liebe unseres großen Bräutigams, Christus, gefüllt haben." Der zweite und dritte Schritt in der Predigt sind eng miteinander verknüpft. Wenn wir unsere Sündhaftigkeit als ein bloßes Verhaltensproblem diagnostizieren, kann die Lösung nur lauten, dass wir uns halt mehr anstrengen müssen. Erst dann, wenn wir uns in die Tiefen der Dynamik und Motivation des Herzens hinabbegeben, erkennen wir, dass die einzige und direkte Lösung des Problems in der verwandelnden Kraft des Evangeliums von Jesus Christus besteht.

Und so kann die Predigt, die wie eine dramatische Erzählung voranschreitet – mit wachsenden Verwicklungen und scheinbar wenig Hoffnung –, an diesem Punkt das bringen, was J. R. R. Tolkien die „Wende" nennt, die man in allen guten Geschichten findet. Plötzlich lösen sich die Spannung und das Problem auf eine Art, die ebenso unerwartet wie erfreulich ist.[250] Hier konfrontiert der Prediger das Problem mit dem Evangelium und der Person und dem Werk Christi, den er als die einzige Lösung präsentiert, eine Lösung, wie die Welt sie nicht bieten kann. So wird Jesus zu dem „Helden“ jeder gut gemachten Predigt.[251]

Hier noch ein anderes Modell zur Darstellung der Dynamik der Predigt als Geschichte des Evangeliums, mit der Struktur „Sündenfall – Erlösung – Wiederherstellung und Heilung“. Bedenken Sie dabei bitte, dass die folgenden Schritte selten oder nie in Überschriftenform genannt werden oder auch nur explizit in die Predigtgliederung eingehen. Ich persönlich bezeichne diese Struktur als „Metakonzept“ oder „Tiefenstruktur“ jeder Predigt, die ich halte:

- **Einleitung:** Was das Problem ist; unser zeitgenössischer kultureller Kontext: *Wir haben folgendes Problem …*
- **Erste Predigtpunkte:** Was die Bibel dazu sagt; der kulturelle Kontext der ursprünglichen Adressaten: *Folgendes müssten wir tun …*
- **Mittlere Predigtpunkte:** Was uns hindert; der Zustand des Herzens der heutigen Adressaten: *Warum wir das nicht schaffen.*
- **Spätere Predigtpunkte:** Wie Jesus das Problem gelöst hat, und zwar bis in die Tiefen des Herzens hinein: *Aber Jesus hat es geschafft.*
- **Anwendung:** *Wie wir als Menschen, die an Jesus glauben, leben sollten.*

Diese Tiefenstruktur der Predigt beruht auf ganz spezifischen Annahmen. Die erste ist, dass die Bibel Probleme des Herzens anspricht, die alle Menschen aller Zeiten und Kulturen haben. Was bedeutet, dass durchaus eine Verbindung besteht zwischen der Situation der heutigen Predigthörer und der der ursprünglichen Adressaten des Bibeltextes, die vor Tausenden von Jahren lebten. Zweitens gibt es in jedem Bibeltext moralische Normen und Imperative, wie wir leben sollten. Diese Normen können sich aus dem ergeben, was wir in dem Text über das Wesen Gottes oder Christi erfahren, aus dem guten oder schlechten Beispiel der Personen, die in dem Text auftreten, oder aus ausdrücklichen Anweisungen, Warnungen und Appellen. Die dritte Grundannahme ist, dass diese Normen und Imperative immer zu einer Krise führen, denn was die Bibel von uns an ethischem Verhalten im Alltag verlangt, ist schlicht nicht menschenmöglich. Wenn der Prediger dies nicht klarstellt, gleitet die Predigt in einen platten Moralismus ab, der indirekt oder sogar offen behauptet, dass wir es Gott recht machen können, wenn wir uns nur genug anstrengen. Doch wenn der Prediger die Krise offen benennt, haben die Hörer, die ihm bis zu diesem Punkt in der Predigt gefolgt sind, ein Sackgassenerlebnis. Sie stehen gleichsam vor einer Felswand; was nun? Doch wenn dann der Prediger fortfährt und den Hörern das Evangelium von Jesus zeigt, öffnet sich eine verborgene Tür in der Wand, und Licht strömt herein. Jesus hat alles, was das Gesetz Gottes fordert, an unserer Stelle erfüllt und uns so vor dem Verdammungsurteil bewahrt. Ja mehr noch: Wenn wir unser ganzes Vertrauen in das setzen, was Jesus da getan hat, fängt dies an, unsere Herzen zu verwandeln; sie schmelzen, wo sie eisig waren, sie werden stark, wo sie schwach waren. Der Glaube an Jesus ist unsere einzige Hoffnung – aber diese Hoffnung ist bombensicher!

An dieser Stelle, wo die Predigt zeigt, wie allein Jesus die Forderungen des Gesetzes erfüllt hat, geht sie vom Lehren und Argumentieren zum Staunen und Anbeten über. Wenn es sich um einen narrativen Predigttext handelt, können Sie zeigen, wie die Personen in der Geschichte letztlich auf Christus als den endgültigen Erlöser, Leidenden, Knecht, Propheten, Priester, König und Diener hinweisen. Wenn es sich um einen Lehrtext handelt, können Sie zeigen, wie Christus die große Verkörperung der geforderten ethischen Norm ist und die einzige Möglichkeit, Menschen zu werden, die anfangen, dieser Norm zu folgen. Und schließlich können Sie in dieser Phase Ihrer Predigt aufzeigen, wie dieser Glaube an Christus unser Leben ganz praktisch bestimmen und verändern kann.

Fallstudie 1: Auslegungspredigt

Hier ein Beispiel für die Anwendung dieser Predigt-Tiefenstruktur: die Geschichte der Opferung Isaaks in 1. Mose 22.

1. **Dies müssten wir tun:** Gott in allen Bereichen unseres Lebens an die erste Stelle setzen, wie Abraham dies tat. (An diesem Punkt endet die Predigt traditionell oft schon!)

2. **Aber das können wir nicht:** Wir können es nicht! Eigentlich wollen wir es auch nicht. Und so haben wir Gottes Verdammungsurteil verdient.
3. **Aber es gibt Einen, der hat es geschafft:** Am Kreuz hat Jesus seinen Vater bis zur letzten Konsequenz an die erste Stelle gesetzt. Es war die ultimative, vollkommene Unterwerfung unter den Willen Gottes. Jesus ist der Einzige, zu dem Gott je gesagt hat: „Gehorche mir, dann will ich dich richten und verdammen." Jesus hat trotzdem gehorcht – um der Wahrheit willen, um Gottes willen, um unseretwillen. Es war der einzige vollkommene Gehorsamsakt, den es je gegeben hat.
4. **Und deswegen – und nur deswegen – können wir anders werden:** Erst dann, wenn wir sehen, dass Jesus ja so gehorcht hat wie damals Abraham – und das *für uns*! –, können wir anfangen, so zu leben wie Abraham. Lassen Sie diese Wahrheit Ihr Herz verwandeln.

Nur dann, wenn ich erkenne, dass Gott mich ja schon angenommen hat, kann ich anfangen zu versuchen, so zu leben wie Abraham. Von mir aus würde ich mich nie und nimmer auf diesen Weg machen; mein Stolpern und Versagen würde mir jeden Mut nehmen. Aber Gott hat mich schon geliebt, bevor ich ihm je gehorchen konnte. Ohne dieses Wissen würde ich es nicht fertigbringen, diesen Weg anzufangen und weiterzugehen.

Nur dann, wenn ich sehe, dass Gott mich ja schon angenommen hat, kann ich mich mit den tieferen Gründen dafür auseinandersetzen, warum ich nicht so leben kann wie Abraham: Ich stelle meine „Isaaks" über Christus, weil ich mir einbilde, dass sie mir mehr Sicherheit und Wert geben werden als er. Nur dann, wenn ich mich darüber freue, dass Gott mich in Christus angenommen hat, werden diese Isaaks ihre Macht über mich verlieren; ohne diesen Schritt kann ich überhaupt nichts tun.

Erst dann, wenn ich sehe, dass Gott mich schon angenommen hat, kann ich es wirklich wollen, so zu leben wie Abraham – und dies aus den richtigen, gesunden Gründen. Wenn ich diese Predigt über Abraham höre, erkenne ich, dass ich bisher Gott möglicherweise deswegen gehorchen möchte, damit er mich und meine

Lieben glücklich macht. Doch wenn ich dies tue, gehorche ich ihm nicht, weil er Gott ist; ich benutze das Gesetz Gottes nicht, um ihn zu preisen und zu loben, sondern um etwas von ihm zu bekommen. Solange ich nicht voller Freude erkenne, dass Christus ja für *mich* gehorsam war, und in dieser Freude den Anker für meine Seele finde, werde ich Gott nie aus dem richtigen Grund gehorchen und es wird nie ein echter Gehorsam sein.

Fallstudie 2: Themenpredigt

Jetzt ein Beispiel für eine Predigt über die Macht der Schönheit und sexuellen Attraktivität in unserer Kultur.

1. **Dies müssten wir tun:** Die Macht äußerlicher Schönheit über uns muss gebrochen werden. Schauen wir nur, wie viel Unheil sie schon über unser Leben und unsere Gesellschaft gebracht hat: 1. Sie beschädigt das Selbstbild der Frauen (die Folgen können u. a. Selbsthass und Essstörungen sein). 2. Sie demoralisiert die Älterwerdenden. 3. Sie beeinträchtigt das Leben der Männer, indem sie sie für nichts und wieder nichts aus ihrer Ehe in die Pornografie flüchten lässt. – Was tun dagegen? Lernen, nicht nach dem äußeren Schein zu urteilen, sich nicht von oberflächlichen Dingen beherrschen lassen.
2. **Aber das können wir nicht.** Wir wissen nur zu gut, dass wir der Macht der äußerlichen Schönheit nicht entrinnen können. Warum nicht? 1. Wir suchen nach äußerlicher Schönheit, um damit unser Gefühl, nichts zu taugen und nicht gut genug zu sein, zu betäuben (vgl. 1. Mose 3). Der Satz „Wer gut aussieht, fühlt sich gut" bedeutet eigentlich: „Wer gut aussieht, hält sich für einen vollwertigen Menschen." 2. Wir haben Angst vor unserer Sterblichkeit und vor dem Tod. Evolutionsbiologen und Christen stimmen darin überein, dass hinter dem Schönheitswahn die Sehnsucht nach der ewigen Jugend steckt. Wir werden unser Problem nicht dadurch lösen, dass wir uns moralisch am Riemen reißen.
3. **Aber es gibt Einen, der hat es geschafft.** Es gab Einen, der über alle Maßen schön war, aber das alles dahingab – für uns

(Philipper 2,5-11). Er wurde hässlich, damit wir schön werden könnten (Jesaja 53).

4. **Und deswegen – und nur deswegen – können wir anders werden.** Nur dann, wenn wir sehen, was Jesus für uns getan hat, werden unsere Herzen weich und frei von dem Irrglauben, dass der äußere Schein das ist, was zählt. Nur in der Gemeinschaft mit ihm werden wir frei von unserem Gefühl, nicht gut genug zu sein, und von der Angst vor unserer Sterblichkeit.

Arbeiten Sie jeden Punkt aus

Als letzten Schritt Ihrer Predigtvorbereitung müssen Sie jeden Punkt in Ihrem Konzept fertig ausarbeiten, mit Argumenten, Illustrationen, Beispielen, Bildern, geeigneten anderen Bibelstellen und diversen Arten der praktischen Anwendung und der rhetorischen Hilfsmittel. Was und wie viel Sie genau einsetzen, hängt davon ab, welche Entscheidungen Sie bezüglich der Absicht des Predigttextes, des Predigtthemas und der Struktur Ihres Konzeptes getroffen haben.

Ich möchte mich hier auf einen Aspekt dieser Ausarbeitung beschränken. In Kapitel 6 haben wir uns angesehen, wie wir eine wirksame Anwendung unserer Predigt im Leben unserer Hörer vorbereiten können, indem wir ihre Herzen erreichen; jetzt möchte ich einige *Beispiele* für Anwendungen geben, die vom Herzen des Evangeliums bestimmt sind und nicht (wie es viel häufiger geschieht) moralisierend vorgehen. Wie rufen wir unsere Hörer auf der Basis des Predigttextes zum Gehorsam gegenüber Gott auf, ohne den moralischen Zeigefinger zu schwenken? Wie können wir, anstatt ihren Willen zu massieren, bis sie keinen Widerstand mehr leisten, zu ihren *Herzen* vordringen, sodass sie den *Wunsch* bekommen, Gott zu gehorchen?

Gottes Ruf gehorchen

In 1. Mose 12 folgt Abraham dem Ruf Gottes und verlässt seine Komfortzone, hinaus aus dem sicheren Schoß seiner Sippe und angestammten Kultur. Er kann nur dann ein Segen für andere werden, wenn er bereit ist, die üblichen Quellen menschlicher Sicherheit hinter sich zu lassen. Nun, das größte und endgültige Beispiel für jemanden, der einen Ruf hinaus aus dem Schoß der Sicherheit und der vertrauten Umgebung hörte, war Jesus. Er verließ nicht weniger als die Herrlichkeit des Himmels, um für uns zu sterben (Philipper 2,5-11). Er gab seine Sicherheit dahin, damit wir die größte aller Sicherheiten bekämen – seine Liebe und Erlösung. Wenn wir dies haben, werden wir fähig zu dem Abenteuer, auf andere Menschen und Kulturen zuzugehen. Erst damit werden wir Menschen bzw. Jünger „mit einer Mission".

Ein Herz für die Armen

Es ist erstaunlich, wie sehr Gott sich in der Bibel mit den Armen identifiziert. In Sprüche 19,17 heißt es, dass der, der barmherzig zu dem Armen ist, barmherzig zu Gott ist, in Sprüche 14,31, dass der, der böse zu dem Armen ist, böse zu Gott ist. Und in Matthäus 25 sagt Jesus, dass der, der dem Hungrigen zu essen gibt, den Nackten bekleidet und dem Obdachlosen ein Dach über dem Kopf gibt, damit im Grunde ihn (Jesus) speist, bekleidet und beherbergt. Die Versuchung ist groß, über diese Bibelstellen moralistisch zu predigen: „Also, strengt euch an; identifiziert euch mit den Armen, tut was für sie …" Aber wir machen oft die Erfahrung, dass gerade dies nicht funktioniert. Wir wollen schon etwas für die Armen tun, aber wir tun es von oben herab. Oder sie sind nicht so dankbar, wie wir es erwartet hatten, und wir fühlen uns auf den Schlips getreten. Oder wir sind ungeduldig, wenn das Projekt keine Ergebnisse zeitigt. Wir haben zu viel Stolz und zu wenig Liebe, und warum? Weil wir versucht haben, die biblische Aufforderung aus eigener Kraft umzusetzen, ohne zunächst unsere Herzen von Jesus und dem Glauben an ihn verändern zu lassen.

Schon im Alten Testament identifiziert Gott sich deutlich mit den Armen und Elenden, aber erst durch Jesus sehen wir, wie weit er dabei geht. In Jesus wurde er bildlich wie wörtlich einer von ihnen! Er wurde in einem Stall geboren, als Kind armer Eltern. Als

Erwachsener konnte er von sich sagen: „Die Füchse haben ihren Bau und die Vögel ihre Nester; aber der Menschensohn hat keinen Ort, wo er sich ausruhen kann" (Lukas 9,58). Als er starb, warfen die Soldaten das Los um sein Untergewand, das einzige Wertvolle, das er besaß, und er wurde in einem geliehenen Grab beigesetzt. Doch mehr noch: Er war auch das Opfer eines Justizskandals. Er wusste, wie es war, arm, marginalisiert und unterdrückt zu sein. Zum Schluss wurde er nackt ausgezogen und an ein Kreuz gehängt, wo er an den Schmerzen, der sengenden Sonne und dem Durst starb. Wenn am Jüngsten Tag die Menschen zu Jesus sagen: „Wann haben wir dich je durstig, nackt oder im Gefängnis gesehen?", kann er ihnen antworten: „Am Kreuz! Dort wurde ich, der ich den vollen Freispruch verdient hatte, verurteilt, damit ihr, die ihr das Verdammungsurteil verdient habt, freigesprochen werden könnt." Das ist das richtige Fundament für ein Leben der Gerechtigkeit und des Dienstes an den Armen. Wenn ich es erlebe, wie Jesus mich in meinem geistlichen Elend in die Arme nimmt, dann erkenne ich, dass ich eigentlich nicht besser als die Armen dieser Welt bin. Diese Erfahrung sollte ausreichen, um den Virus der Herablassung und der Ungeduld in mir abzutöten.

Ehe und Ehebruch

Wenn Sie Predigten über das Thema „eheliche Treue" halten, müssen Sie den anwesenden Paaren früher oder später klarmachen, dass der Egoismus in ihren Herzen diese Treue so lange sabotieren wird, wie sie nicht die Liebe ihres geistlichen Bräutigams, Jesus, annehmen. Jesus hat es sich alles kosten lassen, uns die Treue zu halten, und *das* spornt uns an, unseren Ehepartnern treu zu bleiben. Doch mehr noch: Jesu Liebe zu uns ist so groß, dass wir nicht die Liebe unserer Frau oder unseres Mannes brauchen, um in unserem Leben festen Boden unter den Füßen zu haben. Wenn ohne die Liebe unseres Ehepartners alles aus wäre in unserem Leben, geraten wir in eine ungesunde emotionale Abhängigkeit von ihm und sind nicht in der Lage, mit seinen Fehlern und Schwächen, seinen Problemen und Depressionen umzugehen. In Christus, und nur in Christus, haben wir die Zuwendung und Bejahung, die wir brauchen; wir brauchen sie nicht mehr woanders zu suchen. In Epheser 5 spricht Paulus die Eheleute in seiner Gemeinde an – vor allem aber, wie mir scheint, die Ehemänner, von denen viele aus der heidnischen Kultur, in der sie aufgewachsen waren (wie wir heute aus unserer Kultur), Vorstellungen über die Ehe mitgebracht hatten, die unmenschlich und erniedrigend waren. Zur Zeit des Paulus wurde die Ehe in erster Linie als eine Geschäftsbeziehung betrachtet; man hatte eine möglichst gute Partie zu machen. Paulus ruft die Ehemänner nicht nur dazu auf, ihren Frauen sexuell treu zu bleiben, sondern auch treu für sie zu sorgen und sie zu ehren. Man beachte dabei, dass Paulus es hier (wieder einmal) nicht bei moralischen Appellen belässt, sondern den Ehemännern ihren Erlöser Jesus vor Augen malt, der im Evangelium unser wahrer, geistlicher Bräutigam ist. Er hat uns, seiner Braut, eine wahrhaft aufopfernde Liebe erwiesen. Er hat uns nicht geliebt, weil wir so liebenswert waren, sondern um uns liebenswert zu machen.

Das liebe Geld

Wenn Sie über das Spenden und das Geben des Zehnten predigen, müssen Sie Ihren Zuhörern früher oder später den Geber aller Geber vor Augen malen – Jesus, der uns nicht nur ein Zehntel seines Reichtums gab, sondern alles. Dies, und nur dies, gibt uns die innere Sicherheit und Freude, die wir brauchen, um von unserem eigenen Reichtum abzugeben, denn die einzige Rendite, die uns keiner nehmen kann, ist der Reichtum, den wir in Jesus haben. In 2. Korinther 8 und 9 ruft Paulus seine Gemeinde zu einer Spendenaktion für die Armen auf. Aber wie macht er das? Er sagt: „Ich will euch nichts befehlen. Ich will nicht, dass ihr nur deswegen etwas gebt, weil ich euch so bearbeitet habe." Er beknetet nicht den *Willen* der Christen in Korinth (etwa indem er sagt: „Ich bin ein Apostel, ihr müsst mir gehorchen!") und auch nicht ihre *Gefühle* (durch rührende Geschichten über das Leid der Armen, die so viel weniger haben als sie). Nein, Paulus sagt (der Satz ist berühmt geworden): „Ihr wisst ja, woran sich die Gnade von Jesus Christus, unserem Herrn, gezeigt hat: Er, der reich war, wurde arm, damit *ihr* durch seine Armut reich werdet" (2. Korinther 8,9). Paulus erinnert die Korinther schlicht an das, was Jesus für sie getan hat, und bringt so die Erlösung hinein in den Bereich des Geldes und des Reichtums bzw. der Armut.

Dafür, dass wir bei der Anwendung solcher Bibeltexte auf das Leben unserer Zuhörer das Erlösungswerk Jesu in den Mittelpunkt stellen sollten und nicht unsere Verdienste oder Anstrengungen, gibt es gleich drei Gründe – einen theologischen, einen rhetorischen und einen praktischen. Der theologische Grund besteht darin, dass unsere Heiligung nur in dem Maße vorankommt, wie wir im Glauben wachsen, d. h. wie die Realität dessen, was Christus für uns persönlich getan hat, unser Herz von dem Bedürfnis nach Götzen frei macht. Die Ursünde unter jeder Sünde ist ja, dass wir dem Evangelium nicht glauben und uns stattdessen einem Götzen zuwenden. Die Herzen der Predigthörer können nur dadurch weich und neu gemacht werden, dass wir sie zu Jesus bringen. Geschieht dies nicht, bilden wir uns ein, wir könnten selber heilig werden, wenn wir uns nur genug anstrengen – und dies ist genau das, was lebendiger Glaube *nicht* ist.

Der rhetorische Grund ist, dass Predigten, die auf die moralischen Tränendrüsen drücken, eigentlich nur langweilig sind. Jede Familie, Kultur und jedes Zeitalter hat ihre Lieblingsvarianten der Spendenaufrufe und moralischen Appelle, und diese Appelle können uns für den Augenblick durchaus bewegen. Aber im Grunde sind sie so banal, dass man sie früher oder später ignoriert. Sobald die Menschen merken: „Jetzt kommt es gleich wieder …", schalten sie entschlossen ab, um den unweigerlich folgenden Schuldgefühlen („Na prima, da hab ich schon wieder was verbockt") bzw. dem Gefühl der Hoffnungslosigkeit („Das hab ich noch nie gekonnt, und das wird sich auch nicht ändern") zu entgehen. Und wenn sie einmal abgeschaltet haben, ist es Schwerarbeit, ihre Aufmerksamkeit neu zu gewinnen.

Und der praktische Grund ist schlicht, dass moralistische Strategien langfristig nichts bringen. Eine Predigt, die die Menschen dazu aufruft, ihr Portemonnaie zu öffnen, weil Freigebigkeit eine

Christenpflicht ist, drückt sich um die Auseinandersetzung mit den Ängsten, falschen Hoffnungen und der Gier nach Anerkennung und Macht, die dafür verantwortlich sind, dass die Menschen nicht mehr geben, herum. Das Ergebnis: Sie geben vielleicht dieses eine Mal etwas mehr in die Kollekte, aber langfristig bleiben sie, wie sie waren. Ähnlich wird eine Predigt, die an die Zuhörer appelliert, ihre alten Eltern oder ihre Kinder mehr zu lieben, aber nicht die Gründe angeht, warum uns diese Liebe so schwer fällt, wenig in den Familien ändern. Solange wir den Menschen nicht Jesus vor Augen stellen, bearbeiten wir sie nur mit der moralischen Willenskeule und versuchen, sie bei ihren Ängsten und ihrem Stolz zu packen, und dergleichen hat keine bleibende Wirkung.

Anmerkungen

Einleitung

1 Peter Adam, *Speaking God's Words: A Practical Theology of Preaching* (Vancouver, British Columbia: Regent College Publishing, 1996), S. 59.

2 Gerhard Friedrich, *ThWNT* Bd. 3, hg. v. Rudolf Kittel, S. 682-717, S. 702.

3 Adam, a.a.O., S. 75.

4 Ich betrachte hier, den meisten Auslegern folgend, das „Reden" und das „Dienen" („Dienst") nicht als zwei spezifische Geistesgaben, sondern als zwei übergreifende Kategorien, in denen die spezifischeren, in Römer 12 und 1. Korinther 12 und 14 aufgelisteten Gaben enthalten sind: die, wie man sie nennen könnte, Wortgaben (Prophetie, Lehre, Ermahnung, Weisheit, Erkenntnis) und die Tatgaben (Geben, Barmherzigkeit, Heilen, Verwaltung, Leitung). Siehe z. B. J. Ramsey Michaels, *1 Peter* (Nashville, TN: Word Publishing, 1988), S. 250-251.

5 P. H. Davids, *The First Epistle of Peter* (Grand Rapids, MI: Wm. B. Eerdmans, 1990), S. 161.

6 Ebd.

7 Ebd., S. 59.

8 E. P. Clowney, *The Message of 1 Peter: The Way of the Cross* (Downers Grove, IL: InterVarsity Press, 1988), S. 184-185.

9 Ebd., S. 84.

10 Dieses Buch ist kein „Predigthandbuch", sondern Anleitung und Hilfe zum Nachdenken über die Vermittlung der biblischen Botschaft in einer zunehmend nachchristlichen, von Skepsis dominierten Zeit. Es will dem Leser die Grundaufgaben dieser Vermittlung zeigen – die Predigt des Wortes, die Predigt des Evangeliums, das Erreichen der Kultur und der Herzen der Menschen, und all dies dadurch, dass stets Christus gepredigt wird. In diesem Buch nimmt das Erreichen der Kultur etwas mehr Raum ein als einige der anderen Aufgaben der Predigt – nicht, weil dieses Thema wichtiger wäre als die anderen, sondern weil andere Predigtbücher darüber so wenig zu sagen haben. Alles in allem ist dieses Buch mehr ein Plädoyer für das Predigen als ein Leitfaden, wie man eine gute Predigt hält, und der entsprechend interessierte Leser sollte die Lektüre dieses Buchs durch andere Bücher und Materialien ergänzen. Solche Materialien sind zurzeit unter anderem bei unserer Organisation City to City in Vorbereitung; s. dazu im Internet: www.redeemercitytocity.com.

11 D.M. Lloyd-Jones, *Preaching and Preachers,* 40th anniversary ed. (Grand Rapids, MI: Zondervan, 2011). Die Bewertung kam von David Jones aus Llangan (1736–1810), der Rowland und Whitefiel persönlich erlebt hatte. Seine Antwort im Wortlaut: „Was den Akt des Predigens … betrifft, das Erklimmen der Höhen und das Aufheben der Gemeinde zum Himmel, konnte ich sehr wenig Unterschiede zwischen den beiden feststellen; der eine war gerade so gut wie der andere. Der eine große Unterschied war, dass man von Rowland immer eine gute Predigt erwarten konnte, aber nicht immer von Whitefield." (Lloyd-Jones, S. 67f.)

12 Zitiert in: Scott Manetsch, *Calvin's Company of Pastors* (New York: Oxford University Press, 2013), S. 156.

13 Es handelt sich um das Vierte Buch in Aurelius Augustinus' Werk *Die christliche Bildung (De doctrina christiana)*, Übersetzung, Anmerkungen und Nachwort von Karla Pollmann, Stuttgart: Reclam, 2013. Die Bücher I bis III behandeln die „Hermeneutik", also die rechte Auslegung der Bibel. Das Vierte Buch ist auch abgedruckt und kommentiert in: *The Rhetorical Tradition: Readings from Classical Times to the Present*, Patricia Bizzell und Bruce Herzberg, eds. (New York: St. Martin's Press, 1990), S. 386-422.

14 George A. Kennedy, *Classical Rhetoric and Its Christian and Secular Tradition from Ancient to Modern Times*, 2nd ed. (Chapel Hill, NC: University of North Carolina Press, 1999), S. 1.

15 Ebd., S. 2.

16 *Johannes Calvins Auslegung des Römerbriefes und der beiden Korintherbriefe*, 16. Band der Gesamtausgabe von Calvins Auslegung der Heiligen Schrift, Neue Reihe, übers. und bearb. von Gertrud Graffmann, Hans Jakob Haarbeck und Otto Weber (Neukirchen: Verlag der Buchhandlung des Erziehungsvereins, 1960), S. 317.

17 Ebd.

18 Ebd., S. 317f.

19 Siehe Anthony C. Thiselton, *The First Epistle to the Corinthians: A Commentary on the Greek Text,* The New International Greek Testament Commentary (Grand Rapids, MI: Wm. B. Eerdmans, 2000); Roy E. Ciampa und Brian S. Rosner, *The First Letter to the Corinthians*, Pillar New Testament Commentary (Grand Rapids, MI: Wm. B. Eerdmans, 2010); Gordon D. Fee, *The First Epistle to the Corinthians*, The New International Commentary on the New Testament (Grand Rapids, MI: Wm. B. Eerdmans, 1987). Siehe auch D. A. Carson, „The Cross and Preaching" in: *The Cross and Christian Ministry: Leadership Lessons from 1 Corinthians* (Grand Rapids, MI: Baker, 1993), S. 11–41.

20 „Ja … in unserer Welt barg auch einmal ein Stall etwas in sich, das größer war als unsere ganze Welt." (C.S. Lewis, *Der letzte Kampf,* Moers: Brendow Verlag, 2. Aufl. 2001, S. 124).

21 Vgl. Paul Barnett, *The Second Epistle to the Corinthians* (Grand Rapids, MI: Wm. B. Eerdmans, 1997), S. 277-283. Siehe dort besonders Anm. 8 auf S. 280. Barnett versteht die Aussage des Paulus, dass er versucht, die Menschen zu überzeugen, als Beschreibung seines evangelistischen Dienstes.

22 Vgl. Thiselton, S. 216-223.

23 Ebd., S. 218.

24 Ebd., S. 222.

25 Carson, *The Cross and Christian Ministry*, S. 20.

26 Artikel 20 „Von der Vollmacht der Kirche", in: „Das Bekenntnis der Anglikanischen Kirche – die 39 Artikel von 1571", www.theology.de/downloads/1571bekenntnisderanglikaner.doc, aufgerufen am 23.05.2017.

27 Alec Motyer, *Preaching? Simple Teaching on Simply Preaching* (Ross-shire, Scotland: Christian Focus, 2013), S. 65.

28 Charles Spurgeon, „Christ Precious to Believers" (Sermon no. 242, March 13, 1859), in: *The New Park Street Pulpit*, vol. 5 (repr., Pasadena, TX: Pilgrim Publications, 1975), S. 140.

Teil I: Dem Wort Gottes dienen

Kapitel 1: Das Wort Gottes predigen

29 William Perkins, *The Art of Prophesying with the Calling of the Ministry* (erste englische Ausgabe 1606; repr., Edinburgh, Scotland: Banner of Truth, 1996), S. 9.

30 Hughes Oliphant Old, *The Age of Reformation* (Grand Rapids, MI: Wm. B. Eerdmans, 2002), S. 359.

31 Perkins, *The Art of Prophesying*, Kap. 1 und 2, S. 3-11.

32 Ebd.

33 Hughes Oliphant Old, *The Reading and Preaching of the Scriptures in the Worship of the Christian Church*, vol. 1, *The Biblical Period* (Grand Rapids, MI: Wm. B. Eerdmans, 1998); vol. 2, *The Patristic Age* (Grand Rapids, MI: Wm. B. Eerdmans, 1998); vol. 3, *The Medieval Church* (Grand Rapids, MI: Wm. B. Eerdmans, 1999); vol. 4, *The Age of Reformation* (Grand Rapids, MI: Wm. B. Eerdmans, 2002); vol. 5, *Moderation, Pietism, and Awakening* (Grand Rapids, MI: Wm. B. Eerdmans, 2004); vol. 6, *The Modern Age* (Grand Rapids, MI: Wm. B. Eerdmans, 2007); vol. 7, *Our Own Time* (Grand Rapids, MI: Wm. B. Eerdmans, 2010).

34 Old, *The Reading and Preaching of the Scriptures*, vol. 1 *Biblical Period*, S. 9.

35 Timothy Ward, *Words of Life: Scripture as the Living and Active Word of God* (Downers Grove, IL: InterVarsity Press, 2009), S. 157.

36 Ich möchte jedem Prediger die folgenden drei Bücher über die Autorität der Bibel empfehlen: J. I. Packer, *„Fundamentalism" and the Word of God* (Grand Rapids, MI: Wm. B. Eerdmans, 1958), Timothy Ward, *Words of Life* (s. o.) und Kevin DeYoung, *Taking God at His Word* (Wheaton, IL: Crossway, 2014). Diese drei Bücher sind gekonnte Zusammenfassungen der vier besten Darstellungen der biblischen Lehre, die es gibt: Johannes Calvin, *Unterricht in der christlichen Religion* (Neukirchen-Vluyn: Neukirchener Verlagsgesellschaft, 2008), Buch I; B. B. Warfield, *The Inspiration and Authority of the Bible* (Phillipsburg, NJ: Presbyterian and Reformed, 1980); Francis Turretin, *Institutes of Elenctic Theology*, vol. 1, hg. v. J. T. Dennison, (Phillipsburg, NJ: Presbyterian and Reformed, 1992), „Second Topic: The Holy Scriptures"; und Herman Bavinck, *Reformed Dogmatics*, vol. 1,

hg. v. John Bolt (Grand Rapids, MI: Baker Academic, 2003), part 4: „Revelation." (Die ersten beiden Titel sind in zahlreichen Ausgaben erhältlich.) Die folgenden Werke ziehen eine direkte Verbindungslinie zwischen der Autorität der Bibel und der Predigtmethode: Peter Adam, *Speaking God's Words: A Practical Theology of Preaching*, Teil 1, „Three Biblical Foundations for Preaching" und Kap. 5, „The Preacher's Bible," S. 13-56 und 87-124; John R. W. Stott, „Theological Foundations for Preaching" in: *Between Two Worlds: The Art of Preaching in the Twentieth Century* (Grand Rapids, MI: Wm. B. Eerdmans, 1982), S. 92-134; J. I. Packer, „Why Preach?" in: *Honoring the Written Word of God: Collected Shorter Writings on the Authority and Interpretation of Scripture* (Vancouver, British Columbia: Regent College, 2008), S. 247-267. Siehe auch D. A. Carson, „Recent Developments in the Doctrine of Scripture" in: *Collected Writings on Scripture* (Wheaton, IL: Crossway, 2010), S. 55-110. Ich möchte hinzufügen, dass eine solide Kenntnis der evangelikalen Lehre von der Bibel dem Prediger nicht nur die Gewissheit vermittelt, dass es sich tatsächlich um Gottes Wort handelt, sondern ihn auch vor den Fehlern eines naiven Glaubens an die Göttlichkeit der Bibel bewahrt, der sich nicht darüber klar ist, dass die Bibel auch ein menschliches, von konkreten Menschen in konkreten historischen und sozialen Kontexten geschriebenes Buch ist. Vor allem Packer versteht es, die historische Sicht gegen die Vorstellung abzugrenzen, die Bibel sei gleichsam vom Himmel gefallen.

37 Gottes Wort ist „Gottes aktive Gegenwart in der Welt" (Ward, *Words of Life*, S. 25). „Wenn Gottes Wort hinausgeht, um zu handeln, bedeutet dies, dass Gott selber hinausgeht, um zu handeln. Gott hat sich – so könnte man sagen – in seine Worte *hineingelegt* bzw. er hat sich so mit ihnen *identifiziert*, dass das, was jemand mit Gottes Worten macht … er mit Gott selber macht. … *Gottes … verbale Aktionen sind eine Art Verlängerung von ihm selber*" (ebd., S. 27; Hervorhebungen von Ward).

38 Ebd., S. 156.

39 Ebd., S. 158.

40 Siehe Hughes Oliphant Old, *Worship That Is Reformed According to Scripture* (Louisville, KY: John Knox, 1984), Kap. 5 („The Ministry of the Word") und S. 171-172.

41 Dick Lucas hielt in den späten 1980er- und in den 1990er-Jahren u.a. eine elfwöchige Predigtreihe über 1. Petrus 1 und 2, eine fünfwöchige Reihe über Titus 3, sechs Wochen über 1. Johannes 1 und sieben Wochen über Lukas 12. Zu den behandelten Themen gehörten das Wesen Gottes, die Wiedergeburt, Großzügigkeit und der Umgang mit dem Geld und das Wesen der Gemeinde.

42 In der Redeemer Presbyterian Church habe ich das folgendermaßen gehandhabt: Einerseits sorgte ich dafür, dass wir jeweils im Laufe von zwölf Monaten die wichtigen Punkte des christlichen Glaubens abdeckten, vom Wesen Gottes (gewöhnlich im Herbst, der sich eher für alttestamentliche Texte eignet) über die Fleischwerdung und Person Christi (Dezember), das Wesen und die Realität der Sünde (mitten im kalten Winter) und den Tod und das Erlösungshandeln Christi (Spätwinter bis Ostern) bis hin zum Heiligen Geist, der uns hilft, ein Leben nach Gottes Willen zu führen (nach Ostern und bis zum Ende des Sommers). Es war mir wichtig, diesen „Glaubensgrundkurs" jedes Jahr durchzuführen, wusste ich

doch, dass viele Gottesdienstbesucher nur ein, zwei Jahre lang da sein würden. Wenn jemand beispielsweise im Herbst neu in die Gemeinde kam und nach einem Jahr wieder ging, hatte er in dieser Zeit den ganzen roten Faden der Bibel (das Evangelium) kennengelernt. Im Herbst erfuhr er, wer Gott ist, im Winter kam er (hoffentlich) zum Glauben an Jesus Christus, und im Frühling und Sommer bekam er die nötige Starthilfe für sein neues Leben als Christ.

Ich hielt dabei meist *kurze* Predigtreihen (4 – 12 Wochen, obwohl es manchmal auch ein halbes Jahr war), gewöhnlich über *ein* biblisches Buch bzw. Buchabschnitt oder Autor. Bei diesem Vorgehen ist es wichtig, sich wirklich in den Text selber und seine Botschaft zu vertiefen und nicht erst die Predigt zu konzipieren und dann einen Text zu suchen, der dazu passt. So kann man jedes Jahr den gleichen „Glaubensgrundkurs" halten, aber dadurch, dass man andere Texte benutzt, immer wieder Neues über die Bibel lernen, mit dem Ergebnis, dass die Gemeindeglieder, die auch im nächsten Jahr noch da sind, im Glauben wachsen. Ohne Textpredigten lernt auch der Prediger selber die Bibel nicht richtig kennen. Ein weiteres Ziel von mir war, im Laufe von zehn Jahren durch die ganze Bibel zu kommen. Eine Predigtreihe über zwei Jahre konnte z. B. so aussehen: **Herbst:** Gottes Wesen (Texte aus den Propheten); das Apostolische Glaubensbekenntnis (Texte aus dem Johannesevangelium). – **Dezember:** Die „Weihnachtslieder" der Bibel (Zacharias, Maria, die Engel; nach dem Lukasevangelium). – **Winter:** Die Wiedergeburt (Texte von Petrus und Paulus). Warum musste Jesus sterben? (Matthäus 26–28). – **Frühjahr:** Als Glaubender in einer pluralistischen Welt leben (Daniel und Ester). – **Sommer:** Jesus betet (Johannes 17 und Vaterunser). – **Herbst:** Unsere Kämpfe und Gottes Gnade (Jakob, 1. Mose 25–32 und 48). – **Winter:** Wozu kam Jesus in die Welt? (Die „Amen"-Aussagen Jesu in den Evangelien). – **Frühjahr:** Leben im Glauben (Abraham, 1. Mose 12–22). – **Sommer:** Mit Jesus streiten (Markus 11–12). – **Herbst/Winter/Frühjahr:** Gott erkennen (Sprüche Salomos); die Passion nach Johannes; weise leben (Sprüche).

43 Diese Position ist nicht neu. In einem der einflussreichsten Predigtleitfäden des 19. Jahrhunderts, *On the Preparation and Delivery of Sermons* (1870), schreibt John A. Broadus, dass jede Predigt *ein* Hauptthema haben muss: „Ob eine Predigt zwei Punkte abhandelt oder zehn, sie muss *ein* Hauptthema haben … Dieses Thema … leitet [den Prediger] bei seiner Vorbereitung. Es ist der Schlüssel zum Aufbau seiner Predigt, der ihm bei der richtigen Wahl und Anordnung des Materials hilft … [und] es zeigt den Zuhörern, was sie in der Predigt erwartet." (John A. Broadus, *On the Preparation and Delivery of Sermons*, 4th ed. (1870; repr., New York: Harper & Row, 1979), S. 38.) Robert Dabney beruft sich in seinem Werk *Sacred Rhetoric* auf die klassische Rhetorik, wenn er fordert, dass der Prediger „erstens ein Hauptthema haben muss, von dem er während der ganzen Predigt nicht abweicht." (Robert Dabney, *Sacred Rhetoric; or, a Course of Lectures on Preaching* (Anson Randolph, 1870, oder Edinburgh, Schottland: Banner of Truth, 1979, Reprint als *R. L. Dabney on Preaching*), S. 109.) Im frühen 20. Jahrhundert wurde der bekannte Prediger John Henry Jowett noch deutlicher: „Keine Predigt ist reif dazu, gehalten oder formuliert zu werden, solange wir nicht ihr Thema in einem kurzen, prägnanten Satz kristallklar formulieren können. … Ich halte dafür, dass keine Predigt gehalten oder auch nur aufgeschrieben werden sollte, bis dieser Satz da ist, so klar und leuchtend wie der Mond an einem wolkenlosen Nachthim-

mel." (J. H. Jowett, *The Preacher: His Life and Work* (Philadelphia: Doran, 1912), S. 133.) H. Grady Davis fordert in seinem Buch *Design for Preaching* (Minneapolis, MN: Fortress, 1958), einem absoluten Standardwerk des 20. Jahrhunderts, den großen „zentralen Gedanken". „Es ist der eine Gedanke, der die anderen Gedanken um sich sammelt" (S. 20). Und in jüngeren Jahren hat Haddon Robinson die Hauptpointe des Textes zum Herzen der evangelikalen Textpredigt gemacht. Vgl. Haddon W. Robinson, *Biblical Preaching: The Development and Delivery of Expository Messages*, 2nd ed. (Grand Rapids, MI: Baker, 2001), S. 33-50. Für Haddon muss „im Zentrum jeder guten Predigt ... wie ein Brennglas ein zentraler Gedanke" stehen (S. 35). Robinson zitiert Jowett und andere Autoren, um seine These zu unterstreichen: „Jede Predigt sollte ein Thema haben, und dieses Thema sollte das Thema des Bibelabschnitts sein, den die Predigt behandelt" (S. 34, Donald G. Miller zitierend). Mit anderen Worten: Jeder Bibeltext hat ein zentrales Thema, und jede Predigt über diesen Text muss dasselbe Thema haben. Die „Pointe" der Predigt muss identisch mit der des Textes selber sein.

44 In dem Buch *The Big Idea of Biblical Preaching* hinterfragt Duana Litfin die These von der einen großen Textpointe anhand ausgewählter Texte aus dem Neuen Testament. Siehe Duane Litfin, „New Testament Challenges to Big Idea Preaching" in: *The Big Idea of Biblical Preaching: Connecting the Bible to People*, hg. v. Keith Wilhite und Scott M. Gibson (Grand Rapids, MI: Baker, 1998). Ein Problem ist, dass die Hauptaussage eines Textes damit zusammenhängt, was (unserer Meinung nach) die Hauptaussage oder der Zweck des ganzen biblischen Buchs ist. Manchmal ist dies ziemlich eindeutig, so wenn Johannes uns sagt, dass er sein Evangelium geschrieben hat, damit die Leser an Jesus glauben und das ewige Leben bekommen (Johannes 20,31). Aber was ist die Hauptbotschaft und der Zweck der Apostelgeschichte? Oder die Pointe der letzten Kapitel der Apostelgeschichte mit all den Verhören und Drangsalen des Paulus? Die Ausleger sind sich noch nicht einmal einig, ob diese Kapitel zu apologetischen Zwecken für Nichtchristen verfasst wurden oder als Ermutigung für verfolgte Christen. Oft können wir nur vermuten, was der Autor eines biblischen Buchs mit diesem Buch bezweckt hat, und dies bedeutet, dass es nicht leicht ist, mit Sicherheit zu wissen, was die große Pointe und die Absicht des Kapitels ist, über das wir da predigen.

Ein zweites Problem ist, dass nur wenige der biblischen Texte nach den Regeln der klassischen Rhetorik verfasst worden sind, mit einem eindeutigen Zentralthema. Nur wenige Abschnitte haben eindeutige Angaben zu ihrem Thema oder ihrer Hauptaussage, was die Ermittlung des Hauptthemas oft zu einer recht subjektiven Angelegenheit macht. Litfin nennt als klassisches Beispiel den Jakobusbrief. Dieser behandelt die Versuchung, unser Reden und die Gefahr der Weltlichkeit, aber oft springt der Text zwischen diesen Themen hin und her. Litfin bemerkt zu Recht, dass die meisten von uns beim Schreiben eines Briefes nicht darauf achten, jeden Satz dem gleichen Zentralthema zuzuordnen. Wir schweifen ab und kommen vom Hundertsten ins Tausendste; warum sollte Jakobus das nicht auch dürfen? Und es gibt noch viele andere Literaturgattungen in der Bibel – z. B. Dichtung, Erzählungen und juristische urkundliche Texte –, die sich ähnlich schwierig auf ein einziges Zentralthema reduzieren lassen, weil sie ein solches Zentralthema nicht erfordern. Was, wenn z. B. Erzählungen und Gleichnisse gerade dafür da wären, mehrere Bedeutungsebenen zu vermitteln, die sich nicht säuberlich auf einen einzigen thematischen Satz oder auch nur eine Abfolge solcher Sätze reduzieren lassen? Man denke auch an die Listen von Ermahnungen und Erinnerungen, die man am Ende mancher der neutestamentlichen Briefe findet, wo fast jeder Satz ein neues Thema anspricht (vgl. z. B. Hebräer 13,1-7). Oder an die Sprüche Salomos, in denen es ausgesprochen schwerfällt, rote Fäden zu erkennen, und wo oft jeder Vers ein neues „Leitthema“ aufwirft.

Die Theorie von der „Hauptaussage“ oder „Pointe“ in jedem Text ist mithin etwas künstlich. Für manche Bibelabschnitte gilt sie mehr, für andere weniger. Die innere Fülle der Bibel widersetzt sich oft solchen Reduzierungsversuchen. Jeder Prediger, der im Laufe von Jahrzehnten zwei oder drei Mal über denselben Text gepredigt hat, weiß, dass man dann, wenn man einen Text neu liest und auf ihn hört, fast unweigerlich etwas Neues sieht oder hört. Und selbst wenn man glaubt, einen roten Faden entdeckt zu haben (und gewöhnlich ist das Hauptthema recht eindeutig) – da die Bibel das Wort Gottes ist, können wir sogar aus den Nebenbemerkungen und nur halb ausgesprochenen Annahmen des von Gott inspirierten Autors viel lernen. Wir sollten nicht nur auf die Hauptsache in einem Text achten, sondern auch auf die Nebenthemen, denn auch sie kommen von Gott.

Fazit: Hüten wir uns vor einer „Auslegungsgesetzlichkeit“, die annimmt, dass es zu einem gegebenen Bibeltext nur *eine* exegetisch korrekte Predigt und nur *ein* großes Predigtthema geben kann.

45 Ich möchte hier klarstellen, dass die Feststellung, dass biblische Texte mehr als ein Thema haben und sich nicht immer ein Zentralthema ausmachen lässt, *nicht* bedeutet, dass der Bibeltext in seiner Bedeutung unklar ist oder ganz verschieden verstanden werden kann. Weder ich noch Alan Stibbs (s.u.) möchten hier der postmodernen Vorstellung Vorschub leisten, dass kein Text eine feste Bedeutung habe und dass es in der Sprache keine Eindeutigkeit gebe. Viele Menschen, die von der zeitgenössischen Philosophie mit ihrer Sprachskepsis beeinflusst sind, wenden diese Skepsis auf die Bibel an und reden von der „Polysemie“ der biblischen Texte – der Koexistenz vieler möglicher, zum Teil einander widersprechender Textbedeutungen, deren Ermittlung dem Ausleger obliegt. Was natürlich bedeutet, dass man nicht mehr sagen kann: „Das lehrt die Bibel“, sondern dass jeder sie nach seinem eigenen Gusto deuten kann und niemand weiß, welche der Deutungen die richtige ist und was Gott folglich in der Bibel sagt. Hier wird aus der Predigt ein bloßes Sinnieren, Spekulieren und Geschichtenerzählen (und genau dies ist in vielen Kreisen geschehen). Eine fundierte Verteidigung der Eindeutigkeit der Bibel geben Mark D. Thompson, *A Clear and Present Word: The Clarity of Scripture* (Downers Grove, IL: IVP Academic, 2006), und Benjamin Sargent, *As It Is Written: Interpreting the Bible with Boldness* (London: Latimer Trust, 2011). Beide Autoren argumentieren, dass jeder Bibeltext eine eindeutige Bedeutung hat (die der Absicht ihres Autors entspricht) und dass man diese Bedeutung auch oft sicher genug ermitteln kann, um sie mit Gewissheit zu vertreten.

Wir sollten hier allerdings auch nicht auf der anderen Seite vom Pferd herunterfallen und glauben, dass jeder Bibeltext immer klar und eindeutig ist und dass es einfach ist, die Bedeutung der Bibel zu erkennen. Wir sollten auch nicht meinen, dass es uns möglich ist, einen Text je mit absoluter, endgültiger Klarheit zu sehen, denn unsere menschlichen Augen haben ihre Grenzen. Eine solide, nüchterne Darstellung der Komplexität der Bibelauslegung bietet die nicht mehr ganz neue, aber nach wie vor hilfreiche Geschichte der Bibelauslegung: Moises Silva, *Has the Church Misread the Bible? The History of Interpretation in the Light of Current Issues* (Grand Rapids, MI: Zondervan, 1987). Silva führt aus, dass wir als Ausleger immer mit einem ganzen Rucksack von unbewussten Annahmen an einen Bibeltext herantreten, die unser Verständnis beeinflussen. Wir sind nie so objektiv und neutral, wie wir meinen. Die Klarheit der Heiligen Schrift bedeutet, dass wir zuversichtlich predigen können, aber unsere Sündhaftigkeit bedeutet, dass wir stets demütig und offen für Kritik sein sollten.

Silva und andere weisen auch auf die Spannung hin zwischen dem protestantischen Prinzip, dass die vom Verfasser intendierte Bedeutung des Textes (der *sensus literalis*, die „wörtliche Bedeutung") *die* Bedeutung des Textes ist, und der Art, wie die Verfasser des Neuen Testaments oft Aussagen des Alten Testaments als Hinweise auf Christus deuten, obwohl die alttestamentlichen Autoren diese Bedeutung nicht intendiert zu haben scheinen. Es ist möglich, beiden gerecht zu werden – dem *sensus literalis* und der christozentrischen Textdeutung –, aber darauf kann ich hier noch nicht einmal in den Anmerkungen eingehen! Vgl. aber die Literaturliste in den Anmerkungen zu Kapitel 3.

46 In Artikel 1,6 des Westminster Bekenntnisses (Westminster Confession) heißt es: „Der ganze Ratschluss Gottes in Bezug auf alles, was zu seiner eigenen Ehre und zum Heil, zum Glauben und zum Leben des Menschen nötig ist, ist entweder in der Schrift ausdrücklich niedergelegt oder kann durch gute und notwendige Schlussfolgerungen aus der Schrift hergeleitet werden." (Thomas Schirrmacher, Hg., *Der evangelische Glaube kompakt. Ein Arbeitsbuch*, Neuhausen-Stuttgart: Hänssler, 1998, S. 34).

47 Alan M. Stibbs, *Expounding God's Word: Some Principles and Methods* (Chicago: InterVarsity Press, 1960), S. 17 (Hervorhebungen von Timothy Keller).

48 Stibbs gibt auch den Rat, einer Predigt „Einheit" zu geben, indem man die Auslegung des Textes „in Bezug auf ein einziges dominantes Thema" entwickelt (ebd., S. 40), und spricht sich gegen den „weitschweifigen Kommentar der sogenannten ‚Bibellese'" aus, der vom Hundertsten ins Tausendste geht. Mit anderen Worten: Stibbs ist gegen die versweise Auslegung und rät dazu, einen Hauptgedanken herauszuarbeiten, der dann in der Predigt ausgeführt wird.

49 Prediger wie Calvin und Chrysostomos waren Meister darin, wichtige Details des Textes gewinnbringend zu erwähnen, ohne den roten Faden des Hauptthemas zu verlieren. Oft findet man in einem Text kostbare Goldkörner, die mit dem eigentlichen Thema nichts zu tun haben, und wir sollten sie unseren Lesern nicht vorenthalten. Schauen wir uns z. B. 1. Timotheus 6,12-16 an: „Kämpfe den guten Kampf, der zu einem Leben im Glauben gehört … In der Gegenwart Gottes, von dem alles Leben kommt, und in der Gegenwart Jesu Christi, der als Zeuge für die Wahrheit vor Pontius Pilatus ein klares Bekenntnis abgelegt hat, fordere ich dich auf: Erfülle deinen Auftrag vorbildlich und untadelig, bis Jesus Christus, unser Herr, wiederkommt. Das wird Gott zu der von ihm bestimmten Zeit geschehen lassen – er, der vollkommene und alleinige Herrscher, der König über alle Könige und der Herr über alle Herren, er, der als einziger Unsterblichkeit besitzt und der in einem unzugänglichen Licht wohnt, er, den kein Mensch je gesehen hat und den kein Mensch je sehen kann."

Das Hauptthema dieses Abschnitts ist ganz offensichtlich der „gute Kampf, der zu einem Leben im Glauben gehört" (V. 12). Das ist der „Auftrag" von V. 14, den Paulus Timotheus vor Gott als Zeugen gibt. Um zu erklären, was dieser „gute Kampf" bedeutet, muss der Prediger hier den ganzen Brief Revue passieren lassen, denn diese Aufforderung ist eine Art abschließende Zusammenfassung des bisher Gesagten. Man beachte jedoch, dass diese Verse auch mehrere hochinteressante Dinge über das Wesen Gottes sagen: Er ist der Ursprung allen Lebens (V. 13), und er lebt in einem Licht, das kein Mensch sehen kann (V. 16). Sollten wir in unserer Predigt über diesen Abschnitt diese wunderbaren Informationen, die Gottes Autorität hinter sich haben, nicht erwähnen? Natürlich sollten wir das, und ein geschickter Prediger wird diese Dinge als gute Gründe für den guten Kampf darstellen, denn Paulus baut sie ja nicht umsonst in seine Aufforderung an Timotheus ein. Natürlich wäre es ein Fehler, ein, zwei Sätze über den Kampf des Glaubens zu sagen und dann eine halbe Stunde über das Wesen Gottes zu predigen, aber wir würden die Auslegung dieses Textes unnötig verengen, wenn wir diese Aussagen über Gott ganz unter den Tisch fallen lassen würden.

50 Fred Craddock, *As One Without Authority* (Nashville, TN: Abingdon Press, 1971); John Blake, „A Preaching ‚Genius' Faces His Toughest Convert", CNN.com, December 14, 2011, www.cnn.com/2011/11/27/us/craddock-profile/.

51 „The Bible: Speech at Annual Meeting of the British and Foreign Bible Society, May 5, 1875" in: Speeches by C. H. Spurgeon at Home and Abroad, Hg. v. G. H. Pike (London, 1878). Meines Wissens ist dieses Zitat durch eine Erwähnung in D. M. Lloyd-Jones, Authority (Chicago: InterVarsity Press, 1958), S. 41 berühmt geworden. Dort schreibt Lloyd-Jones: „Die Autorität der Bibel will nicht verteidigt, sondern proklamiert werden. Ich richte diese Bemerkung vor allem an die konservativen Evangelikalen. Ich muss hier an etwas denken, was der große Charles Haddon Spurgeon einmal in diesem Zusammenhang sagte: ‚Wenn ein Löwe angegriffen wird, braucht man ihn nicht zu verteidigen; man braucht bloß das Tor zu öffnen und ihn hinauszulassen.' Wir müssen uns immer wieder in Erinnerung rufen, dass das, was die Wahrheit und Autorität der Bibel begründet, ihre Predigt und Auslegung ist."

Wenn ich hier Charles Spurgeon Fred Craddock gegenüberstelle, möchte ich nicht behaupten, dass Craddock der Bibel gar keine Autorität beimaß oder dass wir von Craddocks Position der „induktiven" oder „narrativen" Predigt nichts lernen können. Ich glaube, dass Craddock uns einiges zu sagen hat und dass es viele Arten der Textpredigt gibt, die (wie ich in diesem Kapitel dargestellt habe) zu intellektuell, trocken und autoritär sind.

Kapitel 2: Das Evangelium predigen – immer

52 Dieses Kapitel liest man am besten zusammen mit: „Das Wesen der Erneuerung [durch das Evangelium]" und „Die Praxis der Erneuerung" in Timothy Keller, *Center Church Deutsch*, (Gießen: Brunnen Verlag, edition pulsmedien, 2. Aufl. 2017), S. 74-92.

53 John Colquhoun, *A Treatise on the Law and Gospel*, D. Kistler, ed. (Edinburgh, 1859; Soli Deo Gloria, 1999), S. 143-144.

54 Wichtige Bücher und Artikel zu diesem Thema sind u. a. die folgenden: Peter

Adam, „Part 1: Three Biblical Foundations of Preaching" in: Speaking God's Words: A Practical Theology of Preaching (Vancouver, British Columbia: Regent College Publishing, 2004); E. Clowney, Preaching and Biblical Theology (Phillipsburg, NJ: Presbyterian and Reformed, 1973); E. Clowney, „Preaching Christ from All the Scripture" in: The Preacher and Preaching: Reviving the Art in the Twentieth Century, Hg. v. S. Logan (Phillipsburg, NJ: Presbyterian and Reformed, 1986); Graeme Goldsworthy, Preaching the Whole Bible as Christian Scripture (Grand Rapids, MI: Wm. B. Eerdmans, 2000); David Murray, Jesus on Every Page: 10 Simple Ways to Seek and Find Christ in the Old Testament (Nashville, TN: Thomas Nelson, 2013); Sidney Greidanus, Preaching Christ from the Old Testament (Grand Rapids, MI: Wm. B. Eerdmans, 1999); Gary Millar und Phil Campbell, „Why Preaching the Gospel Is So Hard (Especially from the Old Testament)" in: Saving Eutychus: How to Preach God's Word and Keep People Awake (Sydney, Australia: Matthias Media, 2013); Bryan Chapell, Christ-Centered Preaching: Redeeming the Expository Sermon (Grand Rapids, MI: Baker Academic, 1994); Sinclair Ferguson, Preaching Christ from the Old Testament: Developing a Christ-Centered Instinct (London: Proclamation Trust Media, 2000), im Internet zugänglich unter: http://www.simeontrust.org/media/doc-sferguson-preachingchrist.pdf, Zugriff am 24.05.2017.; und Iain M. Duguid, Is Jesus in the Old Testament? (Phillipsburg, NJ: Presbyterian and Reformed, 2013). Dem Anfänger möchte ich empfehlen, mit Duguid, Ferguson und Clowneys Artikel in The Preacher and Preaching zu beginnen.

55 Sinclair Ferguson, *The Whole Christ: Legalism, Antinomianism, and Gospel Assurance* (Wheaton, IL: Crossway, 2016, S. 81.

56 William Perkins, *The Art of Prophesying*, S. 54: Der Prediger muss sich immer die Frage stellen, „ob der Bibeltext eine Formulierung des Gesetzes oder des Evangeliums ist. … Das Gesetz legt die Krankheit der Sünde offen … aber es gibt uns kein Heilmittel gegen sie. Das Evangelium dagegen zeigt uns nicht nur, was wir tun müssen, es gibt uns auch die Kraft des Heiligen Geistes dazu." Für eine lutherische Sicht vgl. C. F. W. Walther, *Die rechte Unterscheidung von Gesetz und Evangelium: 39 Abendvorträge; aus seinem Nachlaß* (St. Louis, MO: Concordia Publishing, 1946; Reprint Norderstedt: Hansebooks, 2017).

57 Ebd., S. 55.

58 Ferguson, *The Whole Christ*, S. 42.

59 Ebd., S. 47.

60 Ebd., S. 51f.

61 Ebd., S. 52.

62 Ebd., S. 51.

63 Ebd., S. 52.

64 Ebd., S. 55.

65 Ebd., S. 43 und 101.

66 George Whitefield, „The Method of Grace," www.biblebb.com/files/whitefield/gw058.htm.

67 Für das „für" in Markus 10,45 steht im griechischen Urtext *anti* („anstelle von"). Jesus starb „anstelle von" (als Stellvertreter für) viele.

68 Ferguson, *Preaching Christ from the Old Testament.*

69 Ebd.

Kapitel 3: Sechs Arten, Christus aus der ganzen Bibel zu predigen

70 Vgl. D. A. Carson und G. K. Beale, *Commentary on the New Testament Use of the Old Testament* (Grand Rapids, MI: Baker, 2007); Leland Ryken (Hg.), *Dictionary of Biblical Imagery* (Downers Grove, IL: IVP-US, 1998); Tremper Longman und Raymond B. Dillard, *An Introduction to the Old Testament*, 2. Aufl. (Grand Rapids, MI: Zondervan, 2006); Edmund P. Clowney, *The Unfolding Mystery: Discovering Christ in the Old Testament*, 2. Aufl. (Phillipsburg, NJ: Presbyterian and Reformed, 2013); Edmund P. Clowney, *How Jesus Transforms the Ten Commandments* (Phillipsburg, NJ: Presbyterian and Reformed, 2007); Alec Motyer, *Look to the Rock* (Nottingham, UK: InterVarsity Press, 1996); Christopher J. H. Wright, *Knowing Jesus Through the Old Testament* (Downers Grove, IL: InterVarsity Press, 1995); Simon DeGraaf, *Promise and Deliverance* (Grand Rapids, MI: Paideia Press, 1977, 1978, 1979, 1981). Vgl. auch Kommentare zu Büchern des Alten Testaments von Autoren, die stark christozentrisch auslegen, z. B. Alec Motyer, Iain Duguid, Tremper Longman und Ray Dillard. Siehe auch alle Bände von: D. A. Carson (Hg.), *New Studies in Biblical Theology* (IVP Academic) sowie die zahlreichen Bücher von Sidney Greidanus, vor allem sein *Preaching Christ from the Old Testament: A Contemporary Hermeneutical Method* (Grand Rapids, MI: Wm. B. Eerdmans, 1999), und von Graeme Goldsworthy, besonders sein *Preaching the Whole Bible as Christian Scripture: The Application of Biblical Theology to Expository Preaching* (Grand Rapids, MI: Wm. B. Eerdmans, 2000.)

71 Ferguson nennt vier Methoden, Christus aus dem Alten Testament zu predigen, quer durch die Textgattungen (Gesetz, Propheten, poetische Bücher) und die Stadien der Heilsgeschichte (Schöpfung, Sündenfall, Abraham und seine Nachkommen, Israel unter Mose, Israel unter den Königen, das Wirken Jesu, das Wirken der Apostel) hindurch: 1. Verheißung und Erfüllung; 2. Typus und Antitypus; 3. der Bund und Christus; 4. vorwegnehmende Teilnahme am Heil und spätere Erfüllung. Das Gleiche in ausführlicherer Form bietet Greidanus, der sieben Methoden unterscheidet: 1. Erlösungsgeschichte; 2. Verheißung und Erfüllung; 3. Typologie; 4. Analogie; 5. thematische Längsschnitte; 6. Erwähnungen im Neuen Testament; 7. Kontrastierende Vergleiche.

Anders als Ferguson und Greidanus konzentriert sich Goldsworthy darauf, wie man Christus *innerhalb* jedes Textgenres und jeder Etappe der Heilsgeschichte predigt. Er untersucht, wie 1. die historisch-erzählenden Texte, 2. das Gesetz, 3. die Propheten, 4. die Weisheitsliteratur, 5. die Psalmen und 6. die apokalyptischen Texte auf Christus hinweisen, und zeigt anschließend, wie man beim Predigen über 7. die Evangelien und 8. die Apostelgeschichte und die Briefe des Neuen Testaments das Erlösungswerk Christi richtig herausarbeitet. Zum Schluss zeigt er in einem Kapitel „Christus von der Theologie der Bibel her predigen", wie man quer durch die verschiedenen Textgattungen und heilsgeschichtlichen Stadien ein übergreifendes, interkanonisches Thema finden kann.

David Murray verbindet Textgenres und thematische Längsschnitte und kommt zu zehn Arten, Christus aus der Bibel zu predigen: 1. in der Schöpfung,

2. in den Personen des Alten Testaments, 3. in den Erscheinungen Gottes, 4. in Gottes Gesetz und Geboten, 5. in der Geschichte Israels, 6. in den Propheten, 7. in den Typen, 8. in den Bünden, 9. in den Sprüchen, 10. in den poetischen Büchern.

Vielleicht am originellsten ist Gary Millar, der seine Kategorien weniger abstrakt und eher praktisch definiert. Er empfiehlt neun Methoden, in der Bibel Jesus zu predigen: 1. Einem Thema in seiner Entwicklung folgen, bis man zu Jesus kommt; 2. direkt zu der Erfüllung in Christus springen; 3. ein menschliches Problem darlegen und Jesus als die Lösung zeigen; 4. eine Eigenschaft Gottes betrachten und Jesus als ihre höchste Verkörperung zeigen; 5. Gottes Erlösungshandeln in dem Text herausarbeiten und zeigen, wie es in der Erlösung durch Jesus seine höchste Erfüllung findet; 6. einen theologischen Begriff erklären und mit Christus verknüpfen; 7. die Folgen der Sünde aufzeigen und wie Christus das einzige Heilmittel ist; 8. einen Aspekt menschlicher Güte und Gottgefälligkeit vorstellen und Christus als seine höchste Verkörperung zeigen; 9. eine menschliche Sehnsucht benennen und Christus als ihre Erfüllung zeigen.

Bryan Chappells Liste ist die kürzeste und recht hilfreich; seine Kategorien werden von den anderen Autoren aufgefüllt. Er sagt, dass wir dann, wenn es in dem Text keinen klaren Verweis auf Christus oder ein Vorbild (Typus) auf ihn gibt, etwas ausfindig machen sollten, das auf ihn hinweist und dabei entweder vorwegnehmend (wie in prophetischen Texten), vorbereitend (wie im Gesetz und den Geboten), reflektierend (wie bei Kernaspekten der Erlösung) oder „resultierend" ist (d. h. zeigt, wie die im Text geforderte Art zu leben, nur durch den Glauben an Christus möglich wird).

Manche Arten, Christus zu predigen, fallen in mehr als eine Kategorie. So ist das von Tremper Longman untersuchte Motiv des „göttlichen Kriegers" eine Prophezeiung (1. Mose 3,15), aber auch eine Wesenseigenschaft Gottes (2. Mose 15); ferner gehören zu ihm verschiedene Menschen, die „Typen" (Vorbilder) auf Christus sind (z. B. David im Kampf gegen Goliat). Letztlich sind alle Kategorien künstlich – Eselsbrücken, die uns helfen, die Bibel genauer zu studieren.

72 Wenn Sie beschlossen haben, was Sie mit Christus in Verbindung bringen möchten (ein interkanonisches Thema, eine wichtige biblische Figur oder Bild, eine Geschichte zum Thema „Gnade" etc.), müssen Sie sich als Nächstes überlegen, wie Sie diese Verbindung in Ihre Predigt einbauen. Hier mehrere mögliche Methoden. (Einige der im Folgenden genannten Kategorien werden in der Literatur als „Arten, Christus zu predigen" bezeichnet, aber ich finde, dass sie nicht parallel zu den anderen Arten zu sehen sind, sondern eher Methoden des „Wie", die sich mit mehreren der „Was"-Kategorien überschneiden.)

1. Die Entwicklung des Themas verfolgen. Gary Millar schreibt, dass manche Bibeltexte in Bezug auf ein biblisches Thema nach vorne weisen, ohne Christus ausdrücklich zu erwähnen. In so einem Fall bietet es sich an, die Hörer auf eine Reise durch die Heilsgeschichte mitzunehmen und zu zeigen, welche Formen das Thema in den verschiedenen Stadien dieser Geschichte annimmt. Als z. B. Jakob seinen Traum von der Himmelsleiter hat, nennt er anschließend die Stätte, wo dies geschah, Bethel („Haus Gottes"). Hier ist es sinnvoll, einen Ausflug in die Geschichte der Stätten der Gegenwart Gottes in der Heilsgeschichte zu machen. In der Erzväterzeit offenbart Gott sich punktuell, später wohnt er in der Stiftshütte (Zelt des Bundes), noch später im Tempel in Jerusalem und schließlich in

Jesus und durch diesen in der Gemeinde als dem Leib Christi. Dies erfordert etwas Zeit, aber hilft den Zuhörern, die innere Einheit der Bibel zu erkennen. Diese Methode funktioniert oft gut bei interkanonischen Themen, Bildern und Symbolen sowie bei den Eigenschaften Gottes.

2. Direkt zur Erfüllung in Christus springen. Millar ist der Auffassung, dass dann, wenn Jesus in dem Text direkter erwähnt wird, man sich die Darstellung der Zwischenstufen sparen und gleich zur Erfüllung in Christus kommen kann. In 2. Samuel 7 z. B. sagt Gott David, dass dieser ihm keinen Tempel bauen wird, sondern dass er selber Davids Thron auf ewig befestigen wird. Dies lädt uns ein, an Davids Sohn Salomo, der den Tempel baute und Davids Dynastie befestigte, vorbei gleich zu Jesus Christus zu springen, der der endgültige „Tempel" und wahre Erbe Davids ist. Wir können dabei die ganze Geschichte der Könige in Israel und Juda übergehen. Ähnliche Beispiele sind Bibelabschnitte wie Daniel 7 und Jesaja 53, die sich beide auf eine Person beziehen, deren Beschreibung nur auf Jesus passt.

Diese beiden Methoden bedeuten, dass der Teil der Predigt, wo man „zu Christus kommt", manchmal mehr Zeit und Mühe in Anspruch nimmt und manchmal weniger. Dies ist eine subjektive Einschätzung, aber man sollte um diese Unterschiede wissen. Das „Direkt zu Christus springen" funktioniert oft gut bei Prophezeiungen, Verheißungen, Erlösungsgeschichten und Gottesoffenbarungen. In der Regel handelt es sich hier nicht um „Längsschnittthemen", die in jeder Phase der Menschheitsgeschichte neu auftreten.

3. Die „narrative Spannung" aufbauen. Das Herz einer Geschichte ist der Spannungsverlauf der Handlung. Es kommt zu einem Problem, das eine Lösung verlangt und das Interesse der Hörer weckt, die herausfinden wollen, ob und wie die Spannung aufgelöst wird. Es ist erzählerisch kohärent, im ersten Teil der Predigt einen Konflikt einzuführen, der dann später durch Jesus Christus gelöst wird, was diesen in gewissem Sinne zum „Helden" der Predigt macht. Die Spannung bzw. der Konflikt kann ganz unterschiedlich aussehen, je nachdem, was wir da zu Christus in Bezug bringen wollen.

- Eine Art Spannung besteht darin, dass Gott auf eine komplexe oder unerklärliche Art und Weise handelt, die letztlich erst durch das Kommen Jesu in die Welt einen Sinn erhält. Wie kann Gott z. B. uns gegenüber gleichzeitig heilig und voller Liebe sein, gleichzeitig gerecht und treu? Sind seine Bundesverheißungen nun an Bedingungen geknüpft oder bedingungslos (interkanonisches Thema)? In beiden Fällen löst sich die Spannung erst durch Christus und das Kreuz.
- Eine weitere Art Spannung ist eine Prophezeiung, Verheißung, Segen oder Sehnsucht, die unerfüllbar zu sein scheinen. Wie kann Gott z. B. in Hesekiel 34 einerseits selber der Hirte seines Volkes werden und ihm andererseits seinen „Knecht David" senden? Wie kann jemand gleichzeitig ein Nachkomme Davids und Gott sein (Prophezeiung)? Wie kann Gott aus Bösem Gutes kommen lassen (Verheißungen)? Wieder liegt die Lösung allein in der Menschwerdung Jesu und seinem unschuldigen Leiden. Oder nehmen wir die Prophezeiungen in Jesaja 54–56 und anderswo, wo es heißt, dass einst auch Eunuchen und Ausländer in die Gegenwart Gottes im Tempel treten und zu Gottes Volk gehören dürfen. Wie kann das sein? Allein das Erlösungswerk Christi, wie es im Hebräerbrief dargestellt wird, kann eine so radikale Verheißung erfüllen. Wir haben auch alle Angst

vor dem Tod, aber in Jesaja 25,7-8 heißt es, dass Gott die „Hülle“, die über den Völkern liegt, wegnehmen und den Tod verschlingen wird. Wie das? Durch den Tod und die Auferstehung Jesu wird der Tod vernichtet.

• Eine dritte Spannung besteht darin, dass wir ein provozierendes Gebot oder Vorbild präsentieren, wie wir eigentlich leben sollten, und gleichzeitig darstellen, dass unser menschliches Herz so beschaffen ist, dass es das unmöglich schafft – und dann sehen wir, wie der Glaube an das, was Jesus für uns getan hat, unser Herz verändert und die einzige Möglichkeit ist, dieses Vorbild zu erreichen. (Dies funktioniert in den Kategorien „Gebote Gottes“, „positive Vorbilder“ und „Hauptpersonen der Bibel“.)

• Eine vierte Spannung kommt aus dem Fluch Gottes über die Sünde bzw. aus den Folgen des Sündenfalls. Viele Bibelstellen schildern die ebenso konkreten wie furchtbaren Folgen der Sünde und wie der Egoismus der Menschen immer wieder zum Zerbruch von Beziehungen führt. Wie kommen wir da heraus? Indem Jesus den Fluch auf sich nahm und sich von den Menschen, die ihm am nächsten standen, verlassen und verstoßen ließ. Viele Texte zeigen die Sinnlosigkeit des Lebens ohne Gott (vgl. der Prediger Salomo), aber Jesus hat am Kreuz die ganze Verlorenheit des „Lebens ohne Gott“ durchgemacht; er hat den Fluch getragen, den wir verdient haben.

• Eine fünfte mögliche Spannung ergibt sich aus der schlichten Frage: Woher beziehen wir die Kraft oder das Recht, so zu handeln bzw. so zu sein? Die Antwort ist, dass die Freiheit und Freude, die die neue, durch Gnade geprägte Beziehung zu Gott uns bringt, die alten Motive unseres Herzens (Angst, Wut, Stolz), die uns so sündigen ließen und es uns unmöglich machen, Gottes Willen zu tun, wegnimmt. Und durch das vollkommene Erlösungswerk Christi haben wir sogar das Recht zu dieser Veränderung, obwohl wir sie durch nichts verdient haben.

Ich glaube indessen, dass solche direkten Spannungselemente nicht die einzige Möglichkeit sind, Christus zu predigen. Die schlichte Darstellung der Schönheit Christi als Erfüllung eines Bildes oder Symbols z. B. hat ihren eigenen Reiz. Es ist auch möglich, ohne narrative Spannungselemente auf einen Höhepunkt zuzusteuern. Ein Beispiel ist Jonathan Edwards' Predigt über das Glück des Christen („Christian Happines“). Seine Gliederung ist, dass Christen glücklich sein sollten, weil 1. das Böse ihnen zum Guten dient, 2. niemand ihnen die guten Dinge wegnehmen kann und 3. das Beste noch kommt. Hier wird eine einfache Wahrheit so erklärt, dass sie sich zu einem Höhepunkt steigert, jedoch ohne Spannungselemente.

4. Verwendung alttestamentlicher Stellen im Neuen Testament. Eine andere Möglichkeit, Christus zu predigen, besteht darin, Greidanus' hilfreichem Rat zu folgen und stets zu prüfen, ob ein alttestamentlicher Text im Neuen Testament zitiert, erwähnt oder angedeutet wird. (Dies funktioniert sowohl, wenn wir über einen neutestamentlichen Text predigen und uns fragen, ob der alttestamentliche Hintergrund ein interkanonisches Thema hergibt, als auch wenn wir über einen alttestamentlichen Text predigen und sehen wollen, wie die Autoren des Neuen Testaments diesen im Licht Christi verstehen.) Darauf können wir den „Faden“ durch die verschiedenen Stadien der Heilsgeschichte weiterverfolgen und sehen, wie er mit dem Erlösungswerk Christi zusammenhängt. Ein sehr nützliches Buch zu diesem Thema ist: Carson und Beale, *Commentary on the New Testament Use*

of the Old Testament. Es handelt sich hier nicht um eine zusätzliche Kategorie neben z. B. der Identifizierung von Vorbildern auf Christus oder dem Ermitteln von Verheißungen und ihrer Erfüllung, sondern das Verfahren funktioniert in all diesen Kategorien. Das Neue Testament kann das Alte Testament durch direkte Zitate benutzen, durch einen ins Auge fallenden Verweis oder (was spekulativer ist) durch indirekte Andeutung. So glauben manche Ausleger z. B., dass Jesus, wenn er von der Neugeburt „aus Wasser und Geist" redet (Johannes 3,5), auf die Verheißung der Erneuerung Israels durch Gottes Geist in Hesekiel 36 anspielt.

73 Es gibt im Alten Testament mindestens ein Dutzend Stellen, wo Gott, um einem Menschen zu erscheinen und gegenwärtig zu sein, den „Engel des HERRN" schickt. Es gibt noch andere Engel, so im Neuen Testament Gabriel, der Maria die Geburt Jesu ankündigt. Doch wenn Gabriel und die anderen Engel sprechen, sagen sie immer: „So spricht der Herr …" Gabriel redet *für* den Herrn. Aber wenn der Engel des HERRN spricht, spricht Gott selber. Dies ist eines der großen Geheimnisse der Bibel, denn der Engel des HERRN scheint eine Figur zu sein, die verschieden von Gott dem HERRN ist und doch gleichzeitig mit ihm identisch. Alec Motyer schreibt in seinem Kommentar zum 2. Buch Mose:

> Der Engel erweist sich als eine gnädige Erscheinungsform Gottes gegenüber den Menschen, durch die er in einem sündigen Volk gegenwärtig sein kann, das er, wenn er sich ihm so zeigen würde, wie er ist, verzehren würde. Wir können es so ausdrücken: Die Gestalt des Engels bedeutet keine Verringerung der vollen Göttlichkeit, sondern sie ist die Erscheinungsform, durch die der heilige Gott Gemeinschaft mit Sündern haben kann. (Motyer, *The Message of Exodus: The Days of Our Pilgrimage*, Downers Grove, IL: InterVarsity Press, 2005, S. 51)

Wir sehen dies wieder und wieder im Alten Testament: Wenn Gott in Gnade und Segen zu den Menschen kommt und nicht, um sie zu bestrafen und zu vernichten, kommt er als der Engel des HERRN. Eines der bewegendsten Beispiele finden wir im 1. Buch Mose, in der Geschichte von Abraham, Sara und Hagar. Sara ist Abrahams Frau, aber sie ist unfruchtbar und wird allmählich älter. Sie sieht keine Chance mehr, selber Kinder zu bekommen, und gibt Abraham ihre junge, fruchtbare ägyptische Magd Hagar als Konkubine, um so zu Nachwuchs zu kommen. Abraham schläft mit Hagar und sie schenkt ihm einen Sohn. Doch dann geht alles schief. Hagar ist stolz und verspottet Sara: „Du alte Frau! Ich bin jung. Schau her, wie fruchtbar ich bin, ich habe einen Sohn geboren." Das macht Sara so wütend, dass sie von Abraham verlangt, Hagar und das Kind buchstäblich in die Wüste zu schicken – mit anderen Worten: sie dem Tod auszuliefern. Was Abraham (obwohl er seufzend die Hände ringt) auch tut.

Alle Personen in dieser Geschichte sind beides gleichzeitig: Opfer und Täter. Es gibt keine Helden. Hier die hochmütig gewordene Magd Hagar, dort die grausame Herrin Sara und der Herr des Hauses, Abraham, der sich als Weichei und Feigling erweist. Als ihr in der Wüste das Wasser ausgeht, legt Hagar ihr Kind unter einen Strauch, wo Schatten ist, und geht fort, um nicht miterleben zu müssen, wie es stirbt. Da erscheint ihr der Engel des HERRN. Wenn Sie den Text lesen, werden Sie sehen, wie dann, wenn der Engel spricht, Gott selber spricht. Der Engel des HERRN sagt zu Hagar: „Fürchte dich nicht; denn Gott hat gehört die Stimme des Knaben, der dort liegt. Steh auf, nimm den Knaben und führe ihn an deiner Hand; denn ich will ihn zum großen Volk machen" (1. Mose 21,17-18).

Wie kann Gott das hier tun? Hagar, Sara, Abraham – sie alle haben seinen Segen nicht verdient. Auch nicht seine Gegenwart. Wie kann da Gottes Gegenwart segnend in ihr Leben kommen? Durch den Engel. Wenn ich in einer Predigt an diese Stelle komme, sage ich meistens: „Leute, dieser Engel ist ein Hinweis auf jemanden." Motyer schreibt:

> Es gibt nur noch einen anderen in der Bibel, der mit Gott identisch und doch verschieden von ihm ist; einen, der, ohne das volle Wesen und die Vorrechte der Göttlichkeit abzugeben oder der göttlichen Heiligkeit Abbruch zu tun, in der Lage ist, sich mit Sündern abzugeben, und der einerseits den Zorn Gottes bejaht, aber gleichzeitig ein mächtiges Beispiel seiner sich zu den Menschen ausstreckenden Barmherzigkeit ist. Wir können den Engel des Herrn nur dann recht verstehen, wenn wir ihn als eine prä-inkarnationale Erscheinung Jesu Christi sehen. (Motyer, *The Message of Exodus*, S. 51)

Jetzt wissen Sie also, warum Gott zu Sündern kommen kann, die seine Gegenwart nicht verdient haben: weil viele Jahre später ein anderer kleiner Junge als Sohn einer armen Mutter geboren wurde, der von den Menschen abgelehnt und verworfen wurde, ja der am Ende seines Lebens sogar von seinem Vater verlassen wurde. Auch er ging durstig in den Tod, und als er zu Gott schrie, bekam er keine Antwort. Wissen Sie, warum Gott ihm nicht antwortete? Hagar, Abraham und Sara hatten es verdient, dass Gott sie im Stich ließ und nicht, dass er sie segnete. Jesus Christus durchlebte am Kreuz die Gottverlassenheit, die wir verdient haben, damit wir den Segen bekommen können, den er verdient hatte. Er schrie zu Gott und erhielt keine Antwort, damit wir, obwohl wir es nicht verdient haben, Gottes Antwort bekommen.

Jesus ist der Engel des Herrn; durch ihn kann Gott zu uns kommen. Gott kann in Ihr Leben kommen, so wie er in Moses Leben kam. Er kann in Ihr Leben hineinkommen und dort leuchten, mit dem Feuer seiner Kraft und Schönheit und Herrlichkeit. Es ist möglich, ohne dass wir dabei vergehen. Warum? Weil Jesus am Kreuz gestorben ist.

74 John Calvin, *Calvin: Commentaries*, trans. and ed. Joseph Haroutunian (London: S.C.M. Press, 1958), S. 68-69.

75 Vgl. zur genaueren Begründung dieser Parallele: Joel Marcus, *Mark 1–8: New Translation with Introduction and Comments*, Anchor Bible, vol. 27 (New York: Doubleday, 2000), S. 332-340.

76 Anm. d. Übers.: In verschiedenen englischen Bibeln, z. B. der King-James-Bibel oder der English Standard Version, die Keller hier zugrunde legt, wird das griechische Wort „xylos" mit „tree", „Baum", übersetzt. Deutsche Bibeln übersetzen gewöhnlich mit „Pfahl" oder „Holz".

77 Das hier mit „Ausgang" übersetzte griechische Wort ist *exodus*.

78 Ferguson, *Preaching Christ from the Old Testament,* S. 4.

79 Die Ehe ist eines der großen interkanonischen Themen in der Bibel, sodass Richter 19–21 sogar gut in eine christozentrische Bibelauslegung passt.

80 Wörtlich heißt es in Lukas 9,51: „Da richtete er sein Angesicht fest darauf, nach Jerusalem zu gehen" (ELB). Die lateinische Vulgata und andere alte Übersetzungen formulieren hier „fest wie ein Stein", was so viel wie „ohne nachzugeben" bedeutet. Die meisten modernen Übersetzungen benutzen Formulierungen wie „(fest) entschlossen".

Teil II: Die Menschen erreichen

Kapitel 4: Christus der Kultur predigen

81 Terry Eagleton, *Culture and the Death of God* (New Haven, CT: Yale University Press, 2014), S. 1.

82 Vgl. Peter Watson, *The Age of Atheists: How We Have Sought to Live Since the Death of God* (New York: Simon & Schuster, 2014); Sam Harris, *Waking Up: A Guide to Spirituality Without Religion* (New York: Simon & Schuster, 2014); Ronald Dworkin, Religion ohne Gott (Berlin: Suhrkamp Verlag, 2014); Alain de Botton, *Religion für Atheisten: Vom Nutzen der Religion für das Leben* (Frankfurt/M.: S. Fischer Verlag, 2013). Alle diese Bücher sind Versuche, den Lebenssinn, den inneren Frieden und das Erlebnis erfüllender Gemeinschaft und „Größe" zu finden, die die Menschen traditionell in der Religion und in dem Glauben an Gott gesucht haben.

83 Anm. d. Übers.: „TED" steht für „Technology, Entertainment, Design". Seit 1990 finden in den USA jährlich TED-Konferenzen statt, bei denen es um Innovationen in Technologie, Wissenschaft, Kunst und Kultur u.a. geht. Vorträge aus solchen Konferenzen („TED Talks") sind heute im Internet auf der Website www.TED.com abrufbar.

84 Barna Group, „Barna Technology Study: Social Networking, Online Entertainment and Church Podcasts," May 26, 2008, www.barna.org/barna-update/media-watch/36-barna-technology-study-social-networking-online-entertainment-and-church-podcasts#.VELXX_1403g, Zugriff am 18.06.2017.

85 Ein Beispiel ist Doug Pagitts Buch *Preaching Re-Imagined: The Role of the Sermon in Communities of Faith* (Grand Rapids, MI: Zondervan, 2005), das gegen Ende der Debatte erschien. Pagitt kritisiert nicht nur die Predigt, sondern öffentliche Vorträge allgemein, die er „speaching" nennt. Seine Grundthese lautet, dass die ganze Gemeinde und nicht der Prediger festlegen muss, was Wahrheit ist, und dass der öffentliche Vortrag einer Einzelperson eine ihr nicht zustehende Autorität verleiht. Pagitt versteht sich als radikaler Neuerer, aber Homiletiker aus den Großkirchen, wie Lucy Rose in *Sharing the Word: Preaching in the Roundtable Church* (Louisville, KY: John Knox, 1997) und John McClure in *The Roundtable Pulpit,* (Nashville, TN: Abingdon, 1995) hatten sich schon zehn Jahre zuvor ähnlich geäußert. Siehe auch schon Leander E. Keck, der schreibt: „Wenn etwas mitteilenswert ist, dann verderben Sie nicht alles, indem Sie es predigen! Lassen Sie es sich aus der Interaktion der Gruppe ergeben, feiern Sie es mit Musik, Tanz oder Drama. Die Menschen, die einer Predigt zuhören, sind so passiv wie Hühner auf der Stange – und vielleicht auch genauso wach" (Leander E. Keck, *The Bible in the Pulpit: The Renewal of Biblical Preaching* (Nashville, TN: Abingdon, 1978), S. 40). Kurz: In den Großkirchen wird die Monologpredigt schon seit

einer Generation infrage gestellt. Trotzdem nennt Thomas G. Long, ein bekannter amerikanischer Homiletiker, die Dialogpredigt bzw. Predigt am runden Tisch eines von mehreren „Experimenten", die die Kirche in Zeiten des Zweifels an der Wirksamkeit der Predigt ausprobiert. (Die anderen Experimente sind: „Multimedia-Predigten, Ich-Predigten, musikalische Predigten, Dialogpredigten, Barhockerpredigten …") Long argumentiert, dass dergleichen Experimente nicht zur kompletten Abkehr von der Predigt als solcher führen, sondern den Menschen helfen wollen, in den immer wieder einmal vorkommenden Krisen der Predigt innovativ zu denken. (Thomas G. Long, *Preaching from Memory to Hope* (Louisville, KY: John Knox Press, 2009), S. xiv-xv).

Im mehr konservativen Lager kommt David C. Norrington in seinem Buch *To Preach or Not to Preach* zu dem Ergebnis, dass „die regelmäßige Predigt keine biblische Basis hat, dass sie heidnische Methoden benutzt, die der neutestamentlichen Praxis widerstreiten, und dass sie offenbar keinen Anteil an dem Wachstum der frühen Kirche hatte" (David C. Norrington, *To Preach or Not to Preach*, Milton Keynes, Exeter, UK: Paternoster Press, 1996; repr., Ekklesia Press, 2013, S. 95). Für Norrington sind Predigten notwendigerweise abstrakt und verallgemeinernd, da der Prediger ja nicht wissen kann, was im Leben seiner Zuhörer alles vor sich geht. Predigten schaffen passive Hörer, die es nicht lernen, sich die biblische Wahrheit wirklich zu eigen zu machen. Die Einbahn-Kommunikation der Predigt bedeutet auch, dass der Prediger selber nicht dazulernt, sondern nur seine eigenen Vorurteile bestätigt bekommt. Norrington hält die Gottesdienstpredigt (also den wöchentlichen Vortrag über die Bibel durch den Pastor) für eine unbiblische Praxis, die erst im 3. oder 4. Jahrhundert n. Chr. aufkam, und fordert ein Ende des Predigens und ein gemeinsames, interaktives Lesen der Bibel, in das die Ermutigung und die Korrektur durch die ganze Gruppe eingeht (Norrington, *To Preach or Not to Preach*, S. 83).

Norringtons Versuch, die „regelmäßige Predigt" als Darlegung der Wahrheit des Christentums in Monologform für „unbiblisch", ja „heidnisch" zu erklären, wird von den meisten als nicht überzeugend angesehen, vor allem angesichts der Forschungsergebnisse von Hughes Oliphant Old zur Geschichte der Predigt. Old verweist hier u.a. auf die frühkirchliche *Didache* („Zwölfapostellehre"), die von der Existenz von „Berufspredigern" ausgeht, „die ihren Dienst zu ihrem Lebensberuf gemacht hatten, und nicht so sehr von Laienpredigern" (Hughes Oliphant Old, *The Reading and Preaching of the Scriptures in the Worship of the Christian Church,* vol. 1, *The Biblical Period,* S. 256).

86 Andy Stanley und Lane Jones, *Communicating for a Change* (Eugene, OR: Multnomah, 2006), S. 89.

87 P. T. Forsyth, *Positive Preaching and the Modern Mind* (Milton Keynes, Exeter, UK: Paternoster Press Reprint, 1998), S. 73. Als Beispiel nennt er den Kirchenvater Athanasius, der „ganz der Prediger, der er war, gegen die Welt anstürmte und nicht aus ihr hervorging. … Er zwang die Welt, sich *ihm* anzupassen" (Ebd., S. 74).

88 Ebd., S. 2. Es ist interessant, dass in der gleichen historischen Epoche, in der Forsyth seine Vorträge und Bücher über das Predigen verfasste, Harry Emerson Fosdick und andere in New York City in die entgegengesetzte Richtung gingen. Fosdick war ein früher liberaler Protestant, der den Predigern riet, sich auf die

Psychologie zu konzentrieren und nicht auf die Darlegung der biblischen Lehre. Er schrieb: „Das Hauptanliegen jeder Predigt sollte die Lösung eines Problems sein – eines wichtigen Problems, das Gehirne ins Grübeln bringt, Gewissen belastet, Menschenleben beschäftigt. Keine Predigt, die ein echtes Problem angeht, auch nur ein wenig Licht auf es wirft und einigen Menschen hilft, ganz praktisch mit ihm fertigzuwerden, kann wirklich uninteressant sein." Zitiert in: Thomas G. Long, *The Witness of Preaching*, 2. Aufl. (Louisville, KY: John Knox Press, 2005), S. 30. Longs Kritik der „Predigt als Beratungsgespräch", wie sie von Fosdick und später Norman Vincent Peale und vielen anderen in den Großkirchen praktiziert wurde, und seine Darstellung, wie diese Predigtkonzeption wieder außer Mode geriet, findet sich auf S. 30-37. Siehe auch Matthew Bowman, „Harry Emerson Fosdick and Baptism at Riverside" in: *The Urban Pulpit: New York City and the Fate of Liberal Evangelicalism* (New York: Oxford University Press, 2014), S. 253.

89 Old führt aus, dass die Auslegungspredigt sogar voll gegen den Strich der damaligen Kultur ging. Die klassische Rhetorik war dialektisch. Der Redner begann mit einer These über ein wichtiges aktuelles Thema, die er sodann in verschiedene Unterpunkte aufteilte, worauf er die verschiedenen Argumente und Gegenargumente nannte und bewertete und eine Lösung vorschlug. Die Auslegungspredigt dagegen ließ den Bibeltext selber die Struktur der Predigt bestimmen. Sie begann mit dem Text und ging dann zur Lebenspraxis über, und nicht umgekehrt. Old erwähnt als Beispiel eine Predigt des Clemens von Alexandrien (ca. 150–215 n. Chr.). Nach der Einleitung geht Clemens einen Bibelabschnitt versweise durch und erklärt dabei die Bedeutung der Worte und Aussagen. Old kommentiert: „Dieses Vorgehen war, wohlgemerkt, nicht etwas, was er von der klassischen griechischen Rede übernommen hatte. Die Griechen hatten, was die literarischen Vorbilder betraf, nichts, was der auslegenden Predigt entsprochen hätte" (Old, *The Reading and Preaching of the Scriptures*, vol. 1, *Biblical Period*, S. 299).

90 Forsyth, *Positive Preaching and the Modern Mind*, S. 73.

91 Vgl. Luc Ferry, *Leben lernen: Eine philosophische Gebrauchsanweisung* (München: dtv, 4. Aufl. 2011), S. 73ff.

92 Forsyth, *Positive Preaching and the Modern Mind*, S. 73.

93 Ich gehe in meinem Buch *Center Church* ausführlich auf das Thema „Kontextualisierung" ein (S. 89-134). Der kurze folgende Abschnitt sollte zusammen mit dieser längeren Darstellung gelesen werden.

94 Eckhard J. Schnabel, *Urchristliche Mission* (Wuppertal: R. Brockhaus Verlag, 2002). In Apostelgeschichte 13,13-43 spricht Paulus zu Juden und heidnischen Gottesfürchtigen, also zu Menschen, die die damalige Bibel als Autorität anerkannten. In Apostelgeschichte 14,6-18 spricht er zu polytheistischen Menschen aus der Provinz, in 17,16-34 zu den intellektuellen griechischen Eliten in Athen und in Apostelgeschichte 26 zu den multiethnischen Eliten der römischen Kolonien in Palästina. Für Schnabels Analyse der Reden des Paulus und wie er auf die Kultur seiner Zuhörer eingeht vgl. S. 1319-1357 seines Buchs. Schnabel wörtlich: „Manche Exegeten und viele Missiologen verwenden für diese Dimension der Areopagrede das seit 1972 in der Missionswissenschaft gebräuchliche Wort ‚Kontextualisierung'" (S. 1338).

95 Als er z. B. Festus erwidert, dass seine Worte nicht „verrückt", sondern „vernünf-

tig" sind (Apostelgeschichte 24,25), benutzt er für „vernünftig" das griechische Wort *sophrosynes*. Dessen Bedeutung geht unter anderem in die Richtung von „das *Vernünftige* im Sinne des geistig Gesunden" oder „*vernünftig* ohne Illusion" (*Theologisches Wörterbuch zum Neuen Testament*, begründet von Gerhard Kittel, hg. von Gerhard Friedrich, Bd. VII, Stuttgart: W. Kohlhammer, Studienausgabe 1990, S. 1094).

96 „Er [Paulus] wählt deshalb Motive aus alttestamentlicher und jüdischer Theologie und Apologetik aus, die stoischen und epikureischen Philosophen unmittelbar verständlich waren, bis hinein in sprachliche Anlehnungen und Zitate" (Schnabel, *Urchristliche Mission*, S. 1336). Es gibt Stimmen, die sagen, dass die, die bei Paulus eine Kontextualisierung sehen, Apostelgeschichte 17 zu sehr betonen, doch diese Kontextualisierung zeigt sich in der gesamten Apostelgeschichte. Und es gibt noch weitere Beispiele in der Bibel. Die geschickte Verwendung des *Logos*-Begriffs in Johannes 1 haben wir bereits erwähnt. Aber es lässt sich auch nachweisen, dass das Buch Deuteronomium (5. Mose) bewusst in der Form eines hetitischen Lehnsvertrages aus dem 2. Jahrtausend v. Chr. verfasst ist – ein literarisches Genre, das den alten Kulturen im Nahen Osten wohlvertraut war, die es routinemäßig zur Regelung von Bundesbeziehungen zwischen siegreichen Königen und Vasallenstaaten benutzten. Vgl. Meredith G. Kline, *The Treaty of the Great King* (Eugene, OR: Wipf and Stock, 2012).

97 Schnabel, *Urchristliche Mission*, S. 1336.

98 So bejaht er z. B. die damals gängige Kritik der Philosophen an den Tempel- und Opferkulten (Apostelgeschichte 17,24-25) und geht auf die Suche der Menschen nach Gott ein (17,27-28). Vgl. Schnabel, *Urchristliche Mission*, S. 1336ff.

99 Ebd., S. 1338.

100 Ebd., S. 1339.

101 Schnabel merkt an: „Paulus benutzt das Arat-Zitat als Argument … gegen ein solches *rapprochement* mit dem religiösen Pluralismus der griechisch-römischen Kultur: Wenn wir Menschen in der Tat von Gott abstammen, dann können wir unmöglich Gott in Form von Statuen … darstellen und verehren." (Ebd., S. 1340)

102 Keller, *Center Church*, S. 124-126.

103 Paulus verwendet „Überzeugungen, Argumente und Formulierungen, die [den Philosophen in Athen] bekannt und geläufig waren und Anerkennung gefunden hätten." (Schnabel, *Urchristliche Mission*, S. 1338) Doch alles in allem reagiert er auf die Religion der Athener eher mit Konfrontation denn mit Akkommodation.

104 Durch seine Benutzung der „Denk- und Sprachgewohnheiten seiner unvorbereiteten Zuhörer" zeigt Paulus ihnen, dass „er sie als zuhörende Gesprächspartner ernstnimmt" (Schnabel, *Urchristliche Mission*, S. 1442). Der Philosoph Charles Taylor bekräftigt, „dass die Predigt des Evangeliums, wenn sie mehr sein soll als eine Äußerung des Überlegenheitsgefühls des jeweiligen Predigers, voraussetzt, dass man das Leben der Angesprochenen, wie es vor der durch das Evangelium gebrachten Gnade ist, eingehend und respektvoll betrachtet'" (Charles Taylor, *Ein säkulares Zeitalter*, Frankfurt/M: Suhrkamp, wissenschaftliche Sonderausgabe, 2012, S. 168).

105 Weiteres zur Kontextualisierung bei: David F. Wells, „The Nature and Function

of Theology" in: *The Use of the Bible in Theology: Evangelical Options,* ed. Robert K. Johnston (Louisville, KY: John Knox, 1985); Richard Lints, *The Fabric of Theology: A Prolegomenon to Evangelical Theology* (Grand Rapids, MI: Wm. B. Eerdmans, 1993), S. 102-105; David K. Clark, „Evangelical Contextualization" in: *To Know and Love God: Method for Theology* (Wheaton, IL: Crossway, 2010), S. 78-90; Bruce Riley Ashford, „The Gospel and Culture" in *Theology and Practice of Mission: God, the Church, and the Nations,* Bruce Ashford, ed. (Nashville, TN: B and H Academic, 2011), S. 109-127.

Alle vier Autoren – Wells, Clark, Lints und Ashford – erwähnen drei Positionen zur Kontextualisierung: 1. die liberale Sicht, die alle Menschen als so kulturell konditioniert betrachtet, dass „Praxis" und Kontext den Vorrang vor der Bibel haben (siehe Clark, „Evangelical Contextualisation", S. 78); die fundamentalistische Sicht, nach der Christen sich als so frei von jeglichen kulturellen „Brillen" betrachten, dass sie die Wahrheit direkt aus der Bibel herauslesen können und mithin keine Kontextualisierung brauchen; 3. eine evangelikale Herangehensweise, die die kulturelle Prägung der Menschen und die Notwendigkeit der kulturellen „Übersetzung" als Tatsache betrachtet, aber dabei die Bibel als normativ beibehalten und nicht zu einem lediglich gleichberechtigten „Dialogpartner" mit der Kultur machen will. Evangelikale Christen versuchen allgemein, auf der Basis der Position 3 zu arbeiten, aber es gibt dabei durchaus Unterschiede.

Clark sieht Wells und David Hesselgrave (*Missionarische Verkündigung im kulturellen Kontext* (Gießen: Brunnen 2010)) als Vertreter eines „Kodierungs-/Dekodierungsmodells", das in der Kontextualisierung lediglich eine Methode der kommunikativen Übertragung sieht. (Einige Autoren aus dem Umfeld von Hesselgrave und Wells ziehen es vor, von „Übersetzung" und „Übertragung" zu reden, und nicht von „Kontextualisierung".) Clark findet, dass das Modell zu optimistisch davon ausgeht, dass es dem christlichen Prediger gelingen wird, kulturübergreifende Fundamente und Konstanten zu ermitteln, die lediglich „andere Kleider brauchen", also in neue kulturelle Formen und Codes übersetzt werden müssen. Er schlägt stattdessen ein „Dialogmodell" vor, in welchem der Prediger nicht nur die Bibel die fremde Kultur hinterfragen lässt, sondern auch diese Kultur unsere bisherige Art, die Bibel zu lesen, auf den Prüfstand stellen lässt. So können z. B. amerikanische Christen, die eine gemeinschaftsbetontere Kultur der Evangelisation suchen, dabei entdecken, dass ihr eigenes bisheriges Verständnis des christlichen Glaubens zu individualistisch und zum Teil mehr von ihrer eigenen Kultur als von der Bibel geprägt war. Clark fährt fort, dass aus diesem Grunde die Kontextualisierung viel mehr in die Tiefe gehen muss und nicht nur etwas ist, das wir gleichsam vom hohen Ross aus betreiben, ohne auch uns selber einzubeziehen und zu prüfen. (Ebd., S. 81-90) Ich gebe Clark in vielem recht, habe aber den Eindruck, dass er sich nicht so stark von Hesselgrave und Wells unterscheidet, wie er denkt. Alles in allem kann man sagen, dass es bei den Evangelikalen in der Praxis Unterschiede gibt, aber dass Einigkeit darüber besteht, dass eine gewisse Kontextualisierung notwendig ist.

106 Für diesen Abschnitt bin ich meinem Sohn Michael Keller zu Dank verpflichtet, der Doktorand am Jonathan Edwards Center der Yale University ist und mir die unveröffentlichte Dissertation von Rebecca M. Wheeler (s.u.) zugänglich mach-

te sowie die Niederschriften aller Predigten von Edwards aus seinen Jahren in Stockbridge.

107 Zwei dieser Predigten sind: „To the Mohawks at the Treaty, August 16, 1751" and „He That Believeth Shall Be Saved" in: *The Sermons of Jonathan Edwards: A Reader*, eds. Wilson Kimnach, Kenneth Minkema und Douglas Sweeney (New Haven, CT: Yale University Press, 1999), S. 105-120. Siehe auch: „The Things That Belong to True Religion", „Heaven's Dragnet", „Death and Judgment", „Christ Is to the Heart Like a River to a Tree Planted by It", „God Is Infinitely Strong", „Warring with the Devil", und „Farewell Sermon to the Indians" in: *The Works of Jonathan Edwards: Sermons and Discourses* 1743–1758, vol. 25, ed. Wilson Kimnach (New Haven, CT: Yale University Press, 2006), S. 566-716.

108 Edwards' Predigten für die Indianer waren kürzer und komprimierter. Sie waren einfacher – aber nicht simpel. Edwards-Herausgeber Wilson Kimnach schreibt: „Die Indianerpredigten sind kurz, werden aber dabei den Nuancen der calvinistischen Theologie bemerkenswert ausgewogen gerecht" (Kimnach, *Works of Jonathan Edwards,* vol. 25, S. 42). Doch die Art, in der Edwards diese Theologie kommunizierte, war anders. Dies zeigt sich deutlich bereits in der ersten Indianerpredigt, „The Things That Belong to True Religion" [„Was die wahre Religion auszeichnet"] (ebd., S. 566-574). Auf den Predigttext (Apostelgeschichte 11,12-13) folgt hier nicht die bei Edwards sonst übliche detaillierte Gliederung und Analyse der Verse. Stattdessen tut Edwards etwas, was er nie zuvor getan hatte: Er beginnt mit einer Geschichte – der ausführlichen Geschichte von Kornelius, dem ersten nicht jüdischen Konvertiten zum christlichen Glauben – und zeigt den Ort dieser Bekehrung in der Heilsgeschichte auf. Die Geschichte handelt von einem ethnischen Außenseiter, einem „heidnischen Krieger", der zum Glauben an Christus findet. Die Juden hatten den Gott Israels gekannt, aber die polytheistischen Heiden wussten nichts von diesem Gott – gerade so wie die Indianer auch.

Dann geht Edwards weiter und stellt die gesamte Menschheitsgeschichte als die sukzessive Ausbreitung des Evangeliums dar – erst von einer Familie zu einem ganzen Volk, dann von den Hebräern zu den damaligen Heiden wie Kornelius, die nach und nach bekehrt wurden. Er spricht davon, wie sein eigenes englisches Volk einst abergläubisch Götzen angebetet hatte, bis es diese Götzen wegwarf und das Christentum annahm. Und jetzt ist das Evangelium dabei, den Sprung von Europa zu den Indianern zu machen, von der Alten in die Neue Welt. Edwards identifiziert sich dabei mit den Indianern; auch er gehört zu einem Volk, dem der christliche Glaube einst „fremd" war. Vor allem aber stellt er seine indianischen Zuhörer in die Mitte der großen Geschichte der Welt und des Wirkens Gottes in ihr. Edwards beschimpft die Indianer nicht als abergläubische Heiden, sondern zeigt ihnen, wie sie als Volk ein Teil von Gottes Plan sind, und damit tut er etwas höchst Bemerkenswertes: Er benutzt das Evangelium, um den ethnischen Zaun zwischen „uns" und „den anderen" niederzureißen.

Ein Blick auf Edwards' übrige Indianerpredigten zeigt, wie er seinen Predigtstil drastisch veränderte, um seine neuen Hörer zu erreichen. Er verwendet viel weniger Zeit auf die detaillierte Textauslegung und bringt auch bei der Darstellung der Lehre und der Anwendung auf das Leben der Zuhörer weniger biblische Belegstellen (ebd., S. 641). Stattdessen benutzt er zur Untermauerung der Wahrheit der biblischen Lehre mehr „das persönliche Zeugnis ... und die Berufung auf gemeinsame Erfahrungen“ (ebd.). Wie Paulus greift er bei Hörern, die die Bibel nicht kennen, eher wenig zu detaillierten Belegen anhand von Bibelstellen, obwohl er den Inhalt dessen, was er sagt, stets aus der Bibel bezieht.

Auch Edwards' sonst übliche Predigtgliederung änderte sich. Vorher hatte er jede Predigt eisern in die Auslegung des biblischen Textes, die Ausarbeitung eines den Inhalt zusammenfassenden Lehrsatzes mit Analyse von dessen einzelnen Bestandteilen und schließlich die praktische Anwendung der Lehre auf das Leben der Predigthörer eingeteilt. Doch „eines der Merkmale der Stockbridge-Indianerpredigten ist ... dass sie nichts haben, was man als ‚Lehrunterricht' bezeichnen könnte, sondern nur ... Beobachtungen“ (Wilson Kimnach, „Introduction: Edwards the Preacher“, in: *Sermons by Jonathan Edwards on the Matthean Parables*, vol. 1, Kenneth P. Minkema, Adriaan C. Neele und Bryan McCarthy (Hg.), Eugene, OR: Cascade Books, 2012, S. 10, Anm. 15). Edwards ging nicht mehr analytisch vor, mit Aufteilung der Themen und Punkte in Unterpunkte, sondern synthetisch (Kimnach, *Works of Jonathan Edwards,* vol. 25, S. 42). Seine Predigten bestanden nun aus kompakten Gedankenpaketen (ebd., S. 566).

Aber Edwards benutzt in diesen Predigten nicht nur verstärkt das Element der Erzählung, sondern auch das der Bilder. „Seine [homiletische] Methode zeigte keine Simplifizierung zentraler Begriffe und auch keine gönnerhaft-herablassende Sanftheit gegenüber den Indianern, aber oft passte er seine Diktion und, mit bestem Erfolg, seine Verwendung von Bildern an seine Zuhörer an“ (ebd., S. 676). Rebecca Wheeler schreibt, dass Edwards „in Stockbridge mehr auf eine bildhafte Sprache setzte. Er predigte, in Anlehnung an die neutestamentlichen Gleichnisse, über den Sämann, den Fischer, den Boden, der zu hart ist, um das Saatgut aufzunehmen, über Bäume, die von Flüssen bewässert werden, die nie austrocknen, und über Dornen und Disteln, die das Fortkommen des Reisenden erschwerten“ (Rebecca M. Wheeler, „Living Upon Hope: Mahicans and Missionaries, 1730–1760“, Ph.D. diss., Yale University, 1999, S. 163). Und Edwards beließ es nicht dabei, generell mehr Bilder zu benutzen; er wählte auch solche Bilder aus, mit denen seine indianischen Zuhörer seiner Einschätzung nach am meisten anfangen konnten.

Seine Predigt „Warring with the Devil“ [„Im Kampf mit dem Teufel“] ging über Lukas 11,21-22: „Solange ein starker Mann in voller Bewaffnung sein Haus bewacht ...“ Edwards beschreibt dieses „Haus“ als das Ich bzw. die Seele, die unter der Gewalt des Satans (der als Krieger dargestellt wird) steht. Mit den unersättlichen Lüsten und Begierden des menschlichen Herzens als seinen Waffen kann er uns gefangen nehmen. Edwards stellt hier die Sünde als Zustand der Sklaverei unter einem bewaffneten Feind dar. Die Erlösung kommt durch Christus, der als „Stärkerer“ beschrieben wird und uns befreien kann. Das Neue Testament verwendet verschiedene Bilder zur Beschreibung der Versöhnung durch Jesus, darunter auch das des Kampfes bzw. Krieges (vgl. Hebräer 2,14-15; Kolosser 2,15), des Sieges Jesu über den Satan und das Böse. Der führende Edwards-Predigt-Experte, Wilson Kimnach, schreibt, dass Edwards in seinen früheren Predigten nur selten das Bild des Krieges benutzt hatte, noch nicht einmal in Kriegszeiten. Hier benutzt er es, weil „die indianische Kriegerkultur ihm diese rhetorische Gelegenheit lieferte“ (Kimnach, *Works of Jonathan Edwards,* vol. 25, S. 676).

Man beachte noch eine weitere kulturelle Adaption bei Edwards. Rebecca M. Wheeler, die Forscherin, die am bewandertsten in Edwards' Dienst an den Indianern ist, schreibt: „Die Betonung der nie aufhörenden Liebe Christi [in diesen Predigten] lässt darauf schließen, dass dem Pastor klar war, dass er vor einer Gemeinde stand, die viel Liebe und Trost brauchte" (Wheeler, „Living upon Hope", S. 135). Auch Kimnach bemerkt diese Veränderung. Er nennt Edwards' Predigt „God Is Infinitely Strong" [„Gott ist unendlich stark"] eine „Erweckungspredigt" für die Indianer, die diese zur Buße und Bekehrung führen sollte. Doch obwohl sie in diese Kategorie fällt, ist sie eine Erweckungspredigt „von der milderen Art" (Kimnach, *Works of Jonathan Edwards,* vol. 25, S. 642). Die Indianer fasste Edwards ganz einfach mit sanfteren Handschuhen an. Warum das? Es gibt zwei Gründe. Zunächst einmal sah Edwards all die Ungerechtigkeit, die die Indianer durch die englischen Kolonisten erdulden mussten. „Edwards erwies sich als unermüdlicher Fürsprecher für die Indianer ... der alte Missstände mit Namen nannte" (Kimnach, Minkema und Sweeney, *Sermons of Jonathan Edwards,* S. xxxv). Der europäische Pastor sah deutlich, dass ein Großteil des Elends der Indianer – der Alkoholismus, die Armut, die Krankheiten – ihnen von außen aufgezwungen worden war.

Kimnach und Wheeler stellen auch klar, dass Edwards bei dem theologischen Nachdenken über die religiöse Lage der Indianer zu dem Schluss kam, dass die indianischen Nichtchristen weniger schuldig waren als die englischen Nichtchristen, die doch ihr ganzes Leben lang die Wahrheiten des Christentums und das Evangelium gehört hatten. Die nicht gläubigen Indianer gingen zwar immer noch verloren, solange sie Christus nicht annahmen, aber sie hatten nicht die gleiche Gelegenheit gehabt, das Evangelium zu hören, wie die Europäer. Wheeler schreibt: „Die indianischen Nichtchristen unterschieden sich darin von den englischen Nichtchristen, dass sie Heiden waren, d. h. nichts von Christus wussten. ... Trotz des Geschmacks, der dem Begriff ‚Heidentum' heute anhaftet, sah Edwards das Heidentum als das kleinere Übel, denn die Heiden konnten ja nichts dafür, dass sie Christus nicht kannten, während man von den [englischen] Sündern, die mit dem Evangelium aufgewachsen waren, mehr erwarten konnte." (Wheeler, „Living upon Hope", S. 178f.)

All dies führte dazu, dass Edwards' Predigt zu den Indianern nicht die gleiche Strenge aufwies wie seine Predigten in anderen Gegenden von New England. Er hatte Mitleid mit ihrer Lage und ließ mehr Trost und Verständnis einfließen. Kurz gesagt: Er glaubte nicht, dass die Schärfe seiner berühmt-berüchtigten Erweckungspredigt „Sinners in the Hands of an Angry God" [„Sünder in der Hand eines zornigen Gottes"] das Richtige für die Indianer war.

Jonathan Edwards hat den Begriff „Kontextualisierung" nicht gekannt, aber es ist offensichtlich, dass er genau das Gleiche tat wie Paulus. Hätte jemand ihn gefragt, warum er sich auf diese andere Kultur einstellte, hätte er wahrscheinlich geantwortet, dass er nur sichergehen wollte, dass das Evangelium die Herzen der Menschen erreichte. Er wollte nicht einfach auf seine Zuhörer eindreschen und sie verurteilen, sondern so predigen, dass er ihre Herzen dazu brachte, die Wahrheit des Evangeliums zu sehen.

109 D.A. Carson schreibt: „Keine Wahrheit, die Menschen aussprechen, kann je auf eine Art formuliert werden, die von jeder kulturellen Prägung frei ist ... doch

dies bedeutet nicht, dass diese Wahrheit selber nicht kulturübergreifend ist." (D. A. Carson, „Maintaining Scientific and Christian Truths in a Postmodern World" *Science & Christian Belief* 14, no. 2 (October 2002): S. 107-122, www.scienceandchristianbelief.org/articles/carson.php.) Vgl. auch D. A. Carson, „The Role of Exegesis in Systematic Theology" in: *Doing Theology in Today's World: Essays in Honor of Kenneth S. Kantzer,* John D. Woodbridge und Thomas Edward McComiskey, eds. (Grand Rapids, MI: Zondervan, 1991), S. 48-56, und D. A. Carson, „A Sketch of the Factors Determining Current Hermeneutical Debates in Cross-Cultural Contexts" in: D. A. Carson, ed., *Biblical Interpretation and the Church: The Problem of Contextualization* (Eugene, OR: Wipf and Stock, 2002), S.11-29.

110 Robert Murray M'Cheyne, *Sermons of Robert Murray M'Cheyne* (Edinburgh, Scotland: Banner of Truth Trust, 1961), S. 43.

111 Mehr darüber, wie man über Gerechtigkeit und Barmherzigkeit predigt, siehe in: Timothy Keller, *Warum Gerechtigkeit?* (Gießen: Brunnen Verlag, 2012).

112 David Foster Wallace, commencement address at Kenyon College, May 21, 2005, im Internet unter: http://moreintelligentlife.com/story/david-foster-wallace-in-his-own-words. Eine gedruckte Version gibt es in: Dave Eggers, *The Best Nonrequired Reading 2006* (New York: Mariner Books, 2006), S. 355-364.

113 Ein Bibeltext, der das Argument von Martin Luther King Jr. fast exakt vorwegnimmt, ist Daniel 6,22, wo Daniel sagt, dass er nichts Böses getan hat, obwohl er gegen ein Gesetz des Landes (der Meder und Perser) verstoßen hat, weil er Gottes Gesetz nicht gebrochen hat.

114 Martin Luther King Jr., „Letter from Birmingham Jail" August 1963, z. B. unter http://abacus.bates.edu/admin/offices/dos/mlk/letter.html, Zugriff am 18.06.2017.

115 Das Zitat im Zusammenhang: „Beethoven … schuf Werke von atemberaubender Folgerichtigkeit. Folgerichtigkeit – das ist das Wort! Wenn man das Gefühl hat, dass jede Note, die einer anderen folgt, an dieser Stelle und in dem Zusammenhang die einzig richtige ist, dann hört man Beethoven. Melodie, Fuge, Rhythmus überlasse man getrost den Tschaikowskis, Hindemiths und Ravels. Beethoven ist im Besitz der wahren Werte, der Gaben des Himmels, der Macht, uns am Ende fühlen zu lassen: Es gibt etwas in der Welt, das richtig ist, das stimmt und stetig seinem eigenen Gesetz folgt, dem wir blind vertrauen können, das uns niemals im Stich lässt!" (Leonard Bernstein, *Freude an der Musik*, Stuttgart: Henry Goverts Verlag, 1961, S. 26f.)

116 Thomas Nagel, *Das letzte Wort* (Stuttgart: Reclam, 1999), S. 191.

117 Andrew Delbanco, *The Death of Satan: How Americans Have Lost the Sense of Evil* (New York: Farrar, Straus, and Giroux, 1995), S. 3.

118 Ebd., S. 190-192.

119 Zitiert in: Stuart Babbage, *The Mark of Cain: Studies in Literature and Theology* (Grand Rapids. MI: Wm. B. Eerdmans, 1966), S. 17.

120 Achten Sie jedoch stets auf Ihre Motive! Wollen Sie mit gekonnten Zitaten aus Filmen, Popsongs, Zeitungen, Internetseiten, den sozialen Medien, Zeitschriften und Büchern vor allem Ihre kulturelle Kompetenz unter Beweis stellen? Wollen

Sie den Leuten zeigen, wie gebildet, modern oder cool Sie sind? Spekulieren Sie darauf, dass die Zuhörer Sie als einen der Ihren akzeptieren, weil Sie so viel draufhaben oder so normal sind? Wenn Ihre Zuhörer so reagieren (oder, schlimmer noch, wenn das das ist, was Sie wollen oder „brauchen"), dann müssen Sie sich Ihren falschen Motiven stellen und sie ändern. Das einzige legitime Ziel Ihrer Zitate aus der Kultur Ihrer Zuhörer darf sein, dass Sie damit das Denken und den Glauben der säkularen Kultur sichtbar machen und hinterfragen und gleichzeitig offenlegen, wie es in den Herzen Ihrer Zuhörer aussieht.

121 Ein großes Beispiel ist hier die katholische Schriftstellerin Flannery O'Connor: „Ich glaube nicht, dass man so etwas Langes wie einen Roman über ein Thema schreiben sollte, das einen selbst und den Rest der Menschheit nicht zutiefst beschäftigt. Für mich ist das immer der Konflikt zwischen dem Angezogenwerden durch das Heilige und dem Unglauben, den wir mit der Luft unserer Zeit einatmen. Es ist immer schwer, zu glauben, aber in der Welt, in der wir heute leben, ganz besonders. Manche von uns kostet jeder Schritt in ihrem Glauben etwas, und sie müssen sich gut überlegen, wie das wäre, ohne Glauben zu sein – und ob dies letztlich möglich wäre oder nicht." (Zitiert in: James K.A. Smith, *How (Not) to Be Secular,* Grand Rapids, MI: Wm. B. Eerdmans, 2014, S. 10f.)

122 Karen H. Jobes, *1 Peter*, Baker Exegetical Commentary on the New Testament (Grand Rapids, MI: Baker, 2005), S. 231.

123 Mehr zu dem Thema, wie man die Kultur der Zuhörer anspricht und konfrontiert, in: Timothy Keller, *Center Church Deutsch: Doing Balanced, Gospel-Centered Ministry in Your City*, S. 123-136. Einige der Beispiele hier stammen aus diesem Abschnitt in *Center Church* sowie aus: Timothy Keller, *Warum Gott?* (Gießen: Brunnen Verlag, 5. Aufl. 2013).

124 Hier weitere Zitate aus dem Abschnitt, in dem dieses Zitat steht: „Diese Sicht setzt voraus, dass eine ungeheuerliche, auf Zufall und Tod begründete Welt, die blind von nirgendwo nach nirgendwo rast, auf irgendeine Weise uns wundervolle Wesen hervorgebracht hat. Ich bin aus dieser Welt hervorgegangen, ich bin aus einem Meer von Aminosäuren gekrochen, und jetzt muss ich mich wie eine Furie umdrehen, diesem Meer die Faust zeigen und Schande! schreien. … Entweder ist diese Welt, meine Mutter, ein Ungeheuer, oder ich bin selber eine Missgeburt. … Kein Volk auf der Welt ist so grausam wie die Gottesanbeterinnen. Aber Moment mal, sagst du, in der Natur gibt es kein Recht und Unrecht; Recht und Unrecht ist ein menschliches Konzept. Genau: Wir sind also moralische Geschöpfe in einer unmoralischen Welt. … Oder spielen wir die Alternative durch. … Unsere Emotionen sind also der Fehler. Wir sind die Abartigen, die Welt ist prima, lassen wir uns doch alle das Gehirn amputieren, um wieder ein natürliches Lebensgefühl herzustellen. Dann können wir der Bibliothek den Rücken kehren, hirnlos wieder an den Fluss ziehen und sorglos wie eine Bisamratte oder ein Schilfrohr an seinen Ufern leben. Bitte nach dir." (Annie Dillard, *Der freie Fall der Spottdrossel,* Stuttgart: Klett-Cotta, 1996, S. 193-195)

125 Volfs Element der Anknüpfung ist die geradezu leidenschaftliche Sehnsucht des (post-)modernen Menschen nach Frieden zwischen verfeindeten Völkern. Sein Element des Widerspruchs setzt hier an und ist ebenso zwingend wie überraschend: „Es braucht eine Reihenhausidylle am Rande der Stadt, um ernsthaft zu

der Auffassung zu kommen, dass Gewaltlosigkeit unter den Menschen einen Gott voraussetze, der nicht richtet." Es ist gerade umgekehrt: Der Glaube an Gottes Rache und Gericht ist eine wichtige Vorbedingung der Gewaltlosigkeit. Die Zitate stammen aus: Miroslav Volf, *Exclusion & Embrace: A Theological Exploration of Identity, Otherness, and Reconciliation* (Nashville, TN: Abingdon, 1996), S. 303f.

C. S. Lewis gibt Menschen, die Schwierigkeiten mit Gottes Zorn und Gericht haben, etwas anderes zu bedenken. In seinem Buch *The Problem of Pain (Über den Schmerz)* argumentiert er, dass dann, wenn wir einen Menschen lieben und diesem etwas Böses geschieht, wir instinktiv zornig werden. Wenn ein Vater, der seine Tochter liebt, mitbekommt, wie diese ihr eigenes Leben ruiniert, wird er nicht zornig, *obwohl* er sie liebt, sondern *weil* er sie liebt. Das Element der Anknüpfung gegenüber säkular denkenden Menschen ist hier der Glaube an einen liebenden Gott, und Lewis geht zum Element des Widerspruchs über, wenn er sagt, dass jemand, der an einen liebenden Gott glaubt, notwendigerweise glauben muss, dass die Sünde Gott zornig macht. (Ich zitiere dieses Beispiel in meinem Buch *Center Church*, S. 126.)

126 Charles Taylor, *Das Unbehagen an der Moderne* (Frankfurt/M.: Suhrkamp Verlag, 8. Aufl. 2014), S. 82f.

127 Ebd., S. 83.

128 Vgl. Donald B. Kraybill et al., *Amish Grace: How Forgiveness Transcended Tragedy* (San Francisco: Jossey-Bass, 2007).

129 Robert Bellah et al., *Gewohnheiten des Herzens. Individualismus und Gemeinsinn in der amerikanischen Gesellschaft* (Köln: Bund-Verlag, 1987).

Kapitel 5: Predigen und das (spät-)moderne Denken

130 P.T. Forsyth, *Positive Preaching and the Modern Mind* (Exeter, UK: Paternoster Press, repr. 1998), S. 20f.

131 Ebd., S. 30. Forsyth bietet viele hilfreiche Ratschläge, wie man das moderne Denken in der Predigt erreicht. Er sagt, dass der moderne Mensch nicht durch bloße Schuldgefühle, Druck oder Gewalt dazu gebracht werden kann, Gott die Autorität über sein Leben zu übertragen. Er wird erst dann die Waffen strecken, wenn sein Herz getroffen und erweicht worden ist. Wie das möglich wird? Indem wir den Menschen zeigen, dass Gott nicht irgendein „Anderer" ist, sondern „mein Anderer". Wir sind dazu erschaffen, ihn zu kennen und ihm zu dienen, und daher ist seine Macht eine „kongeniale Macht", d. h. eine Macht, die unserem Wesen und unserer Bedürftigkeit angemessen ist. Die Menschen müssen die „Homonomie seiner Autorität" erkennen, ihre „Verwandtschaft mit [ihren] Seele[n]". Wir müssen den Menschen weiter zeigen, dass dann, wenn nicht Gott unsere Autorität ist, etwas anderes dies sein wird. „Wenn wir in uns nichts finden, das über uns steht, werden wir uns dem ergeben, was um uns herum ist." Hier klingt unverkennbar Augustinus an: Wenn wir nicht Gott den Sinn unseres Lebens sein lassen, gewähren wir damit „äußeren Einflüssen die Macht, uns zu versklaven." Sie werden unsere „Oberherren". Wenn wir für unsere Karriere oder Familie oder die Politik leben, werden diese Dinge uns beherrschen, und wir werden nicht mehr ohne sie sein können. Wir werden uns verausgaben, um unsere Ziele zu

erreichen, und in maßlose Angst oder Verbitterung stürzen, wenn irgendetwas uns daran hindert. (Ebd., S. 29f.)

132 P.T. Forsyth ist immer eine lohnende Lektüre, aber ich habe den Eindruck, dass seine Lehre von der Bibel und der Offenbarung Gottes ihn im Kampf mit dem „modernen Denken“ weniger gut gerüstet sein ließ, als er dachte. Einerseits sagt er in *Positive Preaching and the Modern Mind*: „Der ideale Predigtdienst muss eine Bibliokratie sein“ (S. 46). Er argumentiert, dass wir gegenüber dem modernen Menschen uns „nicht nur an Texte halten“, sondern auch „Auslegungspredigten“ zu längeren Textabschnitten bieten müssen. „Die Zuhörer werden bald müde, wenn sie immer nur Themapredigten hören oder ‚Zeitungspredigten', in denen die Ereignisse der Woche der Predigttext sind.“ (Ebd., S. 5) Er kritisiert diejenigen, die die Tagesordnung von den gerade aktuellen Problemen in der Gesellschaft bestimmen lassen und für die die Bibel nur insoweit wichtig ist, wie sie uns beim Nachdenken über unsere Lieblingsprobleme hilft. Der Prediger, der zu dem modernen Menschen spricht, sollte die Bibel vielmehr so umfassend und gekonnt lehren, dass er in ihr „das große Handbuch des ewigen Lebens“ sieht, „die eine Seite, die leuchtet, wo das Leben dunkel wird, das eine Buch, dessen Reichtum uns immer beschämter macht, je älter wir werden, weil wir es so spät erkannt und geliebt haben.“ (S. 24) Doch an anderer Stelle schreibt Forsyth: „Ich glaube nicht an die Verbalinspiration. Im Prinzip halte ich es mit den Kritikern.“ Worauf er indes fortfährt: „Doch der wahre Pastor sollte in den Worten und Sätzen der Bibel eine solche Fülle geistlicher Güter und Freuden finden, dass es ihm schwerfällt, nicht an die Verbalinspiration zu glauben.“ (Ebd.) Forsyth scheint zu sagen, dass die moderne historisch-kritische Forschung es ihm unmöglich macht, die Bibel als die volle, unfehlbare Offenbarung Gottes zu sehen, aber dass man so predigen sollte, als ob sie es doch wäre. Dies ist ein innerer Spagat, der meiner Meinung nach auf Dauer für keinen Prediger gut ist. Für eine ausgewogene Darstellung und Bewertung von Forsyths Position vgl. Samuel J. Mikolaski, „P. T. Forsyth“ in: *Creative Minds in Contemporary Theology*, ed. Philip E. Hughes, 2. Aufl. (Grand Rapids, MI: Wm. B. Eerdmans, 1969), S. 307-340.

133 *Planned Parenthood v. Casey*, 505 U.S. 833, 851 (1992).

134 Charles Mathewes und Joshua Yates, „The 'Drive to Reform' and Its Discontents“ in: Carlos D. Colorado und Justin D. Klassen, *Aspiring to Fullness in a Secular Age: Essays on Religion and Theology in the Work of Charles Taylor* (Notre Dame, IN: University of Notre Dame Press, 2014), S. 156 und 159.

135 C.S. Lewis, *Die Abschaffung des Menschen* (Freiburg: Johannes Verlag Einsiedeln, 6. Aufl. 2007), S. 78.

136 Ein Beispiel unter mehreren ist hier Charles Taylor, dessen Ausführungen die Grundlage für einen Großteil dieses Kapitels bilden. In seinem Buch *Ein säkulares Zeitalter* setzt er „Postmoderne“ in Anführungszeichen, nennt sie „trendig“ und betrachtet sie als extreme und daher auf Dauer unhaltbare Zuspitzung des modernen Individualismus (S. 1188). Die drei Bücher von Taylor, die dem Rest dieses Kapitels zugrunde liegen, sind: *Ein säkulares Zeitalter, Das Unbehagen an der Moderne* und *Quellen des Selbst. Die Entstehung der neuzeitlichen Identität* (Frankfurt/M: Suhrkamp, 1994).

137 Mark Lilla, „Getting Religion“ *New York Times Magazine*, 18. September 2005.

138 Taylors Argumente gegen die „Subtraktionsgeschichte“ bzw. „Subtraktionstheorie“ durchziehen sein ganzes Buch. Er führt den Begriff auf S. 48 von *Ein säkulares Zeitalter* ein und definiert das dahinter stehende Denken so: „Die Menschheit habe sich von bestimmten früheren Horizonten, Täuschungen oder Erkenntnissen getrennt, gelöst oder befreit.“ Der Siegeszug der Wissenschaft hat angeblich Erklärungen, die mit Gott argumentieren, unhaltbar (vgl. die Evolutionstheorie) bzw. unnötig und überflüssig gemacht (so werden Krankheiten heute mit Medikamenten und nicht mit Gebeten behandelt). Und sobald die Wissenschaft den Aberglauben an Gott und das Übernatürliche aus unserem Denken entfernt (subtrahiert) hatte, sahen wir (so heißt es) endlich das, was immer schon da gewesen war: den Wert und die Gleichheit der Menschen und des menschlichen Lebens, die Macht des Individuums, vernünftig zu denken und die Gesellschaft neu zu ordnen, usw. Aus einer marxistischen Perspektive pflichtet Terry Eagleton Taylor bei, dass es falsch ist, dass der Säkularismus sich gleichsam von selber ergeben habe, als die Menschen sich der wissenschaftlichen Fakten bewusst wurden.

139 Mark Lilla, „The Hidden Lesson of Montaigne“ in: *New York Review of Books* 58, no. 5 (March 24, 2011), zitiert in: James K. A. Smith, *How (Not) to Be Secular*, S. 1.

140 Terry Eagleton, *Culture and the Death of God*, S. 33f.

141 Vgl. Alasdair MacIntyre, *Der Verlust der Tugend. Zur moralischen Krise der Gegenwart* (Frankfurt/M: Campus Verlag, 1987), Alasdair MacIntyre, *Whose Justice? Which Rationality?* (Notre Dame, IN: Notre Dame, 1989), sowie das etwas neuere Buch von Thomas Pfau, *Minding the Modern: Human Agency, Intellectual Traditions, and Responsible Knowledge* (Notre Dame, IN: Notre Dame, 2013). Auch Terry Eagleton verwirft die Vorstellung, dass der Säkularismus kein Konstrukt sei, sondern sich einfach aus den „Tatsachen“ ergebe; vgl. Eagleton, *Culture and the Death of God*, Kap. 1, „The Limits of Enlightenment“ S. 1-44.

142 Zu dem Begriff „ungedachte Elemente“ siehe Taylor, *Ein säkulares Zeitalter*, S. 712.

143 Ein gutes Beispiel sind die „Zehn Nicht-Gebote“, die zwei atheistische Autoren als Ausdruck der Ideale, auf denen säkulare Menschen ihr Leben gründen können, zusammengestellt haben. Vgl. Lex Bayer und John Figdor, Atheist Mind, Humanist Heart (New York: Rowman and Littlefield Publishers, 2014); aufgeführt in Daniel Burke, „Behold Atheists' New Ten Commandments“, http://edition.cnn.com/2014/12/19/living/atheist-10-commandments/index.html, Zugriff am 19.06.2017. Über die Hälfte dieser „Nicht-Gebote“ sind ironischerweise ethische Prinzipien, die sich aus den großen Weltreligionen einschließlich des Christentums ergeben: „Bedenke die Folgen aller deiner Handlungen und sei dir über deine Verantwortung für sie klar. … Behandele andere Menschen so, wie du von ihnen behandelt werden möchtest … Wir haben die Verantwortung, an unsere Mitmenschen zu denken, auch die der zukünftigen Generationen. … Sorge dafür, dass die Welt, wenn du sie verlässt, in einem besseren Zustand ist als der, in dem du sie vorfandest.“ Vgl. hier „Anhang: Erläuterndes zum Tao“, in: C. S. Lewis, Die Abschaffung des Menschen, S. 89-103. Der atheistische Philosoph John Gray hat vor Kurzem argumentiert, dass diese Vorschriften nur dann Sinn ergeben, wenn es einen Gott gibt: „Die Quelle dieser Werte ist nicht die Wissenschaft. Wie der belesenste atheistische Denker aller Zeiten argumentierte, haben diese

liberalen Grundwerte ihren Ursprung im Monotheismus." (John Gray, „What Scares the New Atheists," Guardian, 3. März 2015, www.theguardian.com/world/2015/mar/03/what-scares-the-new-atheists, Zugriff am 19.07.2017.) Die übrigen „Nicht-Gebote" (z. B.: „Jeder Mensch hat das Recht, über seinen eigenen Körper zu bestimmen" , „Man braucht keinen Gott, um ein guter Mensch zu sein oder ein vollwertiges, sinnvolles Leben zu führen", „Es gibt nicht die eine richtige Art, zu leben") entspringen mehr den kulturellen Prämissen der Spätmoderne, und ich werde sie weiter unten in diesem Kapitel behandeln.

144 Alan Ehrenhalt, The Lost City: The Forgotten Virtues of Community in America (New York: Basic Books, 1995), S. 2; zitiert in: Taylor, Ein säkulares Zeitalter, S. 799.

145 Taylor, *Ein säkulares Zeitalter*, S. 799.

146 Ebd., S. 460ff.

147 Ebd., S. 474.

148 Siehe die Kapitel „Der immanente Rahmen" und „Gegenläufiger Druck" in Taylor, *Ein säkulares Zeitalter*, S. 899-1027. Eine Zusammenfassung von Nietzsches Kritik bietet Gray, „What Scares the New Atheists".

149 Siehe Alvin Plantinga, „Deep Concord: Christian Theism and the Deep Roots of Science" in: *Where the Conflict Really Lies* (New York: Oxford University Press, 2011), S. 265-306, und C. John Sommerville, „Science Gets Strange" in: *The Decline of the Secular University* (New York: Oxford University Press, 2006), S. 75-84. Siehe auch Diogenes Allen, *Christian Belief in a Postmodern World* (Louisville, KY: John Knox, 1989).

150 C. S. Lewis, Überrascht von Freude (Gießen: Brunnen Verlag, 6. Taschenbuchausgabe 2014), S. 266.

151 Taylor, *Ein säkulares Zeitalter*, S. 969-982.

152 Robert N. Bellah et al., *Gewohnheiten des Herzens. Individualismus und Gemeinsinn in der amerikanischen Gesellschaft* (Köln: Bund-Verlag, 1987).

153 Diese Hierarchien galten ursprünglich als Spiegel der Ordnung des Kosmos. Taylor schreibt hierzu: „Die moderne Freiheit kam dadurch zustande, dass derartige Ordnungsgefüge in Misskredit gebracht wurden." (Taylor, *Das Unbehagen an der Moderne*, S. 9)

154 Vgl. z. B. Krister Stendahl, „The Apostle Paul and the Introspective Conscience of the West", *Harvard Theological Review* 56, Nr. 3 (Juli 1963), 205.

155 „Let it Go" (von Robert Lopez und Kristen Anderson-Lopez) wurde in dem Disney-Film *Die Eiskönigin* (Original: *Frozen*) gesungen und gewann den Academy Award des Jahres 2013 für den „Best Original Song". Es lohnt sich, das von Elsa gesungene „Let it Go" mit den Worten Martin Luthers vor dem Kaiser des Heiligen Römischen Reiches zu vergleichen. Beide sagen: „Hier stehe ich …", doch während Luther damit meinte, dass er frei von Angst und anderen Zwängen war, weil er an das Wort Gottes und dessen Normen gebunden war, ist Elsa eine Vertreterin der spätmodernen Kultur, die sagt, dass sie nur dann frei sein kann, wenn es für sie keine Grenzen gibt.

156 Taylor schreibt: „Das Unbehagen an der Immanenz zeichnet sich insbesondere durch das Gefühl aus, alle diese Antworten seien fragil oder ungewiss; jederzeit

könne der Augenblick kommen, in dem man den gewählten Weg nicht mehr für zwingend erachtet oder in dem man sich außerstande sieht, ihn vor sich selbst oder anderen zu rechtfertigen." (*Ein säkulares Zeitalter*, S. 522)

157 Siehe Gail Sheehy, *In der Mitte des Lebens* (München: Kindler Verlag, 1976). Zitiert in Taylor, *Das Unbehagen an der Moderne*, S. 52f.

158 Taylor, *Das Unbehagen an der Moderne,* S. 52f.

159 Ebd., S. 57.

160 Siehe Alain de Botton, *Statusangst* (Frankfurt/M: Fischer Verlag, 2004), der genauso argumentiert. Für de Botton, einen atheistischen Philosophen, erzeugt die moderne Identitätssuche mit ihrer starken Wettbewerbs- und Erfolgsorientierung viel mehr Stress als die traditionellen Identitäten.

161 Vgl. das Kapitel 1, „Bollwerke des Glaubens", in Taylor, *Ein säkulares Zeitalter.* Erstens veränderte die Lehre von der Rechtfertigung allein durch den Glauben die überkommene Unterscheidung zwischen „sakral" und „profan", also die Vorstellung, dass das normale Leben und die Arbeit in der Welt zweitklassig waren und der Einsatz innerhalb der Kirche (und nur dieser) etwas Höheres, Reineres, Edleres. Die Reformatoren fanden, dass die mittelalterliche Unterteilung der Kirche in Laien und Geistliche nicht nur zu Aberglauben, Götzendienst und geistlichem Elitedenken führte, sondern auch zur Geringschätzung des normalen menschlichen Lebens – Arbeit, Landwirtschaft, Essen und Trinken und das Gründen von Familien. Nach der mittelalterlichen Sicht waren all diese Dinge etwas „Niederes", das einen von den „höheren", geistlichen Dingen abhielt. Taylor merkt an, dass dieses elitäre Denken und die Verachtung des normalen Lebens eher eine Folge des griechisch-heidnischen Leib-Seele-Dualismus war als des biblischen Sünden- und Gnadenverständnisses. Die Reformatoren befreiten die Menschen von dem Glauben, dass die Selbstentsagung von materiellen Freuden ein Weg zur Erlösung war. Luther und Calvin schafften die Unterscheidung zwischen „sakral" und „profan" ab, bzw., wie Taylor schreibt: „Das bedeutet, dass der Bereich des Sakralen plötzlich größer wird. Was die Erlösten betrifft, werden sie allerorten von Gott geheiligt, also auch im Alltag, bei der Arbeit, in der Ehe und so fort" (Taylor, *Ein säkulares Zeitalter*, S. 142).

Zweitens bedeutete die Rechtfertigung durch den Glauben eine neue Betonung des Handelns des Einzelnen. Um Christ zu sein, reichte es jetzt nicht mehr, zu der Kirche zu gehören, in die man hineingeboren war, und dort das erforderliche Minimum an Pflichten zu erfüllen, sondern es galt, Buße zu tun und zu glauben – und dies kann nur der Einzelne ganz persönlich tun. In der katholischen Sicht war man durch die Verbindung zu der Kirche als sichtbarer Institution erlöst. Hier wurde der Einzelne buchstäblich dadurch Christ, dass er zu einer großen Gemeinschaft gehörte, in die er durch die Säuglingstaufe aufgenommen wurde und nicht durch irgendeine persönliche Entscheidung. Die Erlösung allein durch den Glauben dagegen bedeutete, dass erst die Erlösung kam und dann die Mitgliedschaft in einer äußeren Kirche. Dies war zutiefst eine „Individuation" und auch eine Schwächung der Vorstellung, dass meine Gottesbeziehung über meine Gesellschaftsschicht, Familie, Dorf- oder Stadtgemeinde oder sonstige gesellschaftliche Gruppe erfolgt und dadurch, dass ich ein gutes Mitglied dieser Gruppe bin. Taylor bemerkt zu Recht, dass die Idee der Bibel (und nicht der Kirche) als einziger Autorität des Gläubigen die alte Sozialität (also das Eingefügtsein in eine Gemeinschaft) unterminierte. Sie führte zu dem Glauben, dass der Einzelne sich direkt an die Bibel und an Gott wenden kann, ohne die Vermittlung durch die Kirche.

162 Vgl. Taylor, *Ein säkulares Zeitalter*, S. 807.

163 Ebd., S. 799.

164 Christian Smith, *Lost in Transition: The Dark Side of Emerging Adulthood* (New York: Oxford University Press, 2011), Kap. 5, S. 195-225.

165 Taylor, *Ein säkulares Zeitalter*, S. 807.

166 David Friend and the editors of *Life, The Meaning of Life: Reflections in Words and Pictures on Why We Are Here* (New York: Little, Brown, 1991) S. 33.

167 Thomas Nagel, *Was bedeutet das alles? Eine ganz kurze Einführung in die Philosophie* (Stuttgart: Reclam, 1990), S. 95f.

168 Vgl. Taylor, *Ein säkulares Zeitalter*, S. 522.

169 Siehe Timothy Keller und Kathy Keller, *Ehe. Gottes Idee für das größte Versprechen des Lebens* (Gießen: Brunnen Verlag, 2015), S. 9-44. Auf diesen Seiten gehen meine Frau und ich der Frage nach, warum der Freiheits- und der Identitätsmythos nicht den Realitäten von Beziehungen entsprechen und unsere Erwartungen an die Ehe nicht erfüllen können.

170 D. A. Carson, *The Gospel According to John*, Pillar New Testament Commentary (Grand Rapids, MI: Wm. B. Eerdmans, 1991), S. 350.

171 Mehr Hinweise, wie man über dieses Thema predigen kann, finden Sie in dem Kapitel „Das Christentum ist eine Zwangsjacke" in: Keller, *Warum Gott?*, S. 61-77.

172 Taylor, *Ein säkulares Zeitalter*, S. 622.

173 Vgl. ebd., S. 970. Taylor schreibt: „Früher haben die Menschen ihre Normen, ihre … ausschlaggebenden Wertmaßstäbe von einer äußeren Autorität hergenommen – von Gott, von den Göttern, vom Wesen des Seins oder vom Kosmos. Doch dann sahen sie ein, dass diese höheren Mächte von ihnen selbst erfunden worden waren, und erkannten, dass sie ihre Normen und Werte selbstständig, aus eigener Macht bestimmen mussten. … sie legen auch die Grundwerte fest, nach denen sie sich im Leben richten." (Ebd., S. 969)

174 Ebd., S. 982.

175 Charles Taylor, „A Catholic Modernity?" in: *Dilemmas and Connections: Selected Essays* (Cambridge, MA: Belknap Press, 2014), S. 182.

176 Ebd.

177 „Angesichts der Realität der menschlichen Mängel und Schwächen kann Philanthropie … nach und nach mit Verachtung, Bitterkeit und Aggression infiziert werden. Die Aktionen werden abgebrochen oder – schlimmer noch – fortgesetzt, aber jetzt mit anderen Gefühlen, die sie immer mehr in Zwang und Unmenschlichkeit verwandeln. Die Geschichte des despotischen Sozialismus zeigt jede Menge Beispiele für diese tragische Entwicklung, [aber auch] viele ‚Hilfswerke', von Waisenhäusern … bis zu Schulen für Aborigines, [wären hier zu nennen]." (Ebd., S. 183)

178 Ebd., S. 184.

179 Ebd., S. 185.

180 Greg Epstein, *Good Without God: What a Billion Nonreligious People Do Believe* (New York: William Morrow, 2010); Lex Bayer und John Figdor, *Atheist Mind, Humanist Heart: Rewriting the Ten Commandments for the Twenty-First Century* (New York: Rowman & Littlefield, 2014).

181 Mari Ruti, *The Call of Character: Living a Life Worth Living* (New York: Columbia University Press, 2014), S. 36.

182 Taylor, *Das Unbehagen an der Moderne,* S. 25f.

183 Taylor, „Conditions of an Unforced Consensus on Human Rights", *Dilemmas and Connections,* S. 123.

184 Ebd.

185 Siehe Timothy Keller, *Warum Gerechtigkeit?* (Gießen: Brunnen, 2012). Vgl. vor allem Kapitel 7 „Gerechtigkeit im öffentlichen Diskurs" mit Vorschlägen, wie man das Gespräch mit säkularen Freunden führt, die soziale Gerechtigkeit wichtig finden, aber sich außerstande sehen, ihre Überzeugungen auf moralische Instanzen zu gründen, die außerhalb ihrer selbst liegen.

186 Siehe Richard W. Wills, *Martin Luther King, Jr., and the Image of God* (New York: Oxford University Press, 2011).

187 Ich gehe dieser These in meinem Buch *Warum Gerechtigkeit?* ausführlicher nach.

188 William Shakespeare, *Macbeth: Das Trauerspiel*, übersetzt von Christoph Martin Wieland, 5. Aufzug, 5. Szene, http://www.gutenberg.org/ebooks/7265, Zugriff am 20.06.2017.

189 Hier ist Alasdair MacIntyre, *Der Verlust der Tugend. Zur moralischen Krise der Gegenwart* (Frankfurt/M: Campus Verlag, 1987) hilfreich. Das berühmt gewordene Argument von MacIntyre lautet, dass die Wissenschaft unmöglich bestimmen kann, wie wir leben sollten, weil wir nur dann entscheiden können, ob das Verhalten einer Person gut oder böse ist, wenn wir den Sinn unseres Lebens (also wozu wir überhaupt da sind) kennen. Genau das kann die Wissenschaft uns nicht sagen, und somit vermag die empirische Vernunft uns nicht zu zeigen, wie die Gesellschaft am besten funktioniert oder wie man Gerechtigkeit schafft.

Kapitel 6: Christus dem Herzen predigen

190 Gordon Wenham, *Genesis* 1–15, Bd. 1, Word Biblical Commentary (Waco, TX: Word Books, 1987), S. 144.

191 Donald Hagner, *Matthew* 1–13, Bd. 33A, Word Biblical Commentary (Nashville, TN: Thomas Nelson, 1993), S. 158.

192 D. A. Carson, *The Expositor's Bible Commentary: Matthew, Chapters* 1–12 (Grand Rapids, MI: Zondervan, 1995), S. 177.

193 Zwei neuere Bücher, die diese Linie vertreten, sind: James K. A. Smith: *Desiring the Kingdom: Worship, Worldview, and Cultural Formation* (Grand Rapids, MI: Baker Academic, 2009) und *Imagining the Kingdom: How Worship Works* (Grand Rapids, MI: Baker Academic, 2013). Smith geht von der Lehre des Augustinus aus, dass das, was uns zu dem macht, was wir sind, die Reihenfolge unserer Vorlieben ist und dass echte Veränderung nicht durch ein verändertes Denken

kommt, sondern durch ein verändertes Lieben. Smith kritisiert zu Recht eine Konzeption des Pastorenamtes, die zu rationalistisch und auf die Vermittlung von Informationen und von der richtigen Lehre ausgelegt ist. Er sieht den Schlüssel zu echter Veränderung nicht in einem anderen Denken, sondern in einem anderen Anbeten: Wen oder was liebe ich, womit fülle ich meine Fantasie? Smith behandelt dabei jedoch vor allem die Liturgie und die Form des Gottesdienstes und weniger die Predigt. Ich finde, dass die pastorale Aufgabe der Veränderung des Herzens zu einem Großteil über die Predigt geleistet werden kann. Es gibt allerdings – und dies stützt Smiths Kritik – viel weniger evangelikale Bücher über das Predigen zu den Herzen der Zuhörer als über die biblische Textauslegung. Rühmliche Ausnahmen sind u.a.: Sinclair Ferguson, „Preaching to the Heart" in: *Feed My Sheep: A Passionate Plea for Preaching* (Grand Rapids, MI: Soli Deo Gloria, 2002), S. 190-217; Samuel T. Logan, „The Phenomenology of Preaching" in: *The Preacher and Preaching* (Phillipsburg, NJ: Presbyterian and Reformed, 1986), S. 129-160; Josh Moody und Robin Weekes, *Burning Hearts: Preaching to the Affections* (Ross-shire, Scotland: Christian Focus, 2014). Ich möchte hier hinzufügen, dass das „Predigen zum Herzen" nicht nur vollkommen biblisch ist, sondern auch eine wichtige Methode, die Menschen unseres säkularen Zeitalters zu erreichen, von denen immer weniger eine religiöse Sozialisation erlebt haben. Die Menschen kommen zunehmend nicht mehr in die Kirche, weil sich dies so gehört, sondern nur noch, weil sie das ganz persönlich (eben in ihrem Herzen) wollen.

194 Zwei kurze, gut lesbare Erklärungen von Edwards Affektionen-Lehre sind: a) „Editors' Introduction" in: John E. Smith, Harry S. Stout, Kenneth P. Minkema, *A Jonathan Edwards Reader* (New Haven, CT: Yale, 1995), und b) Sam Logans Artikel über die Predigt und die *Affections: „The Phenomenology of Preaching"* in: *The Preacher and Preaching: Reviving the Art in the Twentieth Century*, Samuel T. Logan, ed. (Phillipsburg, NJ: Presbyterian and Reformed, 1986). Mit meiner Zusammenfassung folge ich dem *Jonathan Edwards Reader*, S. xix-xx.

195 Edwards hat denn auch in einer seiner seltenen theologischen Reflexionen über die Predigt gesagt: „Die Hauptfrucht des Predigens entsteht durch die Eindrücke, die die Seele während der Predigt empfängt, und nicht durch Effekte, die durch die nachträgliche Erinnerung an das Gesagte entstehen. Eine solche nachträgliche Erinnerung kann oft sehr fruchtbar sein, doch diese Erinnerung beruht zumeist auf dem Eindruck, den die Worte [des Predigers] während der Predigt im Herzen hinterlassen haben und den das Gedächtnis nützt, um ihn zu erneuern und zu verstärken." (Jonathan Edwards, „Some Thoughts Concerning the Present Revival of Religion in New England" in: *The Great Awakening*, ed. C. C. Goen, vol. 1., Works of Jonathan Edwards (New Haven, CT: Yale, 1972), S. 397)

196 Siehe Jonathan Edwards, „A Divine and Supernatural Light" in: *Jonathan Edwards Reader*, S. 111-114; and Jonathan Edwards, „The Mind" in: *Jonathan Edwards Reader*, S. 22-28.

197 Edwards, „A Divine and Supernatural Light," S. 112.

198 Wilson H. Kimnach, „Jonathan Edwards's Pursuit of Reality" in: *Jonathan Edwards and the American Experience*, Hg. Nathan O. Hatch and Harry S. Stout (New York: Oxford University Press, 1988), S. 105.

199 Ebd.

200 Mehr zu diesen unterschwelligen Botschaften und anderen Themen im Zusammenhang mit dem „herzlichen" Predigen s.u. in Kapitel 7.

201 Vgl. Timothy Keller, *Beten. Dem heiligen Gott nahe kommen* (Gießen: Brunnen-Verlag, 2016).

202 Wilson H. Kimnach, Kenneth P. Minkema, Douglas A. Sweeney, „Editors' Introduction" in: *The Sermons of Jonathan Edwards: A Reader* (New Haven, CT: Yale University Press, 1999), S. xxi.

203 Ebd., S. xviii.

204 Ebd., S. xix.

205 Kimnach, Minkema, Sweeney, *The Sermons of Jonathan Edwards*, S. 56.

206 Thomas G. Long, *The Witness of Preaching*, 2nd ed. (Louisville, KY: John Knox, 2005), S. 295.

207 Wichtiger Sicherheitshinweis: Falls die Person (gerne auch mehrere), die Sie sich da innerlich vor Augen führen, während der Predigt anwesend sein wird, achten Sie darauf, jegliche Details zu vermeiden, die den Verdacht erregen könnten, dass Sie von der Kanzel herab jemanden öffentlich zurechtweisen wollen. Dies wäre ein höchst unbiblisches Vorgehen (laut Matthäus 5 und 18 sollen wir mit Menschen, gegen die wir etwas haben, grundsätzlich unter vier Augen sprechen), und außerdem wollen Sie mit Ihrer Predigt möglichst viele ansprechen, und nicht nur eine Person. Benutzen Sie Ihre Kenntnisse über bestimmte Menschen, um die Predigt konkreter zu machen, aber werden Sie nicht so konkret, dass die halbe Gemeinde anfängt, sich zu überlegen, wen Sie da gemeint haben können.

208 Hier ist eine ausführlichere Liste der verschiedenen Menschen, vor denen Sie predigen. Welche von Ihnen spricht Ihr Predigttext besonders an?

1. Bewusster Nichtchrist: Weiß darum, dass er kein Christ ist:

zügelloser Heide: Hat einen krass unmoralischen bis kriminellen Lebensstil.

intellektueller Heide: Hält den christlichen Glauben für unhaltbar oder unvernünftig.

Mitläufer-Heide: Ist areligiös, weil das cool ist, aber nicht aus wirklicher Überzeugung.

echter Denker: Hat ernste, durchdachte Einwände gegen den Glauben.

religiöser Nichtchrist: Gehört zu einer organisierten Religion, Sekte oder Denomination, deren Lehren stark vom Christentum abweichen.

2. Entkirchlichter, nomineller Christ: Glaubt gewisse christliche Grundlehren, ist aber kirchlich wenig bis gar nicht gebunden.

3. Kirchentreuer nomineller Christ: Nimmt am Leben seiner Kirche teil, hat aber keine innerliche Erneuerung erfahren:

halb aktiver Moralist: Führt ein „anständiges Leben", aber seine Religion ist reine Pflichterfüllung, ohne wirkliche Überzeugung.

selbstgerechter Aktivist: Ist in seiner Kirche sehr engagiert und glaubt, aufgrund seiner guten Werke in den Himmel zu kommen.

4. Erweckt: Ist von der Botschaft der Bibel angesprochen und weiß, dass er Erlösung braucht, aber hat noch nicht den Frieden, den das Evangelium bringt:

neugierig: Hat vor allem ein intellektuelles Interesse am Glauben; ist voller Fragen und lernbegierig.

scheinbar mit Gott versöhnter Christ: Hat sich zu Christus bekannt, vielleicht mal ein „Lebensübergabegebet“ oder Ähnliches gesprochen, worauf man ihm versichert hat, dass er jetzt Frieden mit Gott habe, aber er hat das Evangelium gar nicht richtig verstanden.

trostlos: Ist sich seiner Sünden sehr schmerzlich bewusst, aber hat das Evangelium der Gnade noch nicht verstanden bzw. angenommen.

5. Ehemaliger Christ: War eine Zeit lang in der Gemeinde aktiv, aber hat dann dem Glauben abgesagt und bereut dies auch nicht.

6. Jung im Glauben: Hat erst vor kurzer Zeit eine Hinwendung zu Christus vollzogen:

unsicher: Hat viele Ängste und Zweifel bezüglich seines neuen Glaubens.

eifrig: Ist voller Freude und Zuversicht und kann es nicht erwarten, zu lernen und Dienste zu übernehmen.

übereifrig: Zeigt Anzeichen von Stolz und Überheblichkeit gegenüber anderen und überschätzt seine Fähigkeiten.

7. Reif/wachsend: Macht die meisten der im Folgenden aufgeführten Probleme und Nöte durch, aber wächst durch sie, weil er gut und rasch auf seelsorgerlichen Rat reagiert bzw. sich selber zu helfen weiß.

8. In Not: Lebt mit Lasten bzw. Problemen, die seine geistliche Kraft angreifen (aber die er in der Regel nicht selber über sich gebracht hat):

körperlich krank bzw. belastet: Erlebt, wie sein Körper schwächer wird bzw. verfällt (durch Krankheit, Alter oder Behinderung).

steht kurz vor dem Tod.

hat einen lieben Menschen verloren oder einen anderen schweren Verlust erlitten (sein Haus ist abgebrannt o.ä.).

ist einsam, hat keinen Menschen.

erlebt Verfolgung oder Missbrauch/Misshandlung.

ist arm oder in finanziellen Schwierigkeiten.

erlebt Gottverlassenheit: geht durch eine geistliche Durststrecke, weil Gott sich ihm verbirgt, obwohl er die Gnadenmittel (Abendmahl, Gottesdienst, Beichte u.a.) nutzt.

9. Erlebt Versuchung: kämpft mit einer oder mehreren Sünden, die ihre Macht und Attraktivität einfach nicht verlieren wollen:

belagert: Wird von verführerischen Gedanken und Wünschen geplagt.

erobert: Ist auf eine Sünde süchtig geworden.

10. Der unreife Christ: Ist, anstatt zu wachsen, ein geistliches Baby geblieben:

undiszipliniert: Ist lax im Nutzen der Gnadenmittel und Einsatz seiner Gaben und Fähigkeiten.

selbstzufrieden: Kann vor lauter Stolz nicht wachsen; hat möglicherweise eine zynische, selbstgefällige Einstellung zu Mitchristen.

einseitig, unausgeglichen: hat in seinem Glaubensleben Schlagseite in Richtung Vernunft, Gefühle oder Willen.

Anhänger von Sonderlehren: Ist so von exzentrischen Sonderlehren oder Meinungen in Beschlag genommen, dass er geistlich nicht richtig wachsen kann.

11. Der depressive Christ: Hat nicht nur negative Gefühle, sondern vernachlässigt seine Pflichten und ist Gott ungehorsam. Die geistliche Depression trifft vor allem den Christen, der jung im Glauben ist oder durch Nöte und Anfechtungen

geht oder unreif ist und nicht die richtige Hilfe bekommt. Auch die folgenden Probleme können einen Christen depressiv machen:

zu viel Sorgen: Depression kann die Folge von Sorgen und Ängsten sein, die nicht richtig behandelt wurden.

Müdigkeit: Überarbeitung und Erschöpfung können einen Christen innerlich leer machen.

Zorn: Bitterkeit, Nachtragen und Wut können, wenn wir nicht richtig mit ihnen umgehen, in die Depression führen.

Nabelschau: Dieser Christ kreist ständig um sich selber, seine Gefühle und sein Versagen und traut sich nichts zu.

Schuldgefühle: Das Gewissen rebelliert, aber es ist noch nicht zur Buße gekommen.

12. Der vom Abfall bedrohte Christ: Die Depression ist in den Rückzug aus der Gemeinde und der Gemeinschaft mit Gott übergegangen:

ansprechbar: Sieht seine Sünden noch ein und ist offen für den Ruf zur Buße und Umkehr.

zunehmend verhärtet: ist zynisch und höhnisch, hat eine wachsende Hornhaut auf dem Gewissen.

209 Näheres zu den Schritten „Das müssen wir tun", „Warum wir es nicht tun können", „Hier ist Der, der es für uns getan hat" und „Wenn wir an ihn glauben, können wir es auch tun" s.u. im Anhang. Wenn Sie in Ihrer Predigt diesen Schritten folgen, können Sie oft an mehr als einer Stelle zur praktischen Anwendung schreiten.

Teil III: Das Wirken und die Kraft des Heiligen Geistes

Kapitel 7: Die Predigt und der Heilige Geist

210 D. M. Lloyd-Jones, *Preaching and Preachers*, 40th anniversary ed. (Grand Rapids, MI: Zondervan, 2011), S. 68.

211 Zum Kolosserbrief vgl. Peter T. O'Brien, *Colossians–Philemon*, Bd. 44, *Word Biblical Commentary* (Waco, TX: Word Books, 1982); Douglas J. Moo, *The Letters to the Colossians and to Philemon,* Pillar New Testament Commentary (Grand Rapids, MI: Wm. B. Eerdmans, 2008); Andrew T. Lincoln, „The Letter to the Colossians: Introduction, Commentary, and Reflections" in: *The New Interpreter's Bible,* vol. 11 (Nashville, TN: Abingdon Press, 2000), S. 553-669. Für die Parallelstelle 1. Korinther 1,20–2,5 vgl. Anthony C. Thiselton, *The First Epistle to the Corinthians: A Commentary on the Greek Text,* The New International Greek Testament Commentary (Grand Rapids, MI: Wm. B. Eerdmans, 2000); Roy E. Ciampa und Brian S. Rosner, *The First Letter to the Corinthians,* Pillar New Testament Commentary (Grand Rapids, MI: Wm. B. Eerdmans, 2010); Gordon D. Fee, *The First Epistle to the Corinthians,* The New International Commentary on the New Testament (Grand Rapids, MI: Wm. B. Eerdmans, 1987).

212 Lincoln, „The Letter to the Colossians", S. 616.

213 Moo, *The Letters to the Colossians*, S. 161.

214 Thiselton, T*he First Epistle to the Corinthians,* S. 222.

215 Jonathan Edwards, „Sermon 2: Love More Excellent Than Extraordinary Gifts of

the Spirit" in: *Charity and Its Fruits*, Kyle Strobel, ed. (Wheaton, IL: Crossway, 2012), S. 62 und 66-67.

216 Jonathan Edwards, „The Excellency of Jesus Christ" in: *The Sermons of Jonathan Edwards: A Reader*, Kimnach, Minkema, Sweeney, eds., S. 161-196.

217 Sir Thomas Malory, *Die Geschichten von König Artus und den Rittern seiner Tafelrunde*, 2. Band (Leipzig: Insel-Verlag Anton Kippenberg, 1973), S. 418 (= 21. Buch, 13. Kapitel).

218 C. S. Lewis, „The Necessity of Chivalry" in: ders., *Present Concerns* (London: Fount, 1986), S. 13.

219 Vgl. die Liste der Subtexte (obwohl er diesen Ausdruck nicht gebraucht) in: Derek Thomas' Artikel „Expository Preaching" in: *Feed My Sheep: A Passionate Plea for Preaching* (Grand Rapids, MI: Soli Deo Publications, 2002), S. 80-83. Thomas' Darstellung ist amüsant und deckt sich in vielem mit dem, was ich in diesem Abschnitt sage.

220 Charles Kraft, *Communication Theory for Christian Witness* (Nashville, TN: Abingdon, 1983), S. 78.

Anhang: Wie man eine Auslegungspredigt schreibt

221 Hier eine kleine Auswahlliste von guten Büchern über die Auslegungspredigt, in chronologischer Reihenfolge nach Erscheinungsdatum: William Perkins, *The Art of Prophesying*; Alan M. Stibbs, *Understanding God's Word* (Chicago: InterVarsity Press, 1950), *Obeying God's Word* (Chicago: InterVarsity Press, 1955) und *Expounding God's Word* (Chicago: InterVarsity Press, 1960). Diese drei kurzen Bände zusammen ergeben eine Einleitung in die Auslegungspredigt. Ferner D. M. Lloyd-Jones, *Preaching and Preachers* (1971; 40th anniv. ed., Grand Rapids, MI: Zondervan, 2011); Haddon Robinson, *Biblical Preaching* (Grand Rapids, MI: Baker, 1980 – deutsch: *Wasser auf dürres Land. Biblisch predigen*, Dillenburg: Christl. Verlagsanstalt, 1990); John R. W. Stott, *Between Two Worlds: The Challenge of Preaching Today* (Grand Rapids, MI: Wm. B. Eerdmans, 1982); J. I. Packer, „Why Preach?", Samuel T. Logan, „The Phenomenology of Preaching", Edmund P. Clowney, „Preaching Christ from All of Scripture" , Sinclair Ferguson, „Exegesis", Glen C. Knecht, „Sermons Structure and Flow" und John F. Bettler, „Application", alle in: *The Preacher and Preaching: Reviving the Art in the Twentieth Century*, Samuel T. Logan, ed. (Phillipsburg, NJ: P+R Publishing, 2001); Bryan Chapell, *Christ-Centered Preaching: Redeeming the Expository Sermon* (Grand Rapids, MI: Baker Academic, 1994). Peter Adam, *Speaking God's Words: A Practical Theology of Preaching;* William Philip und Dick Lucas, *The Unashamed Workman: Instructions on Biblical Preaching*, Preaching Workshops on Video Series 1 (London: Proclamation Trust, 2001); William Philip (Hg.), *The Practical Preacher: Practical Wisdom for the Pastor-Teacher* (Ross-shire, Scotland: Christian Focus, 2002); David Murray, *How Sermons Work* (Welwyn Garden City, UK: Evangelical Press, 2011); Mark Dever und Greg Gilbert, *Preach: Theology Meets Practice* (Nashville, TN: Broadman and Holman, 2012); Gary Millar und Phil Campbell, *Saving Eutychus: How to Preach God's Word and Keep People Awake* (Sydney, Australia: Matthias Media, 2013); Alec Motyer, *Preaching?*

Simple Teaching on Simply Preaching (Fearn, Tain, Ross-shire, UK: Christian Focus, 2013); David Helm, *Expositional Preaching: How We Speak God's Word Today* (Wheaton, IL: Crossway, 2014).

222 Die vier Schritte basieren auf: Motyer, *Preaching?;* Helm, *Expositional Preaching;* Robinson, *Biblical Preaching;* Chapell, *Christ-Centered Preaching;* Millar und Campbell, *Saving Eutychus; Stott, Between Two Worlds;* Logan, *Preacher and Preaching;* Stibbs *Expounding God's Word;* Dever und Gilbert, *Preach*; Thomas G. Long, *The Witness of Preaching*, 2nd ed. Es gibt erhebliche Detailunterschiede zwischen diesen Autoren. Einige schlagen die Formulierung einer Kernthese vor, andere nicht. Die meisten benutzen eine größere Zahl von Schritten und alle haben sie detailliertere Anweisungen. Doch diese vier Grundschritte (und zwar in etwa dieser Reihenfolge) bieten in der einen oder anderen Form alle Autoren.

223 Ich gebe (bis auf das, was in dieser Anmerkung steht) keine Ratschläge für die Auswahl von Predigttexten. Ein „Predigttext" ist ein Bibelabschnitt, der vor der Gemeinde verlesen und über den anschließend gepredigt wird. Wenn er nicht erklärt werden kann, ohne ständig Bezug auf die benachbarten Verse zu nehmen, ist er zu kurz; in diesem Fall muss man diese Verse mit in den Predigttext einschließen. Dagegen ist ein Predigttext zu lang, wenn er a) schlicht zu umfangreich ist bzw. es b) gleich mehrere bis viele „Kerngedanken" in ihm gibt. Hier ist es hilfreich, sich auf *einen* Kerngedanken zu konzentrieren und den Predigttext entsprechend zu kürzen. Wenn Sie z. B. über „Vergebung" predigen, wählen Sie bitte nur Verse aus, die dies zum Thema haben, und lassen Sie Abschnitte, wo andere Themen wichtiger werden, weg. Einen guten Überblick über die richtige Auswahl eines Textes bietet David Murray, „Selection: What Is a Text" und „Variation: Varying the Sermons", in: *How Sermons Work,* S. 21-33 und 59-69. Murray rät dazu, solche Predigttexte zu wählen, die Kerngedanken und Wahrheiten, die sich durch die ganze Bibel ziehen, entfalten und die zudem hinreichend kurz sind (sodass man sie in *einer* Predigt bewältigen kann) sowie klar und aus sich selbst heraus verständlich (sodass der Prediger nicht die halbe Bibel zu Hilfe nehmen muss, um sie zu erklären), hinreichend vielseitig (sodass die Gemeinde nicht monatelang immer dasselbe Buch, Genre oder Thema vorgesetzt bekommt) und geistlich geeignet für den Anlass und für die Bedürfnisse und die Aufnahmefähigkeit der Gemeinde (S. 31-32).

224 Für diesen Abschnitt der Predigtvorbereitung empfehle ich vor allem Sinclair Ferguson, „Exegesis", in: Logan, *Preacher and Preaching.*

225 Wenn Sie gute Kenntnisse im neutestamentlichen Griechisch bzw. alttestamentlichen Hebräisch haben, können Sie den Urtext auch selber übersetzen und diese Übersetzung dann als Grundlage nehmen. Dies hat den großen Vorteil, dass Sie selbstständig Wörter oder Bedeutungsnuancen des Urtextes entdecken, die in den gängigen Übersetzungen untergehen. Vergessen Sie aber nicht, trotzdem auch den deutschen Text zu studieren, anhand dessen Sie ja predigen werden.

226 Heutzutage erledigen manche Prediger dies am Computer, indem sie in separaten Spalten oder Zeilen und in einer anderen Farbe (z. B. rot) ihre Anmerkungen zu jedem Vers neben bzw. unter den Bibeltext schreiben. Man kann dies aber auch von Hand machen: Teilen Sie die Seiten eines Notizblocks in zwei Spalten auf und schreiben Sie in die linke Spalte den Predigttext und in die rechte Ihre An-

merkungen. (Es ist erwiesen, dass das Schreiben von Hand für das Erfassen und Lernen eines Textes besser ist als das Eintippen am Computer.)

227 Das vielleicht beste Online-Tool ist hier: www.BibleStudyTools.com. Die besten käuflich zu erwerbenden Hilfen sind: Logos Bible Software (auch mit deutscher Benutzeroberfläche und deutschen Texten) und BibleWorkS.

228 Eine unübertroffene Hilfe ist hier: Leland Ryken et al., *Dictionary of Biblical Imagery* (Downers Grove, IL: InterVarsity Press, 1998). Der Leser wird staunen, wie viele Bilder in der Bibel Hinweise auf Christus sind.

229 Das beste Hilfsmittel ist hier: G. K. Beale und D. A. Carson (Hg.), *Commentary on the New Testament Use of the Old Testament* (Grand Rapids, MI: Baker Academic, 2007). Dieses Buch ist einzigartig. Zu jedem Buch des NT bietet es einen Artikel, der nicht nur ausführlich alle alttestamentlichen Zitate durch den Autor des Buchs behandelt, sondern auch alle sonstigen Anspielungen auf das AT. Das Buch kann in beiden Richtungen benutzt werden: Wenn Sie über einen NT-Text predigen, hilft es Ihnen, den alttestamentlichen Hintergrund zu ermitteln, und wenn Sie über einen AT-Text predigen, können Sie diesen in dem Bibelstellenregister am Ende des Buchs aufsuchen und finden dort die neutestamentlichen Autoren, die sich auf diesen Text beziehen. Auf diese Weise ergeben sich Themenlängsschnitte durch die gesamte Bibel, die immer wieder ihre Erfüllung und ihren Höhepunkt in Christus und der durch ihn gebrachten Erlösung finden.

230 Motyer, *Preaching?*, S. 61f.

231 Robinson, *Biblical Preaching*, S. 31-50.

232 Millar und Campbell, *Saving Eutychus,* S. 64.

233 Ferguson, „Exegesis" in: S. Logan, *Preacher and Preaching,* S. 197.

234 Stibbs, Expounding God's Word. Hier das vollständige Zitat: „Der Prediger, der einen Bibeltext auslegen will … muss … versuchen, herauszufinden, was – für den Predigtdienst, um den es ihm geht – in dem Text, den er vor sich hat, die inhaltliche Hauptstoßrichtung bzw. die offensichtliche Botschaft Gottes ist. Manche Bibelabschnitte sind ausgesprochen fruchtbar. Man kann sie ganz unterschiedlich behandeln, je nachdem, welche Dinge in ihnen man hervorhebt und was für Ziele der Prediger in Bezug auf die praktische Anwendung im Leben seiner Zuhörer verfolgt. Das Wichtige ist dabei, dass der Prediger sich für jeden Predigtanlass für ein Thema entscheiden und entsprechend von dem Material und den Gedanken, die er während seiner Arbeit an dem Text gesammelt hat, nur dasjenige benutzen sollte, was einen deutlichen Bezug zu dem von ihm gewählten Thema hat. Anders als in einem Kommentar muss man in einer Predigt alles, was für das gewählte Thema irrelevant ist, konsequent auslassen, um Kürze und Geschlossenheit, aber auch eine deutliche Hinführung zu dem intendierten Predigtziel und der abschließenden Anwendung [auf das Leben der Zuhörer] zu erreichen." (Stibbs, S. 40f.)

235 David Jackman, „From Text to Sermon" in: *The Practical Preacher: Practical Wisdom for the Pastor-Teacher,* William Philip, ed., S. 66.

236 Den gleichen Rat wie Jackman (dass jede Predigt sowohl auf der Aussage des Textes als auch den Bedürfnissen und Fähigkeiten der Hörer basieren sollte) geben auch andere Autoren. Der Theologe Robert Dabney (19. Jahrhundert) schreibt:

„Die rhetorische Einheit erfordert zweierlei: Erstens muss der Redner ein Hauptthema haben, an das er sich konsequent hält. Doch dies ist noch nicht genug. Er muss sich zweitens vornehmen, eine ganz bestimmte Wirkung auf die Seelen der Hörer zu erzielen, auf die hin die gesamte Predigt angelegt ist. … Die Predigt … endet damit, dass man dem Hörer sagt: ‚Dieses tue.' Ihr Endzweck liegt in einem Wollen, ihr Ziel ist es, über den Verstand in die Beweggründe der Seele vorzudringen. Die rhetorische Einheit erfordert somit nicht bloß ein einziges, dominierendes Thema, sondern auch eine einzige praktische Wirkung. Um das Erstere sicherzustellen, sorge man dafür, dass die ganze Darlegung in einem einzigen Satz zusammengefasst werden kann. Um das Zweite zu erreichen, sollte sich der Prediger während der gesamten Predigtvorbereitung die eine praktische Wirkung auf den Willen der Zuhörer, die er erzielen will, vor Augen halten." (Robert Dabney, „Cardinal Requisites of the Sermon" in: *Sacred Rhetoric; or, a Course of Lectures on Preaching,* S. 109. Das Facsimile-Reprint trägt den Titel: *Evangelical Eloquence: A Course of Lectures on Preaching.*) Mehr aus unserer heutigen Zeit und vom anderen Ende des theologischen Spektrums stammt die Forderung von Thomas G. Long, dass der Prediger sowohl auf den Fokus als auch die Funktion des Textes zu achten habe (dies entspricht grob Dabneys „Thema" und „praktischer Wirkung"). Siehe Long, Witness of Preaching, S. 99-116.

237 Ich habe Stibbs wie folgt adaptiert und zusammengestellt:

In einem Traugottesdienst: Stibbs konzentriert sich hier vor allem auf Vers 2: Jesus wird zu der Hochzeit geladen. Das Thema: Wir sollten Jesus auch in unsere Ehen einladen. Gliederung: 1. Was Jesu Gegenwart bewirkt – er ist kein Miesmacher. – 2. Was tun mit den Problemen, die wir zu Hause oder in unserer Ehe haben? Machen wir es wie Maria: Bringen wir sie zu Jesus und tun wir das, was er uns in seinem Wort sagt. – 3. Doch Jesus weist auf eine Freude hin, die noch besser ist als ein guter Wein. Er liebt uns als unser Bräutigam. – 4. Wir müssen Jesus so vertrauen, wie Maria das tat. – 5. So wie die Hochzeit zu Kana zu einem Zeichen wurde, das der ganzen Welt die Herrlichkeit Jesu zeigte, kann auch unsere Ehe ein Zeugnis sein, das andere auf Jesus hinweist.

In einem Gebetsgottesdienst: Stibbs würde sich hier auf Vers 3 konzentrieren: Maria bringt eine Not vor Jesus („Sie haben keinen Wein mehr!"). Das Thema: Wie man richtig betet. Gliederung: 1. Bringe deine Nöte (und auch die deiner Freunde) vor Jesus. – 2. Erkenne seine Macht an; erwarte, dass er das tun wird, was du selber nicht kannst. Rechne aber auch mit seiner Weisheit, wie Maria (in Vers 5); vertraue ihm auch dann, wenn du seinen Zeitplan und sein Handeln nicht verstehst. – 3. Jesus selber hat es erlebt, wie ein Gebet von ihm („Lass diesen Kelch an mir vorübergehen", Matthäus 26,39) nicht erhört wurde. Jesus kann trotz unserer Sünden unsere Gebete erhören, weil er am Kreuz für uns starb. Der Wein ist ein Zeichen für sein Blut. – 4. Und jetzt sei bereit, im Vertrauen auf Jesu Wort zu handeln.

Vor christlichen Leitern und Mitarbeitern: Stibbs würde sich hier auf Vers 5 konzentrieren: „Tut, was immer er euch befiehlt!" Thema: Zeigen, wie man ein guter Diener Christi wird. Gliederung: 1. Maria und die Diener werden von Jesus als Werkzeuge benutzt, um einem Brautpaar in Nöten wunderbare Hilfe zu bringen. – 2. Was es dazu braucht: Ein Herz für die Nöte der anderen haben. In gläubigem Gebet zu Christus gehen. Bereit sein zu tun, was er von uns verlangt, auch wenn wir dies nicht verstehen. Bereit sein, im Glauben etwas zu wagen und ganz auf Gott zu zählen. – 3. Die Folgen: Gottes Macht offenbart sich. Wir werden seine Mitarbeiter. Oft werden die Christen gelobt für das, was Jesus getan hat (der Mann, der für das Hochzeitsmahl verantwortlich war, lobt den Bräutigam). – 4. Und all dies ist ein Bild für die Erlösung, die Jesus bringt: Was er getan hat, wird uns gutgeschrieben; wir bekommen Anteil an seiner Gerechtigkeit. Dies ist unsere große Kraftquelle.

In einem normalen Sonntaggottesdienst (bei dem auch Nichtchristen anwesend sind): Stibbs würde sich hier auf Vers 11 konzentrieren. Dieser Text will uns die Person Jesu vorführen. Das Weinwunder von Kana ist der „Auftakt" zu seinem öffentlichen Wirken und gibt uns einen kurzen, aber vollständigen Einblick in sein Wesen. Das Thema: Wahrheiten, die der Wein symbolisiert. Gliederung: 1. Der alte Wein. Irgendwann geht alles, auf das wir unsere Freude im Leben gründen, aus. Wie sehr wir auch versuchen, uns ein tolles Leben aufzubauen, früher oder später kommt etwas, das es ruiniert. Was wir auch tun, es reicht nie. – 2. Der neue Wein sagt uns etwas darüber, wer Christus ist. Er hat Macht über die Schöpfung, weil er der Mensch gewordene Schöpfer ist. Er kann alles neu machen. – 3. Der neue Wein sagt uns auch etwas über das, was Christus tut: a) Er kommt, um uns Segen zu bringen, und nicht Gericht. In der ersten ägyptischen Plage verwandelte Gott alles Wasser in Ägypten in Blut (2. Mose 7,17-21), sodass es nicht mehr trinkbar war. Hier, in Kana, verwandelt Jesus Wasser in Wein, damit die Hochzeitsgäste trinken können. b) Er bringt diese Freude (den Wein) durch seinen Tod am Kreuz. (Die „Stunde"/„Zeit" in Vers 4 meint, wie immer im Johannesevangelium, die Todesstunde Jesu.) Die Wasserkrüge dienten der rituellen Reinigung; ähnlich reinigt das Blut Jesu uns von unserer Sünde. c) Bevor Jesus uns den Kelch des Heils reichen kann, muss er den Kelch des Zorns seines Vaters trinken. – 4. Die merkwürdige Aussage Jesu in Vers 4 zeigt, dass er, während er hier in einer fröhlichen Hochzeitsgesellschaft sitzt, an sein kommendes Leiden denkt, doch wenn wir an Jesus glauben, können wir mitten im Elend der Welt sitzen und an die Freude denken, die einst auf uns wartet. Der Tag wird kommen, wo wir zusammen mit Jesus am Hochzeitsmahl des Lammes teilnehmen werden.

238 Motyer, *Preaching?*, S. 64f.

239 Ebd.

240 Das in den gängigen Bibelübersetzungen als „Sühneopfer", „Sühne" oder „Versöhnung" übersetzte griech. Wort *hilasmos* – ein absoluter biblischer Schlüsselbegriff – meint wörtlich das Abwenden des Zornes Gottes.

241 Die Predigten in der alten Kirche waren mehr von der rabbinischen Praxis der Auslegung der wöchentlichen Schriftlesungen aus der Thora geprägt als von der griechisch-römischen Rhetoriktradition, in welcher man eine These formulierte, aufgliederte, verteidigte und propagierte.

Doch im Laufe des Mittelalters fingen die Prediger an, ihre Gedanken in Form eines Konzeptes auszuarbeiten, das der klassischen *dispositio* (der mehr formalen, systematischen Gliederung) entsprach. Den heutigen Leser mag es überraschen, zu hören, dass es die mittelalterlichen Mönche waren – vor allem die Dominikaner und Franziskaner des 12. Jahrhunderts –, die das heute so selbstverständliche Predigtkonzept einführten. Wie Hughes Oliphant Old schreibt: „Die Predigtorden entdeckten allmählich, wie wichtig es war, eine Predigtgliederung zu haben“ (Hughes Oliphant Old, *The Reading and Preaching of the Scriptures in the Worship of the Christian Church: Vol. 3, The Medieval Church*, S. xvii). Die Gründe hierfür sind vielschichtig. Einer war, dass viele Mönche inzwischen nicht nur im Gottesdienst, sondern auch draußen in der Öffentlichkeit predigten und nach Möglichkeiten suchten, die Aufmerksamkeit ihrer Zuhörer besser zu fesseln. Weiter hatte die Theologie des Mittelalters sich zu einem hoch komplizierten System entwickelt, in welchem Sätze und Aussagen in Form zahlreicher Unterpunkte, Argumente und Gegenargumente entfaltet wurden. Die gegliederte Predigt, bei der man das Thema nennt, in Unterpunkte aufteilt und diese sodann systematisch durchgeht, war eine natürliche Folge der scholastischen Theologie, die ihrerseits viel der klassischen Gelehrsamkeit und Rhetorik verdankte. „Nichts könnte mittelalterlicher sein als die Drei-Punkte-Predigt“ (Old, ebd.).

242 Die griechisch-römische Redekunst versuchte, mündliche Vorträge so zu gestalten, dass sie eine maximale Überzeugungskraft entfalteten. Die Rhetorik galt als eine der „freien Künste“. Ein Kernaspekt einer überzeugenden Rede war die richtige Dispositio, also die Struktur und Anordnung der Rede. Der (von Cicero und Quintilian formulierte) allgemeine Konsens war, dass eine gute Rede aus den folgenden Teilen zu bestehen hatte:

Exordium (Einleitung). Im Exordium soll die Aufmerksamkeit des Hörers geweckt werden, sodass er das Thema interessant findet und bereit ist, sich die Rede anzuhören.

Narratio. Dies ist die Präsentation der Kernaussage, die der Redner machen will. Sie kann aus einem einzigen Satz bestehen, aber auch aus einer Auflistung verschiedener Fakten (wie bei einem Plädoyer vor Gericht), die von einer zusammenfassenden *Propositio* gefolgt wird.

Partitio. Der Redner unterteilt sein Thema in seine Unterpunkte, die er im Folgenden abhandeln wird.

Confirmatio. In diesem Redeteil untermauert der Redner seine Kernaussage bzw. These, indem er die verschiedenen Unterpunkte systematisch behandelt und ihre Richtigkeit beweist.

Refutatio. Der Redner setzt sich mit den Gegenargumenten zu seiner Position systematisch auseinander und versucht jedes zu entkräften.

Peroratio. Zum Abschluss der Rede fasst er seine These noch einmal zusammen, auf eine Art, die klar und nachdrücklich ist und geeignet, die Zustimmung der Hörer zu erreichen bzw. sie zum Handeln zu bewegen.

Philipp Melanchthon, Reformator und Mitstreiter Martin Luthers, war ein führender Altphilologe, der zusammen mit anderen Männern wie Agricola und Erasmus von Rotterdam die klassische Rhetorik von Aristoteles, Cicero, Seneca und Quintilian wiederbelebte und für die damalige Kirche nutzbar zu machen versuchte. Die Früchte dieser Arbeit finden sich vor allem in seinem Werk *Elementa rhetorices – Grundbegriffe der Rhetorik* (hg., übersetzt und kommentiert von Volkhard Wels; Berlin: Weidler Buchverlag, 2001).

Melanchthon weist den Prediger an, mit einem Thema aus dem Bereich der christlichen Lehre zu beginnen, das er dem Bibeltext entnommen hat. Nachdem er durch die Textauslegung die biblische Begründung des Themas belegt hat, hat er im Weiteren zweitens dessen Kernbegriffe systematisch zu definieren und von Alternativen abzugrenzen und drittens seine verschiedenen Aspekte zu identifizieren. Melanchthon sprach sich für die Verwendung der vier Ursachen („causae") des Aristoteles aus – der materiellen („Was?"), der formalen („Wie?"), der ursächlichen („Wer?") und der finalen („Warum?"). Und viertens und letztens muss der Prediger die Lehre und das, was sie bedeutet, auf seine Hörer anwenden. (Scott Manetsch, *Calvin's Company of Pastors*, New York: Oxford University Press, 2013, S. 157.) Insgesamt sieht Melanchthons Predigtstruktur somit etwa so aus:

Exegetische Einleitung. Der Prediger benutzt die Textexegese, um dem Text ein lehrmäßiges Thema für die Predigt zu entnehmen, zum Beispiel bei Römer 3,10-20 den Satz „Unsere guten Werke können uns nicht retten; wir brauchen einen Erlöser."

Wer? Hier geht es um die „Akteure". Wen meint dieser Text? Die Antwort: Alle. „Keiner ist gerecht, auch nicht einer" (Vers 10). Hier sind alle Menschen eingeschlossen, Juden wie Griechen, Fromme und Unfromme.

Was? Was ist der (materielle) Grund dafür, dass unsere guten Werke uns nicht retten können? Mit anderen Worten: Woraus bestehen unsere guten Werke? Was sind ihre Eigenschaften? Nun, sie sind immer mit Bösem vermischt. Selbst die Frömmsten haben betrügerische, gehässige Zungen etc. und suchen nicht Frieden, sondern Streit (V. 13-17).

Wie? Was ist der (formale) Grund dafür, dass unsere guten Werke uns nicht retten können? Anders ausgedrückt: Was an den guten Werken ist es, das sie so untauglich macht? Es sind unsere Motive: „Keiner fragt nach Gott" (V. 11) und: „Sich Gott in Ehrfurcht zu unterstellen, käme ihnen nie in den Sinn" (V. 18). Selbst dann, wenn wir rein formal Gutes tun, suchen wir dabei nicht Gott.

Warum? Was ist der finale, tiefste Grund dafür, dass unsere guten Werke uns nicht retten können? Es ist Gottes Heiligkeit. Kein Mensch steht „vor Gott gerecht da" (V. 20).

Jeder dieser Punkte ist zu begründen und zu untermauern, gewöhnlich durch Verse aus anderen Stellen in der Bibel. Man kann aber auch andere Argumente und Illustrationen benutzen.

Anwendung. Was bedeutet dies alles für uns? Dass wir einen Erlöser brauchen. Dass wir Schluss machen müssen mit allen Versuchen, uns an den eigenen Haaren aus dem Sumpf zu ziehen. Dass wir sowohl unsere offensichtlichen Sünden bekennen und bereuen müssen als auch unsere Versuche, uns durch „gute Werke" selbst zu erlösen.

Melanchthons System war eine Modifikation der Konventionen der klassischen *Dispositio*. Es begann mit einem *Exordium* (Einleitung), das das Thema aus der Bibel bezog. Es folgten Elemente der *Narratio*, *Partitio* und *Confirmatio*, die das Thema in Einzelpunkte untergliederten, die es klärten, eingehend untersuchten und verteidigten. Zum Schluss kam die *Peroratio*, die die Aussage der Predigt zusammenfasste und die Hörer aufforderte, ihr Leben zu ändern. Diese Predigtstruktur war in der neuen Generation protestantischer Prediger äußerst populär – am meisten aber bei den englischen Puritanern. Sie begannen mit einem sehr kurzen Bibeltext (oft nur ein Vers), den sie kurz untersuchten, um die „Lehre" bzw. die These herauszudestillieren. Diese untergliederten sie darauf in eine Reihe von Aspekten und Schlussfolgerungen (jeweils mit Punkten und Unterpunkten), die sie alle von der Bibel her begründeten. Zum Schluss gab es zu jedem Punkt praktische Anwendungen für das Leben der Hörer. Hughes Oliphant Old nennt diese Predigtform „nicht so sehr auslegend als vielmehr scholastisch oder thematisch" (Old, *Reading and Preaching of the Scriptures: Vol. 4, The Age of Reformation,* S. 284). Sie folgte der mittelalterlichen Scholastik und der klassischen Rhetorik, obwohl die benutzten Argumente fast nur Zitate aus anderen Teilen der Bibel waren. Dies war nicht das patristische Modell, das die Reformatoren benutzten und bei welchem aus einem Bibeltext mehrere lehrmäßige und praktische Punkte abgeleitet und nacheinander behandelt wurden, sondern eine modifizierte Form der mittelalterlich-scholastischen Predigt, die ein Thema behandelte, das sie in seine Bestandteile untergliederte und daraufhin jeden dieser Teile ausführlich analysierte (Ebd., S. 327). Old kommt zu dem Schluss, dass mithin die Puritaner zwar Auslegungsprediger sein wollten, aber praktisch, wenn sie mehrere Predigten über einen einzigen Bibelvers hielten, eigentlich Themenpredigten oder katechetische Predigten hielten, was historisch letztlich zu der „allmählichen Entwicklung der Themenpredigt" und nicht der Auslegungspredigt führte (ebd.).

243 Für diesen Schritt in der Predigtvorbereitung empfehle ich besonders: Glen C. Knecht, „Sermons Structure and Flow" in: Logan, *Preacher and Preaching.*

244 Motyer, *Preaching?*, S. 79f.

245 In den letzten 40 Jahren ist es im protestantischen Mainstream zu einer ausgeprägten Reaktion gegen die traditionelle Struktur der Auslegungspredigt gekommen. Thomas G. Long, Dozent für Predigtwissenschaft an der Emory University, gibt einen kompetenten Überblick über den Aufstieg und derzeitigen Niedergang der „narrativen Predigt" in den weißen nordamerikanischen protestantischen Großkirchen der letzten Generation. Die „narrative" Predigt war ein Frontalangriff auf die traditionelle Predigt mit ihrer Ausarbeitung und Begründung einer zentralen These. Laut Long war einer der Gründe, warum so viele Mainstream-Prediger und -Theologen nichts mehr von Predigtkonzepten wissen wollten, ihre Skepsis gegenüber der Vorstellung, dass Gott sich uns über das Medium der Sprache und der Gedanken offenbart – „die Bibel als Ideensammlung", wie sie dies abschätzig nannten. Sie wandten sich gegen das traditionelle Verständnis eines Bibeltextes als „Fundgrube theologischer Ideen oder Wahrheiten", aus der der Prediger „sich das große Goldkorn herauspicken konnte." (Thomas G. Long, *The Witness of Preaching,* 2nd ed., Louisville, KY: John Knox, 2005, S. 101.) Die traditionelle Predigt mit ihrer „ordentlichen", gedanklich durchstrukturierten Gliederung war ihnen ein Dorn im Auge.

Diese Kritik basierte weitgehend auf einem nicht evangelikalen Verständnis der biblischen Offenbarung, aber einige der Argumente ließen sich nicht von der Hand weisen. Eines war, dass eine logisch durchstrukturierte Predigtgliederung nicht recht zu den narrativen Texten in der Bibel passen wollte. „Niemand, der einen spannenden Roman liest oder ein mitreißendes Theaterstück erlebt oder einen provozierenden Film sieht, käme auf die Idee, das, was er dort erlebt, in einem einzigen Satz oder Gedanken zusammenfassen zu wollen" (ebd., S. 101). Wer glaubt schon, dass ein den Inhalt eines Filmes zusammenfassender Satz ein Ersatz für diesen Film selber ist? Man könnte ja auf die Idee kommen, sich das Anschauen des Films *Im Westen nichts Neues* zu ersparen und sich mit seiner allgemeinen Botschaft zufriedenzugeben: „Krieg ist etwas Schreckliches, das keine Probleme löst." Schön, aber wäre das wirklich ein Ersatz für den ganzen 138-Minuten-Streifen – vor allem für die Schlussszene, wo der Protagonist sanft nach einem Schmetterling langt und dabei von einem Scharfschützen erledigt wird? Selbstverständlich nicht! Die Handlung des Films enthält viel mehr an Botschaft und Bedeutung, als man mit einem kurzen Satz ausdrücken kann.

Long sieht in Fred Craddocks 1971 erschienenem Buch *As One Without Authority* einen Meilenstein in der Rebellion gegen das traditionelle Predigtkonzept. Craddock rief zu nicht weniger als einem „Generalaufstand gegen die Lehrpredigt" auf (Long, S. 103). Er wandte sich gegen die „deduktive" Predigtweise, bei der eine These vorgetragen und daraufhin erklärt und verteidigt wird, und forderte eine „induktive" Predigtweise, bei der sich eine Geschichte oder Bild nach und nach entfaltet. Er verlangte Bilder und keine Vorträge, alles, aber nur nicht „eine Abhandlung in drei Punkten" (ebd.). Dies, so Long, war eine Wasserscheide in der Geschichte der Predigt; Craddocks Ideen eroberten die Mainstream-Kirchen im Sturm. Sie standen stark unter dem Einfluss der damaligen „neuen Hermeneutik", die die Textauslegung als ein existenzielles Ereignis bzw. Begegnung sah. Einer der einflussreichsten Craddock-Schüler war Eugene Lowry, der die Bibel für ein im Wesentlichen „nicht propositionales" Buch hielt und der Meinung war, dass der Versuch, aus einem Abschnitt Lehren oder Wahrheiten herauszuarbeiten, die „erfahrungsbezogene Bedeutung des Evangeliums" verzerre und verändere (ebd., S. 104). Während Craddock selber fand, dass der Prediger irgendwann auch zu dem kommen sollte, was der biblische Autor sagen wollte (Craddock, *As One Without Authority*, S. 100), befanden viele andere selbst dies für zu „rational". Viele Homiletiker aus den Großkirchen bestanden auf Predigern, die im Wesentlichen Geschichten erzählten, aus denen ihre Hörer dann in der persönlichen Begegnung mit dem Text ihre eigenen Folgerungen ziehen sollten.

Long schreibt, dass dieses Predigtmodell, so faszinierend und befreiend es erst zu sein schien, in vielerlei Hinsicht „Prediger und Studenten verwirrte", und hält es für einen Fehler, darauf zu bestehen (wie Lowry dies tut), dass die Wirkung eines Textes nichts mit seinem begrifflichen Inhalt zu tun habe (Long, *Witness of Preaching*, S. 107). Long zitiert folgende Aussage von Lowry: „Vielleicht waren Sie auch schon einmal tief bewegt, als im Gottesdienst ‚Amazing Grace' gesungen wurde – aber nicht wegen des gedanklichen Inhalts der dritten Strophe." Lowry hat sicher recht, dass die Wirkung eines Kirchenlieds auf unser Herz nicht auf den textlichen Inhalt reduziert werden kann. Die Kraft, die in einem Lied steckt, ist zweifellos mehr als der Inhalt seines Textes – aber auch nicht weniger. Long führt aus, dass es entschieden zu weit geht, wenn man behauptet, dass das Ergriffensein beim Singen eines Liedes nichts mit dessen textlichem Inhalt zu tun habe; sonst könne man ja statt „Amazing Grace" genauso gut „Alle meine Entchen" singen … Und er resümiert: „Was ein Text mit uns *macht*, hängt eindeutig damit zusammen, was er *sagt*" (ebd.).

Was hatten die Prediger der Großkirchen anstelle der traditionellen Predigtgliederung zu bieten? Long untersucht mehrere Homiletiker der letzten Generation und stellt ihre Versuche dar, das traditionelle Predigtkonzept zu ersetzen. Craddock und Lowry schlugen vor, die Predigt als Antwort auf eine Frage oder ein Problem zu halten. Craddock setzte meistens das Problem mit der Bedeutung des Textes gleich, während Lowry ein „gefühltes Bedürfnis" im Leben der Hörer vorzog. In beiden Fällen erfolgt die Beantwortung der Frage bzw. die Lösung des Problems durch eine Serie von „Schritten", die als separate Abschnitte erkennbar sind, aber nicht den Charakter von Überschriften, Themen oder Argumenten haben. Ein anderer bekannter Prediger, David Buttrick, stellte detailliert dar, wie diese „Schritte" auszusehen hatten. Sie sollten jeweils nicht länger als vier Minuten dauern (für mehr reiche die Konzentration der Zuhörer angeblich nicht), und die ganze Predigt durfte zwanzig Minuten dauern, mit nicht mehr als fünf oder sechs „Schritten". Buttrick verlangte ferner, dass jeder „Schritt" durch einen Eingangs- und einen Schlusssatz abzugrenzen sei (Long, *Witness of Preaching*, S. 131-134). Long beschreibt weiter, wie die „narrative Predigt" sich heute in der Krise bzw. im Niedergang befindet; vgl. Thomas G. Long, „A Likely Story: The Perils and Power of Narrative in Preaching" in: *Preaching from Memory to Hope* (Louisville, KY: John Knox Press, 2009), S. 1-26.

Was können wir aus dieser Episode der Kirchengeschichte lernen? Unter anderem, dass auch die „narrativen" Prediger nicht wirklich ohne ein Predigtkonzept auskommen. Die „Schritte" sind im Grunde nichts anderes als Gliederungspunkte in einem Konzept, die der Prediger sorgfältig wählen muss und die der Predigt ihre Struktur geben. Doch alle narrativen Prediger sind sich einig, dass (und dies zeigt schon der Ausdruck „Schritt") eine Predigt nicht einfach eine Auflistung von Aussagen sein darf und auch nicht eine bloße Parteinahme in einer Debatte. Sie sollte nicht nur die grauen Zellen der Zuhörer ansprechen, sondern auch ihre Herzen. Sie sollte die Hörer auf eine Reise mitnehmen und an ein Ziel bringen. Und dies ist, allen Fehlern und Verirrungen der narrativen Predigt zum Trotz, eine Erkenntnis von bleibendem Wert.

246 Eugene L. Lowry, *The Homiletical Plot, Expanded Edition: The Sermon as Narrative Art Form* (Louisville, KY: John Knox Press, 2000).

247 Ich habe hier mehrere Quellen benutzt; vgl. vor allem N.T. Wright, *Das Neue Testament und das Volk Gottes (Die Ursprünge des Christentums und die Frage nach Gott, Bd. 1,* hg. von Thomas Weißenborn und Tobias Faix, Marburg/Lahn: Francke, 2011), Kap. 3.

248 Bryan Chapells „Sündenfall-Fokus" findet sich in: *Christ-Centered Preaching*, S. 40-44. Chapell geht es dabei zentral darum, herauszufinden, was der Predigttext selber als das von der Sünde verursachte Problem sieht, während Lowry eher bereit ist, zuerst das Problem auszusuchen und dann einen Text zu finden, der uns hilft, es anzugehen.

249 Lowry, *The Homiletical Plot,* S. 44-47.

250 Ebd, S. 65-68 und 100-103. Ich beziehe mich hier auf J. R. R. Tolkiens berühmten Essay „Über Märchen" in seinem Buch *Baum und Blatt* (Frankfurt/M: Ullstein, 1982), S. 11-82. Er schreibt dort: „Der Trost des Märchens, die Freude über den glücklichen Ausgang … die plötzliche Wendung zum Guten …, diese Freude, welche das Märchen so vortrefflich zu bereiten weiß, ist ihrem Wesen nach nicht ‚eskapistisch' oder ‚wirklichkeitsflüchtig'. … [Sie ist] eine plötzliche und wunderbare Gnade: Mit ihrer Wiederholung ist niemals zu rechnen. Sie verleugnet nicht das Dasein der *Dyskatastrophe*, des Leides und Misslingens, denn deren Möglichkeit ist die Voraussetzung für die Freude der Erlösung; sie verleugnet (dem Augenschein zum Trotz, wenn man so will) die endgültige, allumfassende Niederlage, und insofern ist sie Evangelium, gute Botschaft, und gewährt einen kurzen Schimmer der Freude, der Freude hinter den Mauern der Welt, durch-

dringend wie das Leid. Es ist das Wahrzeichen des guten Märchens von der höheren oder vollständigeren Art, dass es, so wildbewegt auch das Geschehen, so phantastisch oder schrecklich auch die Abenteuer, ... in dem Augenblick, wo die ‚Wende' eintritt, ein Anhalten des Atems bewirken kann, ein Pochen und Sichweiten des Herzens, das [den Zuhörer] den Tränen nahe (oder nicht nur nahe) bringt, so heftig, wie es Dichtung, gleich welcher Form, nur erzielen kann, und mit einem eigentümlichen Charakter. ... In solchen Märchen blitzt im Augenblick der ‚Wende' ein Bild von Freude und Herzenslust auf, das für diesen Augenblick aus dem Rahmen heraustritt, manche Fäden im Netz der Erzählung sogar reißen und einen Glanz hindurchfallen lässt." (Tolkien, „Über Märchen", S. 67f.) Eine Seite weiter fährt Tolkien fort, dass in der Mutter aller Geschichten (dem biblischen Evangelium) das Wesen aller anderen Geschichten verkörpert ist, die ein Ende der Freude haben: „Diese Freude ... verdient noch eine weitere Betrachtung. ... Das Besondere der ‚Freude' im gelungenen Phantasiewerk kann so als ein plötzliches Durchschimmern der tieferen Wahrheit oder Wirklichkeit erklärt werden. ... Die Evangelien enthalten ein Märchen – oder eine Erzählung von weiterem Charakter, die das Wesen des Märchens ganz in sich schließt. Sie enthalten vielerlei Wunder ... Und eines dieser Wunder ist die größte und vollständigste Eukatastrophe, die man sich denken kann. Diese Erzählung aber ist in die Geschichte und in die Primärwelt eingegangen ... Christi Geburt ist die Eukatastrophe der menschlichen Geschichte. Die Auferstehung ist die Eukatastrophe der Erzählung von der Fleischwerdung. Diese Erzählung beginnt und endet in Freude. ... Keine andere [Erzählung] erscheint uns Menschen als wahrhaftiger, und keiner anderen haben so viele skeptische Menschen aufgrund ihrer inneren Vorzüge Glauben geschenkt. Denn als Kunstwerk besitzt sie die erhabene Überzeugungskraft der primären Kunst, das heißt der göttlichen Schöpfung. Sie abzuweisen, führt entweder zur Traurigkeit oder zur Wut. ... Diese Erzählung aber ist erhaben, und sie ist wahr. Die Kunst ist wahr gemacht worden. Gott ist der Herr der Engel, der Menschen – und der Elben. Legende und Wirklichkeit sind eins geworden." (Ebd., S. 69-71)

251 In der erweiterten Version seines Buchs, die 2000 erschien, schreibt Lowry, dass das narrative Gerüst der Predigt aus vier Phasen bestehen sollte: Konflikt, Komplikation (Ermittlung der tiefsten, in unserem Herzen liegenden Ursachen für das Problem), die Gute Nachricht, Bedeutung der Guten Nachricht. Die vierte Phase, die auf die Darstellung Christi als des „Helden" bzw. der „Lösung" folgt, hält Lowry für notwendig, um den Hörern aufzuzeigen, wie sie angesichts des Wesens und der Kraft des Evangeliums leben sollten. Mit anderen Worten: Es handelt sich um die Phase der „Anwendung".